KB139717

파이썬
으로
배우는 게임 개발 입문편

Python DE TSUKURU GAME KAIHATSU NYUMON KOZA by Tsuyoshi Hirose

Copyright © 2019 Tsuyoshi Hirose
All rights reserved.
First published in Japan by Sotechsha Co., Ltd., Tokyo
This Korean language edition is published by arrangement with Sotechsha Co., Ltd., Tokyo in care
of Tuttle-Mori Agency, Inc., Tokyo through Danny Hong Agency, Seoul.

이 책의 한국어판 저작권은 대니홍 에이전시를 통한 저작권사와의 독점 계약으로 ㈜제이펍에 있습니다.
저작권법에 의해 한국 내에서 보호를 받는 저작물이므로 무단 전재와 무단 복제를 금합니다.

파이썬으로 배우는 게임 개발 입문편

1쇄 발행 2020년 10월 26일
3쇄 발행 2024년 4월 12일

지은이 히로세 츠요시
옮긴이 김연수
펴낸이 장성두
펴낸곳 주식회사 제이펍

출판신고 2009년 11월 10일 제406 - 2009 - 000087호
주소 경기도 파주시 회동길 159 3층 3-B호 / **전화** 070-8201-9010 / **팩스** 02-6280-0405
홈페이지 www.jpub.kr / **투고** submit@jpub.kr / **독자문의** help@jpub.kr / **교재문의** textbook@jpub.kr

소통기획부 김정준, 이상복, 김은미, 송영화, 권유라, 송찬수, 박재인, 배인혜
소통지원부 민지환, 이승환, 김정미, 서세원 / **디자인부** 이민숙, 최병찬

진행 및 교정·교열 이종무 / **내지디자인** 최병찬
용지 타라유통 / **인쇄** 한길프린테크 / **제본** 일진제책사

ISBN 979-11-90665-44-5 (93000)
값 28,000원

제이펍은 여러분의 아이디어와 원고를 기다리고 있습니다. 책으로 펴내고자 하는 아이디어나 원고가 있는 분께서는
책의 간단한 개요와 차례, 구성과 저(역)자 약력 등을 메일(submit@jpub.kr)로 보내 주세요.

파이썬
으로 배우는 게임 개발 입문편

히로세 츠요시 **지음** / 김연수 **옮김**

제이펍

차례

본격 RPG 만들기! –전편– 255

Chapter 12   본격 RPG 만들기! -후편-   299

Chapter 13   객체지향 프로그래밍   335

게임, 좋아하세요?

전 게임을 좋아합니다. 조금 더 범위를 좁혀 보자면 일본 게임 회사들이 전성기를 구가하던 그 시기에 만들어졌던 롤플레잉, 액션, 어드벤처 게임을 좋아합니다. 제가 처음 게임을 접했던 시기가 닌텐도(패미콤), 슈퍼 닌텐도(슈퍼 패미콤), 메가드라이브 2D, 플레이스테이션 등 수많은 콘솔 게임기가 난립하던 시기였기 때문이기도 한 것 같습니다. 특히, 파이널판타지나 드래곤퀘스트, 성검전설 같은 롤플레잉 게임을 밤이 새도록 즐겼던 기억이 아직도 생생합니다(게임기는 손에서 떠나보낸 지 오래지만, 제 책장 한 켠에는 그때의 게임 카트리지나 게임 소프트웨어들이 보관되어 있습니다). 최근에는 주로 데스크톱이나 플레이스테이션 4로 종종 게임을 즐기고 있습니다. 여러분이 재미있게 즐겼던, 혹은 지금 재미있게 플레이하는 게임이 어떻게 만들어지는지 궁금하지 않은가요? 여러분이 생각하는 그것을 게임으로 직접 만들어 보고 싶지는 않은가요?

이 책은 최근 가장 인기 있는 프로그래밍 언어 중 하나로 알려진 파이썬을 활용해서 게임을 직접 만들어 보면서 게임의 기초를 이루는 논리적 사고와 프로그래밍 기법을 학습할 수 있도록 집필되었습니다. 파이썬은 빅데이터, 인공지능, 웹 개발 등 다양한 분야에서 사용되고 있습니다. 파이썬은 프로그래밍을 처음 접하는 사람도 이해하기 쉬운 구조로 되어 있고, 다양한 기능을 특별한 노력 없이 바로 사용할 수 있는 모듈도 많이 제공하고 있어 인기가 높습니다. 이 책에서는 이런 파이썬을 이용해 퀴즈 게임, 주사위 게임, 미로 게임, 블록 낙하 게임, 롤플레잉 게임 등 다양한 장르의 게임을 만들어 봅니다.

소프트웨어 구현의 본질은 입력과 출력의 관계를 자동화하고 최적화하는 것이지만, 그 대상이 게임인 경우에는 조금 더 특별한 느낌을 주는 것 같습니다. 여느 소프트웨어와 같이 A 값을 입력받아 B라는 결과를 내는 알고리즘이라 하더라도 때로는 그것이 적과의 만남이 되고, 때로는 던전에서 발견하는 레어(희귀) 아이템이 되기도 합니다. 그런 의미를 구현해 나가는 것이 게임 프로그래밍의 또 다른 즐거움이 아닐까 합니다.

이 책에서 함께 만들어 볼 게임은 최신 모바일 기기나 PC, 혹은 콘솔 게임기에서 즐길 수 있는 화려한 그래픽을 자랑하는 게임들과는 결이 조금 다르게 느껴질 수도 있을 것이지만, 게임의 기본 구조는 변하지 않습니다. 간략화한 게임들의 핵심 알고리즘을 직접 만들어 보면서 '이런 게임을 이런 방식으로 만드는 거였구나', '이렇게 훌륭한 움직임을 간단하게 만들 수 있구나', '이건 이렇게 바꿔서 적용해 볼 수 있겠구나' 하는 느낌과 함께 여러분의 머릿속에서 잠자고 있는 게임 아이디어를 실현할 방법을 찾을 수 있습니다. 이 책이 여러분의 아이디어를 실현하기 위한 첫걸음을 내딛는 데 조금이나마 도움이 되었으면 좋겠습니다.

마지막으로 책을 번역할 기회를 주신 제이펍 출판사의 장성두 대표님, 예쁜 책을 만들어주신 편집자 및 디자이너 분들을 포함해 번역하는 동안 도움을 주신 모든 분께 감사드립니다. 책을 번역하는 동안 한결같은 사랑으로 곁을 지켜준 아내와 세 아이에게도 사랑과 감사를 전합니다.

고맙습니다. 덕분에 삽니다.

_ 김연수

머리말

이 책은 **프로 게임 크리에이터가 설명하는 게임 개발 입문서**입니다. 초보자가 쉽게 사용할 수 있는 **파이썬**이라는 프로그래밍 언어를 사용해서 게임 제작 기술을 설명합니다.

필자는 게임 업계에서 현재까지 25년간 게임을 만들고 있습니다. 대규모, 중견 게임 제작 회사에서 일한 후 게임 제작 회사를 설립했고, 주로 남코(Namco)와 세가(Sega)의 게임 개발에 참여해 왔습니다. 또한, 게임 제작 회사에서의 오랜 경력을 통해 과거부터 수많은 팬을 보유한 켐코(Kemco)와 손잡고 여러 롤플레잉 게임(Role-Playing Game, RPG)을 개발했습니다. 이 책에서는 필자가 쌓아 온 게임 개발 노하우, 대학과 게임 개발 학교에서의 프로그래밍 강의 경험을 살려 파이썬 프로그래밍과 파이썬 게임 개발 기술을 알기 쉽게 집필했습니다. **파이썬은 물론 프로그래밍 경험이 거의 없는 독자부터 프로그래밍에 능숙한 독자까지 단시간에 게임 개발을 배울 수 있도록** 구성했습니다.

독자 여러분 중에는 미래에 게임 크리에이터를 꿈꾸는 분들도 있을 것입니다. 또는 단지 파이썬이라는 프로그래밍 언어를 익히고 싶은 분들도 있을 것입니다. 이 책은 파이썬의 기초에 관해 간단히 설명한 뒤, 많은 페이지에 걸쳐 게임 제작 기술을 설명합니다. **프로 크리에이터들이 게임 개발 현장에서 사용하는 기술을 바탕으로 설명**하므로, 게임 크리에이터를 꿈꾸는 분들은 나중에 실무에서도 활용할 수 있습니다. 또한, 취미로 게임을 개발하고 싶은 분들 또한 충분한 지식을 쌓을 수 있습니다. 물론, 파이썬을 학습하고자 하는 분들도 게임을 만들어 가면서 즐겁게 배울 수 있다고 생각합니다. xxix페이지에 보유한 기술에 따라 이 책을 어떻게 활용할 수 있는지 설명했으므로 참고하기 바랍니다.

잠시 게임 개발 교육을 하며 느낀 점을 말씀드리겠습니다. 학생들은 수업에서 모르는 것이 있을 때 "선생님, 여기 알려 주세요!"라며 가볍게 손을 듭니다. 캐릭터가 움직이고 원하던 영상을 표현하게 되면 여기저기에서 탄성이 들리기도 합니다. 누구나 수업에 의기양양하게 참여하면 교실 전체의 분위기가 달아오릅니다. 그것은 학생들이 게임 만들기를 즐기기 때문입니다.

필자 역시 취미는 물론 직업으로도 게임을 즐겁게 개발하고 있습니다. **게임은 플레이하는 것뿐만 아니라 만드는 것도 즐거운 일입니다.** 필자는 그것을 잘 알고 있기에 재미있게 즐기면서 게임 개발을 배울 수 있도록 이해하기 쉬운 프로그램들을 준비했습니다. 또한, 다양하고 풍부한 그래픽 요소는 물론 사운드 요소도 준비했습니다. 이 책이 여러분에게 많은 도움이 되었으면 좋겠습니다.

__ **히로세 츠요시**

이 책의 활용법

여기서는 이 책에서 내비게이터 역할을 해줄 두 명의 여성과 앞으로 만들 게임, 깃헙 페이지 이용 방법 등 우선 알아 두어야 할 것을 소개합니다.

>>> 등장 인물 소개

이 책에서는 게임 개발을 직업으로 삼으며, 교육 현장에서 프로그래밍을 가르치는 필자가 파이썬을 사용한 게임 기술을 가감 없이 설명합니다.

그 과정에서 두 가상의 여성이 독자 여러분을 도와줄 예정입니다. 두 여성은 모두 파이썬 전문가로 독자가 어려워할 만한 부분에 어드바이스를 제시해 올바른 답을 찾는 역할을 할 것입니다.

박현주

백두대학 대학원 전자정보연구과에서 수학 중인 대학원생이다. 파이썬을 잘 다루는 이공계 여성으로 대학 시절 정민아 교수가 가르치는 프로그래밍 수업에서 파이썬의 매력에 빠졌고, 급기야 대학원에 진학해 프로그래밍과 알고리즘을 연구하고 있다. 현재 정민아 교수의 수업에서 조교 역할을 하고 있다. '손쉽게 쓸 수 있는 프로그래밍 언어를 스스로 만드는 것'을 꿈꾼다. 잠버릇이 심해서 좀처럼 헤어스타일이 정리되지 않는 것이 고민이다.

정민아

IT 기업의 젊은 경영자로 모교인 백두대학에서 객원 준교수를 맡고 있다. '이제까지 없던 혁신적인 SNS 서비스를 만드는 것'을 꿈꾼다.

>>> 만드는 게임

이 책에서는 최종적으로 RPG 게임을 만드는 것을 목표로 총 9개의 게임을 만듭니다. 간단한 게임에서 시작해, 점점 높은 수준의 게임으로 레벨을 높입니다. 또한, 특별부록으로 세 개의 게임 프로그램이 제공됩니다.

모든 게임을 만들었을 때 여러분의 스킬은 몇 배나 높아져 있을 것입니다.

Chapter 5

- **퀴즈 게임**: 문제를 출력하고 사용자가 입력한 대답을 판정하는 프로그램을 만듭니다.

- **주사위 게임**: 함수나 난수를 이용해 컴퓨터와 대결하는 주사위 프로그램을 만듭니다.

- **사라진 알파벳 찾기 게임**: 표시된 알파벳 중에서 빠진 문자를 찾아내는 프로그램을 만듭니다.

제비뽑기 게임

윈도우에 여성을 표시하고 버튼을 누르면 제비뽑기 결과가 표시되는 프로그램입니다. 대길, 중길, 소길, 그리고 흉이 무작위로 표시됩니다.

고양이 지수 진단 앱

혹시 자신이 전생에 고양이었는지를 진단하는 애플리케이션입니다. '먹어 본 라면 종류로 라면을 좋아하는지 진단'하는 등 다양하게 응용할 수 있습니다.

미로 바닥 칠하기 게임

고양이를 움직여 미로 속 바닥을 모두 칠하면 클리어하는 게임입니다. 타이틀 화면을 추가하거나 스테이지 수를 늘릴 수 있습니다.

제비뽑기 게임

같은 색의 고양이를 가로, 세로, 대각선 중 한 방향으로 3개 이상 나란히 연결해 고양이를 없애고 그에 따라 점수를 얻는 게임입니다. 타이틀 화면, 게임 오버 화면 표시도 만듭니다.

Chapter 10 애니메이션

파이썬 확장 모듈인 'Pygame'을 사용해 용사 일행이 걸어 가는 모습을 애니메이션으로 표시하는 프로그램입니다. Pygame의 기초, 화면 스크롤에 관해 학습합니다.

Chapter 11
Chapter 12
One hour Dungeon

자동으로 생성되는 던전을 탐색하면서 가장 깊이 도달한 층 수를 경쟁하는 로그라이크 RPG입니다. 타이틀 화면, 키 조작에 따른 캐릭터 이동, 명령어 입력 방식 전투 신 등 화면 전환이 일어나는 본격적인 RPG로 BGM은 물론 효과음도 충실합니다.

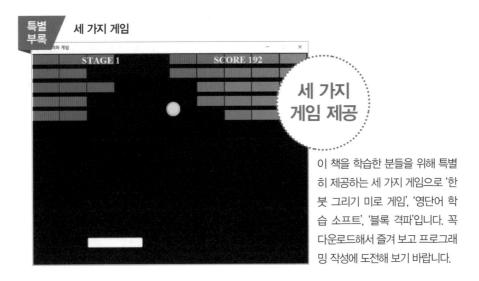

특별 부록 세 가지 게임

세 가지 게임 제공

이 책을 학습한 분들을 위해 특별히 제공하는 세 가지 게임으로 '한 붓 그리기 미로 게임', '영단어 학습 소프트', '블록 격파'입니다. 꼭 다운로드해서 즐겨 보고 프로그래밍 작성에 도전해 보기 바랍니다.

≫≫ 샘플 프로그램 이용 방법

이 책에 게재된 샘플 프로그램은 제이펍 깃헙 페이지에서 다운로드할 수 있습니다.

▌깃헙 페이지(https://github.com/Jpub/PythonGame_1)

샘플 프로그램은 ZIP 파일로 제공됩니다. 압축을 풀면 다음과 같이 장별 폴더로 프로그램이 저장되어 있습니다.

어떤 샘플 프로그램을 사용하면 좋을지 각 부분마다 해당 폴더명과 파일명을 표기해 두었습니다. 프로그램을 입력했을 때 제대로 동작하지 않는 경우에는 해당 샘플 파일을 참고하기 바랍니다.

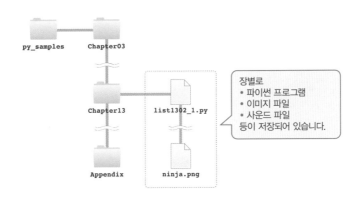

py_samples Chapter03

Chapter13 list1302_1.py

장별로
• 파이썬 프로그램
• 이미지 파일
• 사운드 파일
등이 저장되어 있습니다.

Appendix ninja.png

프로그램(코드) 표기

이 책에 게재된 프로그램은 다음과 같이 행 번호/프로그램(코드)/설명의 3열로 구성되어 있습니다. 1행으로 표기할 수 없는 긴 프로그램은 행 번호를 뺐고 빈 행을 넣어 표기했습니다. 또한, 프로그램의 색상은 파이썬 개발 도구인 IDLE의 에디터 윈도우 색상과 동일하게 표기했습니다.

리스트 list0602_1.py

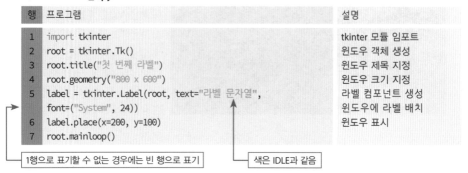

행	프로그램	설명
1	import tkinter	tkinter 모듈 임포트
2	root = tkinter.Tk()	윈도우 객체 생성
3	root.title("첫 번째 라벨")	윈도우 제목 지정
4	root.geometry("800 x 600")	윈도우 크기 지정
5	label = tkinter.Label(root, text="라벨 문자열", font=("System", 24))	라벨 컴포넌트 생성 윈도우에 라벨 배치
6	label.place(x=200, y=100)	윈도우 표시
7	root.mainloop()	

1행으로 표기할 수 없는 경우에는 빈 행으로 표기

색은 IDLE과 같음

프로그램을 다른 에디터에서 열어서 비교하는 경우에는 주의하세요.

주의 사항

프로그램, 이미지, 사운드 등 모든 샘플 파일의 저작권은 저자에게 있습니다. 단, 독자 여러분이 개인적으로 이용하는 경우에 한해 프로그램을 자유롭게 수정, 변경할 수 있습니다.

게임 프로그래머가 되자!

여기에서는 다양한 개발 현장에서 경험을 쌓아 온 필자가 게임 프로그래머에 대해서 말씀 드리겠습니다. 게임 업계에 흥미를 느낀 분들도 있을 것이므로 게임 업계와 게임 개발에 관한 내용도 함께 설명합니다.

이 책은 여러분이 가장 짧은 기간 내에 게임을 만들 수 있도록 구성했습니다. 이 장의 마지막 절에서 여러분의 레벨에 따라 이 책을 활용하는 방법도 설명합니다.

> 컴퓨터 게임 프로그래밍 학습을 준비하기에 앞서
> 게임 업계와 게임 개발에 관한 이야기를 들어 볼까요?

01. 게임 업계와 게임 크리에이터

'게임 업계란 어떤 산업인가?', '게임을 만드는 직업은 어떤 것인가?'라는 질문으로 이야기를 시작하겠습니다. 게임 산업은 **그림 0-1-1**과 같이 게임 제작 회사가 개발한 게임기나 소프트웨어를 사용자가 구입하거나, 게임 안에서 과금하는 것과 같이 기업과 소비자 사이에서 상품과 돈을 흐르게 하는 구조를 갖고 있습니다.

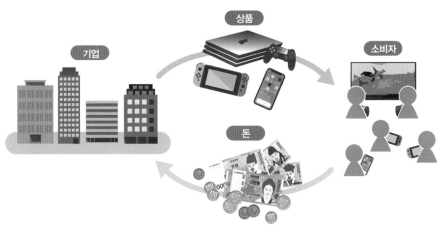

그림 0-1-1 게임 산업의 구조

'그런 건 이미 알고 있어요!'라거나 '다른 업계와 특별히 다르지 않은데요?'라는 말이 들리는 것 같습니다. 그래서 조금 더 자세히 설명하겠습니다.

게임 업계 시장은 업소용과 가정용으로 나뉩니다. 업소용 게임 시장은 게임 센터에 놓여 있는 게임과 기기 제조 또는 게임 센터 운영 등이 포함됩니다. 가정용 게임 시장은 가정용 게임 하드웨어와 소프트웨어를 포함한 시장입니다.

그럼, **가정용 게임 시장**에 관해 자세히 살펴보겠습니다.

주요 하드웨어로는 가정용 게임기, 스마트폰, PC 등이 있습니다. 많은 분들이 일본의 경우 가정용 게임기 분야에서는 오랜 기간 닌텐도(Nintendo)와 소니(Sony)가 패권을 다투는 것을 알고 있을 것입니다. 2010년부터는 스마트폰 게임 앱 시장이 가정용 게임기 시장을 뛰어 넘어 수많은 게임 제작 회사가 스마트폰 게임 앱, 특히 소셜 게임(social game) 개발에 힘을 쏟고 있습니다.

가정용 게임 상품은 게임기 혹은 패키징된 게임 소프트웨어와 같이 실물이 존재하는 것과 스마트폰에 다운로드해서 즐기는 앱과 같은 실물이 존재하지 않는 디지털 데이터로 나뉩니다. 광디스크와 같은 미디어에 저장되어 설명서 등과 함께 패키징된 게임을 **패키지 소프트웨어**라고 부릅니다. 반면, 스마트폰이나 PC 등에 직접 다운로드하는 게임을 다운로드형 애플리케이션 혹은 **다운로드형 소프트웨어**라고 부릅니다.

패키지 소프트로 판매되는 게임은 물론 다운로드형 게임도 모두 게임 크리에이터들이 팀을 이루어 개발합니다. 게임 크리에이터는 **표 0-1-1**과 같이 구분합니다.

예를 들어, 대규모 프로젝트인 경우에는 30~40명 정도의 인원이 개발에 참여합니다. 이 경우 기획자만 여러 명에 달하며, 그래픽 디자이너 또한 십수 명이 참여하기도 합니다. 필자가 게임 제작 회사의 직원이던 시절에는 10명가량의 인원으로 구성된 팀에서 업소용 게임기나 가정용 게임 소프트웨어를 개발했습니다. 회사를 세운 뒤로는 한 팀에 수 명가량의 인원으로 게임을 개발했습니다. 어떤 분야의 크리에이터가 얼마나 참가하는지는 개발하는 게임의 내용이나 회사 규모에 따라 달라질 수 있습니다.

다음은 크리에이터 분야 중 게임 프로그래머에 관해 자세히 알아보겠습니다.

표 0-1-1 게임 크리에이터의 종류

직종	주요 업무
프로듀서(producer)	개발 전반 지휘
디렉터(director)	일정 등 개발 진척 관리
기획자(planner)	게임 내용, 사양 설계
게임 프로그래머(game programmer)	프로그램 구현, 게임이 움직이도록 함
그래픽 디자이너(graphic designer)	그래픽 데이터 제작
사운드 크리에이터(sound creator)	BGM, 효과음 제작
디버거(debugger)	개발 중인 게임 오류 탐색, 게임 난이도에 관한 의견 제시

그림 0-1-2 게임은 다양한 분야의 크리에이터들이 팀을 이루어 개발합니다

크리에이터만 일을 하는 것은 아닙니다

게임 업계에서 일한다는 말을 들으면 어떤 생각이 드나요?

대다수는 크리에이터들이 프로그래밍을 하거나 이미지를 그려서 게임을 만들어 가는 모습을 상상할 것이라고 생각합니다. 물론 그렇기도 하지만, 게임 업계에서는 크리에이터들만 일을 하는 것은 아닙니다.

영업이나 판매 부문에서는 게임을 판매하기 위해 일하는 사람들이 있고, 어느 정도 큰 규모의 회사라면 사무, 회계, 인력 관리 등을 수행하는 부서에도 많은 사람이 있습니다. 게임 업계 전체를 보면 게임 센터를 운영하고 있는 남코(Namco), 세가(Sega), 타이토(Taito) 등에서는 전국 각지의 게임 센터에 정규직 직원이나 파트타임 직원이 있습니다. 업소용 게임 상품 제조나 뽑기 머신용 경품 제조, 수입 등을 담당하는 직원들도 있습니다.

즉, 게임 업계에도 다양한 분야의 업무가 있습니다.

02. 게임 프로그래머란?

게임 프로그래머는 기획자 등이 고안한 사양을 바탕으로 프로그램을 작성하고, 게임이 실제로 움직이도록 하는 역할을 합니다. 프로그래머는 프로그래밍 능력과 담당 분야에 따라 크게 **표 0-2-1**과 같이 나눌 수 있습니다.

그 외에 스마트폰용 게임 등 네트워크를 통해 데이터를 전달하는 게임 개발에서는 서버 측 프로그래밍을 담당하는 프로그래머가 개발에 참여합니다.

표 0-2-1 게임 프로그래머의 주요 업무

직종	주요 업무
시스템 프로그래머	게임 제작의 기반이 되는 시스템 프로그램 개발
메인 프로그래머	게임의 주요 부분 개발. 예를 들어, 액션 게임이라면 게임 전체의 흐름과 주인공을 움직이는 처리를 제작하는 기술을 가진 사람이 메인 프로그래머 역할 수행
서브 프로그래머	게임의 부수적인 부분 개발. 액션 게임이라면 적의 움직임이나 메뉴 화면 등을 개발

또한, 프로그래머는 게임 본체뿐만 아니라 게임 개발에 필요한 도구 소프트웨어를 만들기도 합니다. 예를 들어, 롤플레잉 게임 개발에서는 지도 데이터를 만드는 맵 에디터(map editor)나 몬스터 데이터를 효율적으로 관리하기 위한 도구 소프트웨어 등을 만듭니다.

그림 0-2-1 여러 프로그래머가 역할을 분담합니다

복잡한 내용이나 고도의 기능을 가진 소프트웨어는 일반적으로 여러 프로그래머가 참여해서 개발합니다.

게임도 마찬가지입니다. 예를 들어, 시스템 프로그래머 1명, 메인 프로그래머 1명, 서브 프로그래머 3명 등 총 5명의 프로그래머가 팀을 이루어 하나의 소프트웨어를 개발하는 형태입니다. 이때는 시스템 프로그래머나 메인 프로그래머 중 한 명이 리더가 되어 팀을 이끌면서 개발을 진행합니다.

03. 게임 프로그래머가 되고 싶다면?

게임 프로그래머가 되려면 어떻게 해야 할까요?

게임 프로그래머는 일단 둘로 나눌 수 있습니다. 그중 하나는 전업 프로그래머로, 게임 회사에서 일하는 정규직 혹은 계약직이 이에 해당합니다. 또 다른 하나는 게임 업계 외 분야에서 일하면서 프리랜서 형태로 게임 프로그래머로 일할 수도 있습니다.

▌ 전업 프로그래머

우선, 전업 게임 프로그래머를 목표로 하는 분에게 말씀드립니다. 게임 프로그래머가 되려면 게임 제작 회사에 취업해야 합니다. 게임 제작 회사는 입사 시점에 이미 게임을 만들 수 있는 사람을 프로그래머로 채용합니다. 대학 졸업자는 물론 경력직 모두 입사 시점에서 즉시 활용할 만한 프로그래밍 실력을 갖추고 있어야 합니다.

게임 크리에이터의 경우라면 일반적으로 포트폴리오를 제출합니다. 프로그래머라면 본인이 만든 게임 프로그램, 디자이너라면 일러스트나 3D CG 데이터 등입니다. 이 책에서는 전업 게임 프로그래머를 목표로 하는 분을 염두에 두고 프로그래밍 지식과 기술을 설명합니다. 게임 회사 입사 지원 시 제출하는 포트폴리오는 C 계열 언어나 자바로 만든 것을 조건으로 하는 경우도 있지만, 이 책을 통해 학습한 프로그래밍과 게임 개발 기술은 다른 프로그래밍 언어에도 응용할 수 있으므로 많은 도움이 될 것입니다.

포트폴리오 작품은 게임 내용이 아니라 프로그래머들이 그 프로그램을 어떤 방식으로 작성했는지를 확인합니다. 게임이 멈추는(freeze) 등의 중대한 버그가 있거나 처리 내용을 알기 어렵게 작성한 프로그램을 제출했다면 채용되지 않을 가능성이 높으며, 버그가 없는 정확한 프로그램을 작성했다면 합격할 가능성이 커집니다.

불필요한 내용이 많은 프로그램일수록 버그가 발생하기 쉽습니다. 이 책에 수록된 프로그램은 매우 단순하게 작성하기 위해 신경 썼습니다. 프로그래머 채용 전형에 도전하는 분들이라면 '불필요한 요소가 없는 프로그램'의 샘플로 참고해도 좋을 것입니다.

▌ 취미 프로그래머

다음으로, 개인적으로 활동하는 게임 프로그래머가 되고자 하는 분에게도 힌트를 드립니다.

게임 산업과 관련 없는 다른 일을 하면서 혼자서 혹은 소모임에서 게임을 만들어 인터넷을 통해 배포할 수 있습니다. 이런 활동을 하려는 분들이라면 프로그래밍과 게임 개발 기술을 익혀 스스로 완성한 오리지널 게임을 인터넷에 공개함으로써 게임 프로그래머로서 시작할 수도 있습니다.

완성한 게임을 불특정 다수의 사람이 즐기거나, 네트워크 수단으로 활용하거나, 혹은 실질적인 수입으로 연결시키고 싶은 분들도 있을 것입니다. 지금은 누구나 인터넷을 통해 개인의 저작물을 보급할 수 있는 시대이므로 꼭 한 번 도전해 볼 것을 권합니다.

그렇다면 어떻게 게임 프로그래밍 기술을 익히는 것이 좋을까요? 다음으로, 이 책을 활용하는 흐름에 관해 설명하겠습니다.

04. 이 책의 활용법

각 장에서 학습할 내용을 모아서 정리했습니다. **그림 0-4-1**을 참고해서 이 책을 여러분의 프로그래밍 레벨에 맞춰 활용할 수 있습니다.

예를 들어, 이미 파이썬을 사용해 보았다면 5장부터 시작할 수 있습니다. 파이썬을 사용해 본 경험은 있지만 아직 충분히 자신이 없다면 3장부터 시작하는 것이 좋습니다. 파이썬을 충분히 잘 사용하고 있으며 본격적인 게임 개발을 위해 Pygame을 사용해 보고 싶다면 10장부터 시작하면 됩니다.

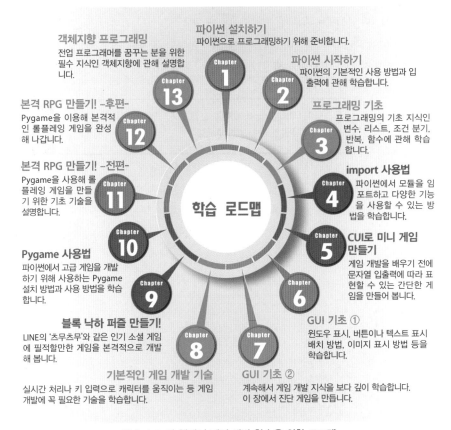

그림 0-4-1 이 책에서 게임 개발 학습을 위한 로드맵

취미로 게임 프로그래밍을 하고자 하는 분이나 동호회용 작품을 만들고 싶은 분들은 9장까지의 내용을 통해 얻은 지식과 본인의 노력 여하에 따라 수준 높은 오리지널 게임을 만들 수 있습니다.

파이썬을 활용해 수준 높은 게임을 만들고자 하는 분에게는 10장의 Pygame에 관한 내용이 도움이 될 것입니다. 11장과 12장에서는 Pygame을 사용해 RPG를 만듭니다. 필자가 알고 있는 한, **RPG를 만들 수 있는 기술을 가진 프로그래머라면 다른 장르의 게임도 만들 수 있습니다.** RPG 개발에는 그만큼 높은 기술력이 요구되기 때문입니다. 이 책에서는 그 기술에 관해 가능한 한 알기 쉽게 설명했습니다.

전업 프로그래머를 목표로 하는 분을 위해 가장 마지막인 13장에서는 객체지향 프로그래밍에 대해 구성했습니다.

파이썬은 쉬운 프로그래밍 언어이지만, 프로그래밍 입문자에게는 어렵게 느껴지는 부분도 있을 것입니다. 모르는 부분이 있다면 그곳에 포스트잇이나 스티커 등을 붙여 두고 계속 내용을 읽어 나가길 바랍니다. 처음에는 알지 못하던 것들도 프로그래밍 지식이 늘어나면서 이해가 갈 것입니다. 표시해 둔 부분들은 나중에 다시 읽어 보면 됩니다.

우리들이 내비게이터가 될게요. 프로그래밍 경험이 없는 분이라도 부담 가지지 말고 계속 읽어 주세요.

프로그래머의 장점

프로그래머라는 직업이 가진 확실한 장점은 이직과 독립이 쉽다는 점입니다. 필자가 프로그래머로 활동한 경험에서 내린 결론입니다. 필자는 남코에서는 기획자로 일했지만, 프로그래밍을 할 수 있었기 때문에 닌텐도의 자회사로 이직할 수 있었습니다. 그리고 프로그래밍 능력이 있었기에 제 회사를 세울 수 있었습니다.

컴퓨터 관련 산업이나 컴퓨터를 활용해서 영위하는 비즈니스는 발전하고 있으며, 이런 경향은 앞으로도 계속될 것입니다. 많은 기업이 계속해서 프로그래머 같은 기술자를 채용하고 있습니다. 확실하게 기술을 몸에 익힌 사람들은 계속 일할 수 있으며, 프로그래밍을 할 수 있다는 것은 직업을 계속해서 가질 수 있음을 의미합니다. 정확한 프로그래밍을 할 수 있는 능력을 '자격'이라고 말해도 과언이 아닐 것입니다.

여러분 중에는 '게임 제작 회사에 들어가고 싶다!'라는 목표를 세운 분도 있을 것입니다. 프로그래머, 기획자, 디자이너 등 여러 크리에이터 중에서 프로그래머가 가장 독립하기 쉽습니다. 게임을 개발하기 위해서는 그래픽 데이터나 사운드 데이터 등이 필요하지만, 이런 것들은 인터넷에서 해당 데이터를 만드는 크리에이터를 찾거나 데이터 제작 회사 등에 의뢰하면 얼마든지 준비할 수 있기 때문입니다. 물론 제작비는 필요하겠지만, 프로그래머라면 준비한 재료들을 활용해 게임을 만들 수 있습니다. 한편, 기획자나 디자이너는 독립해서 회사를 만들고 싶은 경우에도 프로그래머를 찾는 것이 매우 어려울 수 있습니다.

'일하면서 먹고 살아간다'는 것을 생각해 볼 때 프로그래밍 기술은 확실한 무기가 될 것입니다.

김용현(Microsoft MVP)

이 책은 프로그래밍에 대한 지식은 부족하지만 결과물에 대해 나의 가능성을 시험해 보고 싶은, 특히 게임 개발을 희망하는 독자라면 더할 나위 없는 좋은 길잡이가 될 것입니다. 실습 시 필요한 이론과 파이썬 문법 등 모든 것을 수록하고 있습니다. 단계별로 실습할 때마다 익힌 것을 응용하여 바로 나만의 게임을 만들 수 있습니다.

이용진(삼성SDS)

이 책은 '파이썬으로 배우는 게임 개발 입문편'이라는 제목에 맞게 알차게 구성되어 있습니다. 입문용 도서에 맞게 파이썬을 잘 모르는 분들이 보고 쉽게 따라 할 수 있도록 설치부터 간단한 파이썬 문법, GUI 라이브러리(tkinter, pygame)를 이용한 게임 개발까지 모두 설명하고 있습니다. 물론, 실제로 개발하기 위해서는 더 많은 지식이 필요하겠지만, 입문용 책으로는 더할 나위 없을 정도로 뛰어나다고 생각합니다.

이창화(울산과학기술원)

파이썬을 이용한 다양한 활용서들이 많이 출간되고 있습니다. 그중 일반인들에게 가장 친숙하고 쉽게 다가갈 수 있는 부분이 게임이라고 생각합니다. 게임을 프로그래밍 관점에서 이해하고, 직접 구성하고 프로그래밍하는 과정이 즐겁다면 그 매력에 푹 빠질 수 있을 것입니다. 이 책은 파이썬의 기초부터 다른 일반인들에게 보여줄 만한 게임 프로그램을 만들기까지의 폭넓은 구성으로 이루어졌습니다. 많은 독자에게 이 책이 도움이 되었으면 하는 바람입니다.

정욱재(스캐터랩)

책 한 권에 게임 개발과 파이썬에 대한 설명이 잘 되어 있습니다. 게임 개발과 파이썬 둘 중 어느 하나를 모르더라도 이 책의 설명만 잘 따라가면 이해할 수 있다고 생각합니다. 다른 파이썬 입문서와 비교해도 손색이 없을 정도로 설명이 잘 되어 있어서 파이썬이 처음인 분도 이 책만 보면 될 것입니다.

정태일(삼성SDS)

이 책은 프로그래밍 초보자도 파이썬 기초 지식을 빠르게 배운 뒤 간단한 게임부터 복잡한 롤플레잉 게임까지 만들어 볼 수 있도록 구성되어 있습니다. 특히, 게임의 기본 기능을 먼저 완성하고 점차 개선해 가는 과정을 통해 게임 개발 시 고려해야 할 부분과 게임 개발 프로세스를 자연스럽게 익힐 수 있습니다. 파이썬을 활용해 단기간에 게임 개발에 입문하고 싶은 분에게 추천합니다.

차준성(서울아산병원)

게임 개발이 처음이거나, 프로그래밍에 익숙하지 않은 분들도 책의 예제를 하나씩 따라 해보면 어렵지 않게 게임을 만들 수 있습니다. 특히, 예제 코드 한줄 한줄의 자세한 설명을 통해 프로그래밍 입문자에 대한 배려가 느껴집니다. 게임 개발에 관심이 있지만 어떻게 시작해야 할지 모르겠다면 이 책이 가장 좋은 가이드가 될 것입니다.

제이펍은 책에 대한 애정과 기술에 대한 열정이 뜨거운 베타리더의 도움으로 출간되는 모든 IT 전문서에 사전 검증을 시행하고 있습니다.

이 장에서는 파이썬이라는 프로그래밍 언어에 관해 설명하며, 여러분이 사용하는 PC에 파이썬을 설치해요. 설치나 설정 방법이 어려운 프로그래밍 언어들도 있지만, 파이썬은 매우 쉽게 설치할 수 있어요. 그리고 설치가 완료되면 곧바로 사용할 수도 있고요.

Chapter

1

파이썬 설치하기

컴퓨터 소프트웨어는 프로그래밍 언어를 사용해 개발합니다. 프로그래밍 언어는 매우 다양하며, 파이썬 또한 그중 하나입니다.

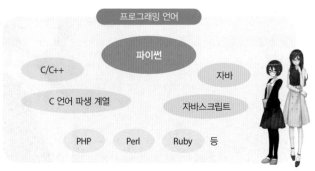

그림 1-1-1 **다양한 프로그래밍 언어**

많이 사용되는 프로그래밍 언어들을 표시했습니다. 이 언어들 중 파이썬은 작성 방법이 비교적 간단해 학습하기 쉽습니다. 파이썬은 코드를 작성한 후 즉시 실행해서 그 동작을 확인할 수 있기 때문에 입문자가 학습하기에 좋은 프로그래밍 언어라고 할 수 있습니다.

파이썬은 다양한 분야의 프로그램을 개발할 수 있는 기능을 제공합니다. 파이썬을 설치한 시점에 PC에 설치되는 표준 라이브러리에는 다양한 소프트웨어를 개발할 수 있는 모듈들이 포함되어 있습니다. 예를 들어, 캘린더를 다루는 모듈, Graphical User Interface(GUI)를 다루는 모듈, 제곱근이나 삼각함수 등 수학 계산 모듈 등 다양한 모듈을 제공합니다.

표준 라이브러리 이외에도 전 세계 개발자들이 수많은 기능을 가진 모듈을 개발하고 있으며, 이 확장 모듈 또한 자유롭게 이용할 수 있습니다. 이 책에서는 표준 라이브러리를 사용해 게임을 제작하는 방법을 학습한 뒤, Pygame이라는 확장 모듈을 사용해 본격적으로 롤플레잉 게임(Role Playing Game, RPG)을 개발합니다.

> 홈페이지(웹페이지)를 만드는 언어로는 HTML이 있어요. HTML은 마크업(markup) 언어라고 부르며, 파이썬이나 C와 같은 프로그래밍 언어와 구분해요.

Lesson 1-2 파이썬 설치하기

파이썬은 2.x 버전 계열과 3.x 버전 계열로 나누어집니다. 2.x 버전 계열은 개발이 중단되었으며, 점차 3.x 계열 버전으로 바뀌어 가고 있습니다. 이 책에서는 향후 호환성을 가진 3.x 버전을 사용합니다.

그러면 윈도우와 맥 머신에서의 설치 방법을 각각 설명합니다. 맥을 사용하는 분들은 5페이지를 참고합니다.

>>> 윈도우 PC에서 설치하기

웹브라우저에서 파이썬 공식 사이트에 접속합니다.
https://www.python.org

그림 1-2-1 **파이썬 공식 사이트**

1 'Downloads'를 클릭하고 **2** 'Python 3.*.*' 버튼을 클릭합니다.

그림 1-2-2 **인스톨러 다운로드**

3 '실행' 혹은 '저장'을 선택해 설치를 시작합니다. '저장'을 선택한 경우에는 PC에 다운로드한 인스톨러를 실행합니다.

3 선택합니다(일반적인 경우 '실행'을 클릭하면 됩니다).

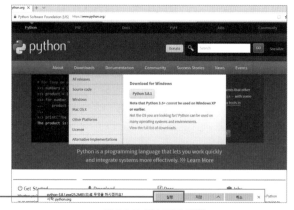

그림 1-2-3 **인스톨러 실행**

4 'Add Python 3.* to PATH' 박스에 체크합니다.

5 'Install Now'를 클릭해 설치를 진행합니다.

5 클릭합니다.

4 박스에 체크합니다.

그림 1-2-4 **설치 진행**

6 'Setup was successful' 다이얼로그에서 'Close'를 클릭합니다. 이것으로 설치가 완료됩니다.

6 클릭합니다.

그림 1-2-5 **설치 완료**

이 책을 집필하면서 다양한 버전의 파이썬 인스톨러를 테스트해 보았습니다. '실행'을 선택한 경우 'Setup Progress' 다이얼로그에서 'Installing...'이라는 메시지가 표시된 상태로 몇 분이나 정지 상태에 빠지는 PC도 있었습니다. 그 상태로 몇 분가량 기다리자 설치가 진행되었고, 무사히 'Setup was successful' 메시지가 표시된 단계까지 완료되었습니다. PC나 네트워크 환경에 따라 설치에 시간이 걸릴 수 있습니다.

>>> 맥에서 설치하기

웹브라우저에서 파이썬 공식 사이트에 접속합니다.
https://www.python.org

그림 1-2-6 **파이썬 공식 사이트**

1 'Downloads'를 클릭하고 **2** 'Python 3.*.*' 버튼을 클릭합니다.

1 클릭합니다.

2 클릭합니다.

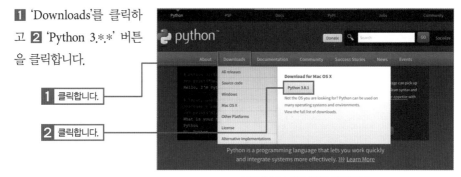

그림 1-2-7 **인스톨러 다운로드**

3 다운로드한 'python-3. *.*-맥osx***.pkg'를 클릭 합니다.

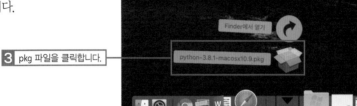

3 pkg 파일을 클릭합니다.

그림 1-2-8 **인스톨러 실행**

4 '계속'을 선택해 설치를 시작합니다.

4 클릭합니다.

그림 1-2-9 **설치 진행**

5 사용 허가에 '동의합니 다'를 선택하고 설치를 계속 합니다.

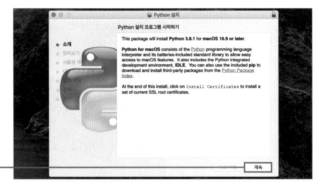

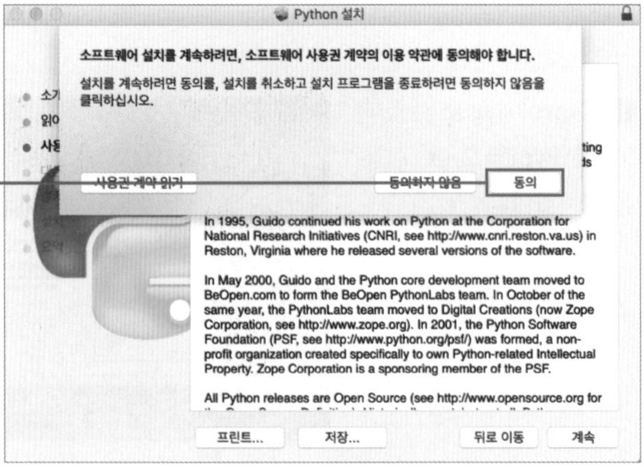

5 클릭합니다.

그림 1-2-10 **사용 허가 동의**

6 사용자 설정은 필요하지 않습니다. 그대로 설치를 계속합니다.

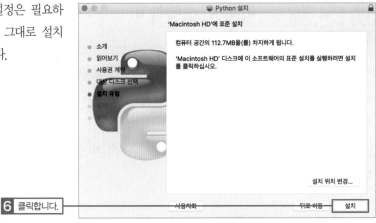

6 클릭합니다.

그림 1-2-11 **설치**

7 설치가 완료되면 '닫기'를 클릭합니다. 이것으로 설치가 완료됩니다.

7 클릭합니다.

그림 1-2-12 **설치 완료**

파이썬 실행하기

파이썬에는 통합 개발 환경이라고 불리는, 프로그램을 작성하고 실행하는 기능을 가진 도구인 'IDLE'이 포함되어 있습니다. 이 책에서는 이 IDLE을 사용해 프로그램을 작성하고 실행을 확인합니다.

먼저, 일반적으로는 통합 개발 환경이라는 것이 무엇인지 설명하고, 이후 파이썬 IDLE을 실행해 봅니다.

⟫⟫⟫ 통합 개발 환경이란?

통합 개발 환경은 소프트웨어 개발을 지원하는 도구입니다. 대부분은 인터넷에서 다운로드해서 무료로 사용할 수 있습니다. 고급 통합 개발 환경의 경우에는 프로그램을 조금씩 실행하면서 버그를 발견하는 기능을 제공하며, 개발에 사용한 이미지 데이터나 사운드 데이터를 관리하는 도구가 포함되어 있습니다. 통합 개발 환경은 IDE(Integrated Development Environment)라고도 부릅니다.

파이썬에 기본으로 포함되어 있는 IDLE은 기능이 매우 단순하지만, 프로그래밍 입문자가 학습하거나 취미로 게임을 제작하는 데 필요한 작업을 충분히 할 수 있습니다. 따라서 이 책에서는 프로그래밍 학습부터 게임 제작까지의 모든 과정을 이 기본 IDLE을 사용해서 설명합니다.

물론, IDLE에 관계없이 여러분에게 익숙한 텍스트 에디터라면 어떤 것을 사용해도 관계없어요. 무료로 사용할 수 있는 텍스트 에디터로는 'Brackets'나 'Sublime Text' 등이 있어요. 이런 텍스트 에디터에 대해서는 2장에서 다시 소개할게요.

⟫⟫⟫ IDLE 실행

그렇다면 IDLE을 실행해 봅니다. 윈도우와 맥에서의 실행 방법이 각각 다릅니다.

▌윈도우에서 IDLE 실행

'시작 메뉴' ➡ 'Python3.*' ➡ 'IDLE(Python3.*.**-bit)'을 선택해 IDLE을 실행합니다.

그림 1-3-1 윈도우용 IDLE

맥에서 IDLE 실행

런치패드(Launchpad)에서 IDLE을 실행합니다.

그림 1-3-2 맥용 IDLE

다음 장에서는 이 IDLE을 사용해 간단한 계산식과 명령을 입력하고 동작을 확인해 볼게요.

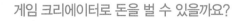

COLUMN

게임 크리에이터로 돈을 벌 수 있을까요?

결론부터 말하는 게 좋겠습니다. 대작 하나로 평생을 편히 먹고살 수 있을 정도의 부를 쌓는 게임 크리에이터가 있는가 하면, 평생 적은 월급을 받으면서 일하는 크리에이터도 있습니다. 수입이 매우 많은 사람부터 거의 최저시급을 받는 사람까지 그 차이가 상당한 것이 게임 업계입니다.

게임 소프트웨어는 예측이 매우 어려운 상품입니다. 수십억 원의 개발비를 들여 만든 게임의 실제 매출은 수억 원에도 미치지 못하는 경우가 많습니다. 반대로, 개발비는 수억 원밖에 들지 않았지만, 수십억 혹은 수백억 원의 매출을 내는 행복한 경우도 있습니다. 수많은 타이틀이 적자를 보거나, 잘해 봐야 본전(개발비와 비슷한 수준의 매출을 내는)인 것이 게임이라는 상품입니다. 그러다가 소위 대박을 터뜨리는 경우도 있기에 게임 제작 회사의 경영진들은 안도의 한숨을 쉬기도 합니다.

필자가 경영하는 게임 회사는 작은 법인이기에 수십억 원 단위의 현금이 투입되는 프로젝트와는 인연이 없지만, 과거에는 2억 원 이상을 들여 개발한 게임의 매출이 개발비의 1/10밖에 지나지 않았던 적도 있었습니다. 거꾸로, 개발비의 몇 배나 되는 이익을 남긴 작품도 있었습니다.

히트작을 내지는 못하더라도 오랜 기간 꾸준히 게임을 만들어 온 친구가 있습니다. 경험이 풍부한 데다가 인맥 또한 두터워서 굉장히 즐겁게 크리에이터 생활을 계속하고 있습니다. 게임 개발 제작 회사를 세워 성공한 친구가 있는가 하면, 경영하던 회사가 파산해서 게임 업계에서 떠난 지인도 있습니다. 대작 게임을 만들겠다는 꿈을 좇는 것도 좋고, 즐기면서 꾸준히 개발하는 것도 좋은 것이 게임 크리에이터라는 직업의 매력이 아닐까 생각합니다.

파이썬 프로그래밍을 시작해 볼까요. 먼저
IDLE에 직접 계산식이나 명령을 입력해
컴퓨터에 간단한 처리를 할게요. 기본적인
조작에 익숙해진 뒤에는 프로그램 파일을
만들어 보고, 그 파일에 프로그램을 입력할
거예요.

Chapter

2

파이썬 시작하기

2-1 계산하기

IDLE을 사용해 간단한 계산을 수행하고, 컴퓨터로 사칙 연산을 시키는 방법을 학습합니다.

≫≫ IDLE을 계산기로 사용하기

IDLE을 실행합니다. IDLE을 실행한 상태를 **셸 윈도우(Shell window)**라고 부릅니다.

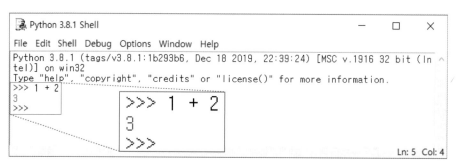

그림 2-1-1 셸 윈도우

셸 윈도우에 표시된 '>>>'은 **명령 프롬프트(command prompt)** 혹은 프롬프트(prompt)라고 부릅니다. 명령 프롬프트는 명령을 입력받는 곳입니다. 프롬프트에 '1 + 2'라고 입력한 뒤, Enter 키를 누릅니다(맥에서는 return 키. 이후 설명에서는 Enter 키라고 통일해서 부릅니다).

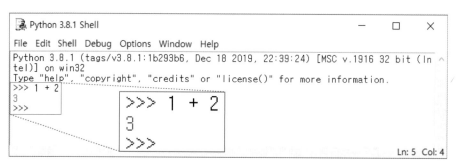

그림 2-1-2 1 + 2 계산

계산 결과는 3으로 출력됩니다.

다음으로 '10 - 3'이라고 입력한 뒤, Enter 키를 누릅니다. 계산 결과인 7이 출력됩니다. IDLE의 셸 윈도우는 계산기와 동일한 기능도 제공합니다.

⟩⟩⟩ 사칙 연산자

컴퓨터로 사칙 연산(덧셈, 뺄셈, 곱셈, 나눗셈)을 실행할 때 사용하는 기호는 다음과 같습니다. 계산에 사용하는 이들 기호를 **연산자**라고 부릅니다.

표 2-1-1 **사칙 연산자**

사칙 연산	수학 기호	컴퓨터 기호(연산자)
덧셈	+	+(사칙연산자, 덧셈)
뺄셈	−	+(사칙연산자, 뺄셈)
곱셈	×	*(사칙연산자, 곱셈)
나눗셈	÷	/(사칙연산자, 나눗셈)

덧셈과 곱셈도 확인해 봅니다. 이제부터 계산식 혹은 명령 뒤에 Enter가 있으면, Enter 키를 누르라는 의미입니다.

```
>>> 7 * 8 Enter
```

56이 출력됩니다.

```
>>> 10 / 2 Enter
```

5.0이 출력됩니다.

나눗셈에서 '10 / 0'과 같이 0으로 나누면 **에러가 발생합니다.** 수학에서 배운 것과 같이 0으로 나눌 수는 없습니다. 컴퓨터를 사용한 계산에서도 0으로 나눌 수 없습니다.

긴 계산식을 입력할 수도 있습니다. 이 또한 수학에서의 규칙과 동일하게 ( ) 내부를 먼저 계산합니다.

```
>>> (5 + 2) * (4 - 1) Enter
```

파이썬의 IDLE은 전자 계산기와 달리, ( )를 사용한 계산식을 그대로 입력해서 답을 구할 수 있어요.

컴퓨터에서는 숫자와 문자열이라는 데이터를 다룹니다. 예를 들어, 게임 캐릭터 생명력은 숫자이며, 캐릭터 이름은 문자열입니다. 문자열은 큰따옴표(")로 감쌉니다. IDLE에서 문자열을 출력하는 방법을 사용해 보면서 파이썬에 조금 더 익숙해지도록 합니다.

》》》 print() 사용법

IDLE의 명령 프롬프트에 '안녕하세요'라고 입력한 뒤, Enter 키를 누릅니다. 그러면 다음과 같은 에러 메시지가 출력됩니다.

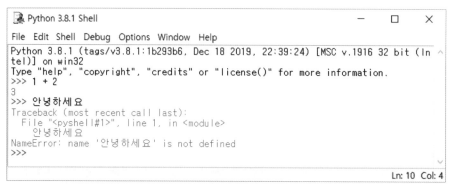

그림 2-2-1 문자열 출력 에러

문자열을 출력하기 위해서는 **print()**라는 명령을 사용합니다.

다음으로 'print("안녕하세요")'라고 입력한 뒤 Enter 키를 눌러 봅니다. 이번에는 '안녕하세요'라는 내용이 출력됩니다.

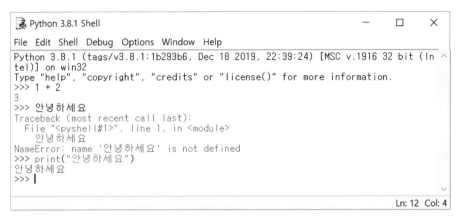

그림 2-2-2 print()를 사용해 문자열 올바르게 출력

파이썬에서 문자열을 다룰 때는 **큰따옴표(")** 혹은 **작은따옴표(')**로 문자열의 앞뒤를 감싸줍니다. 이 책에서는 큰따옴표로 통일했습니다.

캘린더 출력하기

파이썬에서는 모듈을 사용해 다양한 기능을 사용할 수 있습니다. 여기에서는 캘린더를 다루는 모듈 사용법을 설명합니다.

〉〉〉 모듈 사용법

Lesson 2-1에서 수행한 계산이나 Lesson 2-2에서 사용한 print() 명령은 특별한 준비 없이 계산식이나 명령을 입력하고 Enter 키를 누르면 실행됩니다. 캘린더 기능을 사용하기 위해서는 가장 먼저 calendar **모듈**을 **임포트(import)**해야 합니다.

실제로 테스트해 보도록 합니다. 우선, IDLE의 명령어 프롬프트에 다음과 같이 입력합니다.

```
import calendar  Enter
```

그리고 다음과 같이 입력합니다.

```
calendar.month(2020, 1)  Enter
```

그러면 다음과 같이 출력됩니다.

```
>>>
>>> import calendar
>>> calendar.month(2020, 1)
'    January 2020WnMo Tu We Th Fr Sa SuWn        1  2  3  4  5Wn 6  7  8  9 10 11
 12Wn13 14 15 16 17 18 19Wn20 21 22 23 24 25 26Wn27 28 29 30 31Wn'
>>>
```

그림 2-3-1 **모듈을 활용한 캘린더 표시**

calendar.month(**년, 월**)을 입력하고 Enter 키를 누르면 calendar 모듈의 month()라는 명령이 실행됩니다. 월, 일, 요일 등이 표시되지만, 눈에 쉽게 읽히지는 않습니다.

Lesson 2-2에서 학습한 print() 명령을 사용해서 다음과 같이 입력합니다.

```
print(calendar.month(2020, 1))  Enter
```

print() 명령을 사용하면 다음과 같이 날짜가 깔끔하게 출력됩니다.

```
>>> print(calendar.month(2020, 1))
     January 2020
Mo Tu We Th Fr Sa Su
          1  2  3  4  5
 6  7  8  9 10 11 12
13 14 15 16 17 18 19
20 21 22 23 24 25 26
27 28 29 30 31

>>>
```

그림 2-3-2 print() 명령을 활용한 캘린더 표시

⟫⟫⟫ 1년 전체 캘린더

1년 전체 캘린더도 출력해 봅니다. calendar 모듈의 prcal() 명령을 사용해 1년 전체 캘린더를 출력할 수 있습니다. 다음을 명령 프롬프트에 입력합니다.

```
print(calendar.prcal(2020)) Enter
```

위 명령을 실행하면 1년치(2020년) 캘린더가 출력됩니다.

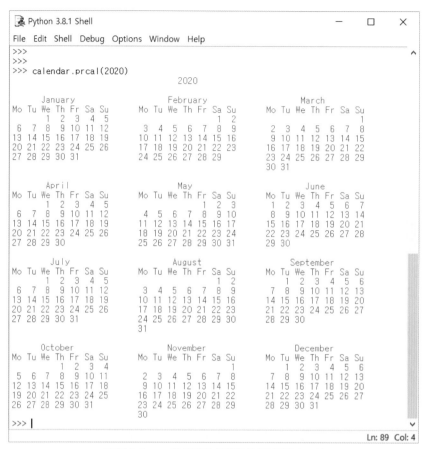

그림 2-3-3 prcal() 명령을 활용한 1년치 캘린더 표시

모듈에는 여러 종류가 있습니다. 4장에서는 날짜와 시간을 다루는 모듈과 난수를 생성하는 모듈 사용법을 학습합니다. 이후 6장부터는 화면에 창을 표시하고 버튼 등을 배치하는 모듈의 사용법을 학습합니다.

print(), month(), prcal()과 같이 ()를 붙인 명령을 함수라고 해요. 조금 더 뒤에서 함수란 무엇인지, 그리고 직접 새로운 함수를 만드는 방법을 알아볼게요.

Lesson 2-4 프로그래밍 준비

지금까지는 IDLE 셸 윈도우에 계산식이나 명령어를 입력했습니다만, 이후로는 파일에 프로그램을 작성하고, 그 파일을 실행하는 순서로 진행합니다. 프로그래밍을 시작하기 전에 작업을 쉽게 할 수 있도록 확장자를 표시하고 작업 폴더를 만듭니다. 윈도우, 맥 사용자 모두 이 두 가지를 준비합니다.

>>> 파일 확장자 표시하기

확장자란 파일 종류를 표시하기 위해 파일명 끝에 붙이는 문자열을 의미합니다. 파일명과 확장자는 점(.)으로 구분합니다.

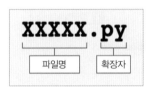

그림 2-4-1 **파일명과 확장자**

파이썬 프로그램 파일의 확장자는 '**py**'입니다. 컴퓨터 프로그램은 간단히 '**프로그램**' 또는 '**예제 코드**'라고 부릅니다.

게임 개발에서 주로 사용되는 파일 확장자는 다음과 같습니다.

표 2-4-1 **게임 개발에서 주로 사용하는 파일 확장자**

확장자	파일 종류
doc, docx, pdf 등	문서 파일
txt	텍스트 파일
png, jpeg, bmp 등	이미지 파일
mp3, m4a, ogg, wav 등	사운드 파일

여러분이 사용하는 PC에서 확장자를 표시하고 있다면 이 절의 내용은 건너뛰어도 무방합니다. 아직 확장자가 표시되지 않은 상태라면 다음 내용을 따라 확장자를 표시할 수 있습니다.

윈도우 10에서 확장자 표시하기

1 폴더를 엽니다.

2 '표시' 탭을 클릭합니다.

3 '파일 확장명' 체크 박스에 체크합니다.

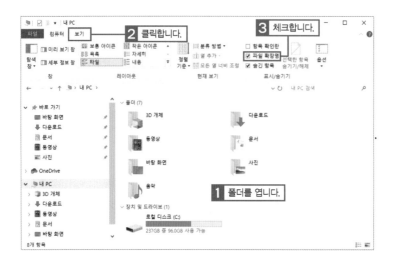

맥에서 확장자 표시하기

1 파인더(Finder)에서 '환경설정'을 선택합니다.

2 '고급' 탭에 있는 '모든 파일 확장자 보기'에 체크합니다(맥OS 카탈리나 화면을 기준으로 설명합니다).

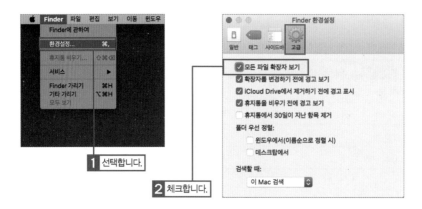

>>> 바탕화면(데스크톱)에 작업 폴더 만들기

다음은 프로그램 파일을 저장할 **작업 폴더**를 만듭니다. 윈도우, 맥 사용자 모두 다음의 방법으로 바탕화면(데스크톱)에 폴더를 만듭니다.

▌윈도우

바탕화면에서 마우스 오른쪽 버튼을 클릭하고 '새로 만들기' ➡ '폴더'를 선택합니다.

▌맥

파인더 메뉴에서 '파일' ➡ '새로운 폴더'를 선택합니다.

폴더명은 자유롭게 지정해도 좋습니다. 이 책에서는 **'python_game'**이라는 폴더명을 기준으로 설명합니다.

프로그램 작성하기

이제 프로그래밍을 시작할 수 있습니다. 새 프로그램 파일을 작성하고 이를 저장한 뒤 프로그램을 실행하는 방법을 확인합니다.

⟫⟫⟫ 소스 코드 신규 작성 및 저장

IDLE의 셸 윈도우 메뉴에 있는 'File' ➡ 'New File'을 선택하면 **편집 창(Edit Windows)**이 열립니다. 이 곳이 프로그램을 입력하는 **텍스트 에디터**입니다.

그림 2-5-1 **편집 창**

여기에 프로그램을 작성한 뒤 저장하고, 실행해서 동작을 확인합니다. 편집 창을 막 실행한 상태에서는 파일명이 'Untitled'라고 표시됩니다. 일단 파일명을 붙여서 저장합니다.

에디터 윈도우에서 'File' ➡ 'Save as...'를 선택하고, 앞서 만든 작업 폴더 내에 'test.py'라는 이름으로 파일을 저장합니다. 이때 확장자의 .py를 빼고 'test'만 입력해도 IDLE은 자동으로 .py라는 확장자를 붙여 줍니다.

그림 2-5-2 **작업 폴더에 프로그램 파일 저장**

셸 윈도우와 에디터 윈도우의 차이를 알고 프로그램 파일을 새로 작성해서 보존한 뒤, 실행해서 동작을 확인하는 일련의 순서를 기억해 두기 바랍니다.

셸 윈도우

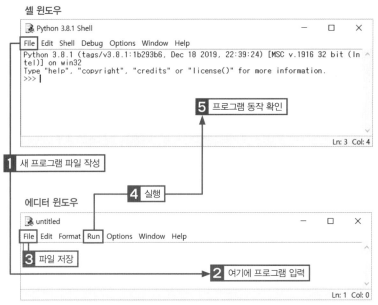

그림 2-5-3 셸 윈도우와 에디터 윈도우

프로그램 실행은 에디터 윈도우 메뉴 바의 'Run' ➡ 'Run Module F5'입니다. 저장한 프로그램 파일을 열 때는 셸 윈도우 혹은 에디터 윈도우의 메뉴 바의 'File' ➡ 'Open'에서 열 파일을 선택합니다.

〉〉〉 에디터 윈도우에 대해

IDLE의 에디터 윈도우에는 행 번호 표시 기능이 없습니다만(집필 시점에서의 파이썬 버전은 3.7), 커서 위치의 행 번호는 윈도우 오른쪽 하단에 'Ln:*'이라고 표시되므로 프로그램을 작성하는 경우에 참고할 수 있습니다.

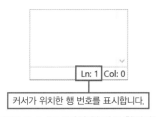

커서가 위치한 행 번호를 표시합니다.

그림 2-5-4 IDLE에서 행 번호 확인하기

이 책에서 사용하는 프로그램은 대부분 짧기 때문에 IDLE의 에디터 윈도우에서 쉽게 입력 또는 확인할 수 있습니다. 하지만 길이가 긴 프로그램을 확인할 때는 텍스트 에디터를 사용하는 것이 편리하기 때문에 대표적으로 많이 사용하는 텍스트 에디터 두 가지를 소개합니다. 모두 무료로 사용할 수 있습니다.

표 2-5-1 **무료 텍스트 에디터**

Sublime Text	호주의 존 스키너(Jon Skinner)가 개발 및 제공하는 텍스트 에디터로 이 역시 파이썬을 포함해 많은 프로그래밍 언어에 사용할 수 있습니다. https://www.sublimetext.com
Brackets	Adobe Systems가 개발 및 제공하는 무료 텍스트 에디터로 파이썬을 포함해 많은 프로그래밍 언어에 사용할 수 있습니다. http://brackets.io/

※ Sublime Text는 무료로 사용할 수 있으나, 엄밀하게는 쉐어웨어(shareware, 마음에 드는 경우 구매해서 사용하는 종류의 소프트웨어)이므로 종종 구입을 유도하는 메시지가 표시됩니다.

※ 이 도구들을 반드시 설치해야 할 필요는 없습니다. 텍스트 에디터는 그 종류가 매우 다양하므로 인터넷 검색 등을 통해 선호하는 에디터를 찾아서 사용해도 문제없습니다.

> **MEMO**
>
> 파이썬으로 본격적인 소프트웨어 개발을 하고자 하는 분은 처음부터 본격적인 통합 개발 환경을 준비하는 것도 좋습니다. 파이썬 개발에 편리하게 사용할 수 있는 통합 개발 환경이 몇 가지 있으므로 관심이 있다면, 검색 엔진에서 '파이썬 통합 개발 환경 (Python IDE)' 등으로 검색해서 선호하는 도구를 준비하면 됩니다.

입출력 명령

프로그래밍의 첫걸음은 화면에 문자를 출력하는 것입니다. 여기서는 print() 명령에 대해 다시 설명합니다. 그 후 입력을 수행하는 input() 명령에 관해서 설명합니다.

>>> 출력을 수행하는 print()

에디터 윈도우에 다음과 같은 프로그램을 입력합니다.

리스트 **test.py**

```
1  a=10                              변수 a에 숫자 10을 대입
2  print(a)                          변수 a의 값(내용)을 출력
```

입력한 파일을 저장합니다. 덮어쓰기를 할 경우에는 'File' ➡ 'Save'로 저장합니다. 'Run' ➡ 'Run Module F5'를 실행하면 셀 윈도우에 다음과 같이 출력됩니다.

그림 2-6-1 **test.py** 실행 결과

이 프로그램은 a라는 **변수**에 10이라는 숫자를 넣고 print() 명령으로 a의 값을 출력합니다. 변수는 숫자나 문자열을 넣은 상자와 같은 것이라고 생각하면 좋습니다. 3장에서 변수에 대해 더 자세히 설명합니다(→ 34페이지).

다음은 변수에 문자열을 대입하고 대입한 값을 출력하는 프로그램입니다. 다음 프로그램을 입력한 뒤, 'File' ➡ 'Save As...'를 선택하고 'test2.py'라는 이름으로 저장한 다음 실행합니다.

| 1 | txt = "처음 만나는 파이썬" | 변수 txt에 문자열 '처음 만나는 파이썬' 대입 |
| 2 | print(txt) | 변수 txt의 값(내용) 출력 |

셸 윈도우에 다음과 같이 '처음 만나는 파이썬'이라고 출력되면 성공입니다.

그림 2-6-2 test2.py 실행 결과

프로그래밍에서 변수의 개념은 수학에서의 개념과 거의 비슷하지만, 프로그램에서는 변수를 사용해서 문자열을 다룰 수도 있어요.

>>> 입력을 수행하는 input()

다음은 문자열 입력을 수행하는 **input()** 명령을 사용해 봅니다. 다음 프로그램을 입력하고 test3.py라는 파일로 저장합니다.

1	print("이름을 입력해 주십시오")	'이름을 입력해 주십시오'를 출력
2	name = input()	사용자가 입력한 문자열을 변수 name에 대입
3	print("이름은" + name + "입니다")	'이름은', 변수값, '입니다'를 이어서 출력

이 프로그램을 실행하면 셸 윈도우에 커서(|)가 깜빡이며, 입력을 받는 상태가 됩니다. 임의의 문자열을 입력하고 Enter 키를 누르면 다음과 같이 출력됩니다.

그림 2-6-3 test3.py 실행 결과

2번 행과 같이 **변수명 = input()**이라고 입력한 뒤 실행하면 셸 윈도우에서 입력한 문자열이 그 변수에 입력됩니다. 3번 행에서 '이름은'과 변수 name의 내용, 그리고 '입니다'라는 3개 문자열을 '+'로 연결해서 출력할 수 있습니다. 파이썬에서는 이처럼 **여러 문자열을 '+'로 연결**할 수 있습니다.

파이썬에서 입력을 수행하는 가장 기본적인 명령은 input()입니다. 게임 개발에서는 키보드의 키를 누른 것을 실시간으로 판정하거나 마우스의 움직임으로 판정해야 합니다. 실시간 키 입력이나 마우스 입력 방법은 게임 개발 입력 절에서 설명합니다.

프로그램 작성 방법

프로그램을 작성하기 위해서 몇 가지 결정해 두어야 할 사항들이 있습니다. 이번 장부터 다양한 프로그램을 작성할 것이므로 먼저 작성 규칙을 확인해 둡니다.

>>> 프로그램 작성 규칙

파이썬을 포함한 많은 프로그래밍 언어들이 공통으로 가지는 기본 규칙을 설명합니다.

❶ 프로그램은 대소문자를 구별합니다.

예를 들면, print()에서 p를 대문자로 쓰면 에러가 발생합니다.

```
O print( "안녕하세요 ")
X Print( "안녕하세요 ")
```

❷ 문자열을 다룰 때에는 큰따옴표로 감쌉니다.

변수에 문자열을 넣거나 print() 명령을 사용해 문자열을 출력하는 경우에는 ""를 사용합니다.

```
O txt =  "문자열 다루기 "
X txt = 문자열 다루기
```

❸ 공백 유무

변수 선언이나 명령의 () 내의 공백 유무는 크게 관계없습니다.

```
O a=10
O a = 10
O print( "파이썬 ")
O print(  "파이썬 " )
```

※ ❻에서 설명하는 들여쓰기(indent)는 반드시 사용해야 합니다.

❹ 프로그램 중간에 주석을 추가할 수 있습니다.

주석이란 프로그램 도중에 작성하는 메모와 같은 것입니다. 어려운 명령의 사용 방법이나 처리하는 내용을 기록해 두면 향후 프로그램 수정 시 많은 도움이 됩니다. 파이썬에서는

'#'을 사용해 주석을 작성합니다.

```
print( "안녕하세요 ")   # 주석
```

이와 같이 작성하면 '#' 이후의 내용은 줄바꿈을 할 때까지 주석으로 처리됩니다.

예를 들어, 다음과 같은 명령 앞에 '#'을 붙이면 해당 행에 입력한 명령은 실행되지 않습니다. 실행하고 싶지 않은 명령을 삭제하지 않고, 그대로 남겨두고 싶다면 이와 같이 주석을 이용하면 편리합니다. 이를 **코멘트 아웃(comment out)**이라고 합니다.

```
#print( "안녕하세요 ")
```

또한, 여러 행을 한꺼번에 주석 처리할 경우에는 큰따옴표를 3번 연속해서 입력하면 됩니다.

```
"""  ← 여기에서 시작
주석 1
주석 2
·
·
"""  ← 여기까지가 주석이 됩니다.
```

> 다른 프로그래밍 언어에서는 '//'나 '/* ~ ~/'를 사용해서 주석을 처리하는 것을 아는 분도 있지요? 파이썬에서는 대신 '#'나 '"""'를 사용해요.

⟫⟫⟫ 파이썬의 독특한 규칙

파이썬에는 C 계열 언어 혹은 자바 등의 널리 사용되는 프로그래밍 언어와는 다른 독특한 규칙이 있습니다. 처음 프로그래밍을 배우는 분이라면 파이썬은 이런 특징이 있다고 이해하면 되지만, C 언어 등을 학습한 분이라면 당혹감을 느낄 수 있기에 여기에서 설명합니다.

❺ 변수를 선언할 때 타입을 지정하지 않아도 됩니다.
C 계열 언어나 자바 등의 프로그래밍 언어에서는 변수를 사용하기 전에 그 데이터 타입을

지정해서 선언해야 했습니다. 예를 들면, 파이썬에서는 'score = 0'이라고 입력한 시점부터 변수 score를 사용할 수 있습니다.

❻ 들여쓰기는 중요한 의미를 가집니다.

들여쓰기(indent)란 프로그램을 입력할 때 특정 문자 수만큼 들여서 쓰는 것을 의미합니다. 파이썬에서는 일반적으로 공백 4칸을 들여 씁니다.

그림 2-7-1 **파이썬에서의 들여쓰기**

C 계열 언어 등 다른 프로그래밍 언어에서의 들여쓰기는 단지 '프로그램을 작성하는 사람이 프로그램을 읽기 쉽게 하기 위한 것'으로 임의로 들여쓸 수 있습니다. 그러나 파이썬에서의 들여쓰기는 **처리 단위(즉 블록)를 의미**하기 때문에 다른 언어에서와 같이 임의로 들여써서는 안 됩니다. 자세한 내용은 다음 장의 Lesson 3-3(42페이지)과 Lesson 3-4(47페이지)에서 설명합니다.

이외에도 C 계열 언어와 자바 언어와는 차이가 있으며, 다른 프로그래밍 언어에서 명령어를 구분하기 위해 입력하는 **세미콜론(;)은 파이썬에서는 사용하지 않습니다.** 또한, 함수 선언이나 전역 변수 사용에 있어서도 다른 언어와 구별되는 규칙이 있는데, 이에 관해서는 다음 레슨에서 순서대로 설명합니다.

> 다양한 작성 규칙이 있지만, 실제 프로그램을 입력하면서 익혀 가도록 해요.

게임을 완성하기까지

가정용 게임 소프트웨어나 스마트폰 게임 앱은 일반적으로 다음과 같은 흐름으로 개발하고 배포합니다.

기획 수립

↓

예산, 프로젝트 인원 검토

↓

알파 버전 개발

↓

베타 버전 개발

↓

마스터 버전 개발

↓

완성

기획 수립 단계에서는 기획자가 게임 규칙, 캐릭터 설정 등을 구상해 이를 문서로 정리합니다. 이 기획서를 기반으로 게임 내용이 얼마나 재미있을지 논의한 후, 해당 게임을 개발하기 위한 인원과 기간을 검토합니다. 게임을 개발하는 회사가 이익을 얻을 수 있다면(가능성이 있다면), 결재권을 가진 사장(혹은 개발부장이나 임원 등)이 판단한 후 개발을 시작합니다.

게임 개발은 알파(α) ➡ 베타(β) ➡ 마스터(M)와 같이 일정을 구분해서 수행합니다. 알파 버전은 시작 버전이라고도 불리며, 먼저 게임의 가장 주요한 부분을 개발하고 실제로 재미가 있는지, 사용자가 이해할 수 있는 조작 방법이나 규칙이 적용되어 있는지 확인합니다. 알파 버전에서 수정해야 할 사항들을 수정한 후 베타 버전 개발로 들어갑니다만, 알파 버전에서 '재미없다'거나 '발매해도 잘 될 가능성이 없다'고 판단하면 그 시점에서 개발을 중지합니다.

베타 버전 단계에서는 게임의 모든 사양을 포함합니다. 베타 버전이 완성되면 수정해야 할 부분을 다시 수정한 뒤 마스터 버전을 제작합니다. 마스터 버전 개발 막바지에는 게임의 세세한 부분까지 확인하고, 버그(프로그램이나 데이터 오류)를 찾아내고, 찾아낸 버그를 수정하면서 완성해 나갑니다.

지금까지 파이썬 사용법의 기초를 학습했어요 .

 다음 장에서는 프로그래밍 기초 학습에 들어갈 거예요.
그리고 그 후 게임 개발 방법에 대해 알아볼게요.

 게임 만들기가 너무 기대되요!

 그렇네요. 실은 우리 두 사람도 컴퓨터 게임을 정말
좋아하잖아요. 여러분도 함께 배워 보도록 해요.

게임 개발에 앞서 프로그래밍 기초를 학습할
게요. 이 장에서는 변수와 그 계산, 리스트※,
조건 분기, 반복, 그리고 함수에 관해서 설명
합니다. 이 장에서 학습할 내용은 게임 개발
은 물론, 모든 프로그램을 만드는 데 있어 아
주 중요한 것이에요. 빨리 게임을 만들고 싶
어 하는 분들의 마음도 모르는 것은 아니지
만, 기초를 확실하게 짚고 넘어가는 것이 좋
아요.

※ C/C++ 혹은 자바에서의 '배열(array)'에 해당한다.

Chapter

3

프로그래밍 기초

3-1 변수와 계산식

변수는 프로그래밍의 기본 중에서도 가장 기본입니다. 변수가 무엇인지, 변수를 어떻게 사용하는지 설명합니다.

게임 개발에서는 변수로 스테이지 수나 캐릭터 위치를 관리하거나 점수 계산을 해요.

〉〉〉 변수란?

변수란 컴퓨터 메모리 상에 존재하며, **값을 넣는 상자**와 같습니다. 이 상자에 숫자나 문자열을 넣고 계산이나 판정을 수행합니다. 변수를 그림으로 나타내면 다음과 같습니다.

그림 3-1-1 **변수 이미지**

위 그림은 'a'라는 이름의 상자(변수)에 '100'이라는 숫자, 'score'라는 이름의 상자에 '0'이라는 숫자, 그리고 'job'이라는 이름의 상자에 '용사'라는 문자열을 넣은 상태를 표시한 것입니다. 상자 속 내용물은 자유롭게 변경할 수 있으며, 어떤 상자에 무엇이 들어 있는지 알 수 있습니다. 상자 속 내용물을 확인하는 것을 '**변수값을 꺼낸다**'라고 표현하기도 합니다. '꺼낸다'고 표현하기는 하나, 그렇다고 해서 담긴 내용물이 사라지는 것은 아닙니다.

〉〉〉 변수 선언과 초기화

변수를 사용할 때는 다음과 같이 변수명을 정한 뒤(**선언**), 최초 값(**초깃값**)을 넣습니다. 파이썬에서는 이와 같이 입력한 시점부터 해당 변수를 사용할 수 있습니다.

서식: 변수 선언과 초깃값 대입

```
a = 100
score = 0
job = "용사"
```

변수에 값을 대입할 때 사용하는 등호(=)를 **대입 연산자**라고 합니다. 문자열은 큰따옴표(")로 감싸서 대입합니다.

> 프로그래밍 언어에서 사용하는 등호는 수학에서 사용하는 등호와 의미가 다르니 주의하세요.

프로그램 파일은 장별로 폴더를 나누어 저장합니다

앞으로 다양한 프로그램을 입력하면서 파이썬과 게임 제작에 관해 학습합니다. 이제부터 입력할 프로그램은 작업 폴더 안에 장별로 폴더를 만들어서 저장합니다. **바탕화면에 만든 작업 폴더(이 책에서는 'python_game')에 Chapter3라는 폴더를 만듭니다.** 폴더별로 파일을 저장해 두면 나중에 프로그램을 복습하기 편합니다.

그림 3-1-2 **작업 폴더 'python_game'**

>>> 변수값 변경하기

게임 점수를 계산하는 변수를 score라고 할 경우 예를 들어, 100점짜리 보석을 주우면 'score = score + 100'이라고 입력해서 score 값을 100 증가시킬 수 있습니다.

그리고 변수값을 변화시키는 프로그램을 확인합니다. IDLE을 실행하고 'File' ➡ 'New File'을 선택해 새 파일을 만든 뒤 다음 프로그램을 입력합니다. 그리고 이름을 붙여 저장※한 뒤, 실행해서 동작을 확인합니다. 실행은 에디터 윈도우에서 'Run' ➡ 'Run Module F5'를 선택합니다.

리스트 **list0301_1.py**

```
1  score = 0              변수 score 선언, 초깃값 0 대입
2  print(score)           print() 명령으로 score 값 출력
3  score = score + 100    score 값 100 증가
4  print(score)           다시 print() 명령으로 score 값 출력
```

※ 파일명은 샘플과 같이 'list0301_1.py'로 합니다.

print() 명령의 ( ) 안에 변수를 입력하면 해당 변수의 값을 셸 윈도우에 출력합니다. 이 프로그램을 실행하면 다음과 같이 출력됩니다.

```
0
100
>>> |
```

그림 3-1-3 **프로그램 실행 결과**

2장에서 학습한 연산자(+, -, *, /)를 사용해서 변수값을 바꿀 수 있어요.

>>> 변수로 문자열 다루기

2장에서 학습한 것처럼 변수로 문자열을 다룰 수 있습니다. 여기서는 문자열을 다루는 방법을 자세히 살펴봅니다. 다음 프로그램을 입력하고 파일명을 붙여 저장한 뒤 실행해 봅니다.

리스트 **list0301_2.py**

```
1  job = "초보 검사"                변수 job을 선언하고, 문자열 '초보 검사' 대입
2  print("당신의 직업은" + job)      '당신의 직업은'과 job의 변수값 출력
3  print("클래스를 변경했다 ! ")      '클래스가 바뀌었다!' 출력
4  job = "신출내기 용사"            변수 job에 새로운 문자열 대입
5  print("새로운 직업은" + job)      '새로운 직업은'과 job의 변수값 출력
```

이 프로그램을 실행하면 다음과 같이 출력됩니다.

```
당신의 직업은 견습 검사
클래스를 변경했다 !
새로운 직업은 신출내기 용사
>>> |
```

그림 3-1-4 **프로그램 실행 결과**

이 프로그램에서는 '+'를 사용해 문자열을 연결한 뒤 print() 명령으로 출력합니다. 파이썬에서는 여러 **문자열을 '+'로 연결**할 수 있습니다. 또한, 파이썬에서는 **문자열 곱셈**도 할 수 있습니다. 파일 리스트와 실행 화면은 생략합니다만, 다음과 같은 프로그램을 실행해 봅니다.

```
a = "문자열" * 2
print(a)
```

문자열을 '+'로 연결할 수 있는 프로그래밍 언어는 많지만, 문자열 곱셈을 지원하는 프로그래밍 언어는 많지 않으므로 파이썬이 아닌 다른 언어를 사용할 경우에는 주의하기 바랍니다.

파이썬에서의 '문자열 * n'은 매우 편리하게 사용할 수 있어요.
이 책 5장에서 미니 게임을 만들 때 문자열 곱셈을 사용할 거예요.

>>> 변수명 규칙

변수명은 다음 규칙에 따라 정합니다.

- 변수명은 알파벳과 언더스코어(_)를 임의로 조합해서 결정합니다.
- 변수명은 숫자를 포함할 수 있으나, 첫 글자로는 반드시 문자를 사용해야 합니다.
- 예약어는 사용할 수 없습니다.

예약어(keyword 또는 reserved word)란 컴퓨터에 기본적인 처리를 수행하기 위해 사용하는 용어로 if, elif, else, and, or, for, while, break, import, def, class, False, True 등이 있습니다. 이 예약어들의 의미는 이후 차례로 설명합니다.

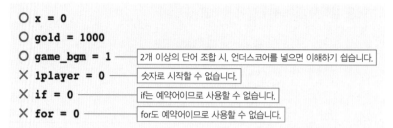

그림 3-1-5 **변수명 예시**

여기에서는 변수와 관련된 기초적인 내용을 배웠습니다. 변수와 그 계산에는 이외에도 몇 가지 기억해 둘 것이 있습니다. 해당 내용은 앞으로 차례로 설명합니다.

POINT

> 필자가 학생 시절 게임 제작을 배웠던 경험을 돌이켜 보면 프로그래밍 기초를 먼저 학습해야 가장 빠른 시간 내에 게임을 만들 수 있습니다. 기초 지식이 지루하다고 생각하는 분들을 위해 간략하게 설명할 예정이니 잘 읽어 주길 바랍니다.

> 파이썬에서 변수명과 함수명은 소문자를 사용하도록 권장하고 있어요. 대문자를 사용할 수도 있지만, 특별한 이유가 없다면 소문자와 언더스코어를 사용하도록 해요. 또한, 대문자와 소문자는 구별되요. 예를 들어, Apple과 apple은 다른 변수로 취급해요.

Lesson 3-2 리스트

변수 다음으로 리스트에 관해 설명합니다. 변수는 숫자나 문자열을 넣는 상자이며, **리스트**는 그 상자에 번호를 붙여서 관리하는 것입니다. 파이썬에서의 리스트는 C 계열 언어나 자바 등 다른 프로그래밍 언어의 **배열(array)**에 해당합니다.

프로그래밍 입문자인 분들은 리스트를 곧바로 이해하기 어려울 수도 있습니다. 다음 장의 게임 개발 입력에서 다시 설명할 것이므로 이 내용이 어렵게 느껴진다면 대략의 그림만 파악한다는 생각으로 읽기 바랍니다.

> 게임 개발에서는 리스트로 여러 문자를 모아서 관리하거나 지도 데이터를 다뤄요.

〉〉〉 리스트란?

리스트를 이미지화해서 표시하면 다음과 같습니다. 이 그림에서는 card라는 이름의 상자가 n개 있습니다.

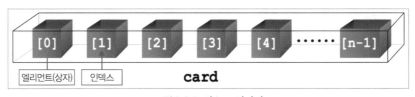

그림 3-2-1 리스트 이미지

card는 리스트이며, 리스트 내의 각 상자를 **엘리먼트(element)**라고 부릅니다. 또한, 상자 수를 **엘리먼트 수**라고 부릅니다. 예를 들어, card라는 이름이 붙은 상자가 10개 있다면 엘리먼트 수는 10입니다. 그리고 상자의 순서를 관리하는 번호를 **인덱스(index)**라고 합니다. 인덱스는 0부터 시작해 예를 들어, n개의 상자가 있다면 마지막 상자의 인덱스는 n-1이 됩니다. 리스트는 변수와 마찬가지로 데이터(숫자나 문자열)를 넣고 꺼낼 수 있습니다.

⟫⟫⟫ 리스트 초기화

다음 서식으로 리스트에 데이터를 대입합니다.

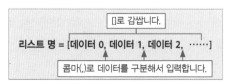

그림 3-2-2 **리스트 서식**

> 파이썬에서는 빈 리스트를 선언한 뒤, append() 명령을 사용해 엘리먼트를 추가할 수 있어요. 이 책에서는 게임 제작 과정에서 그 방법을 설명할 거예요. 지금은 그림 3-2-2 에서 설명한 것과 같이 지정한 값을 넣은 리스트를 만들 수 있다는 것을 기억해 두세요.

⟫⟫⟫ 리스트 사용 예

예를 들어, 트럼프 게임을 만드는 경우 리스트를 사용해 손에 든 카드가 어떤 카드인지 관리할 수 있습니다. 다음 그림은 my_card라는 이름을 가진 리스트로 트럼프 카드를 관리하는 이미지입니다.

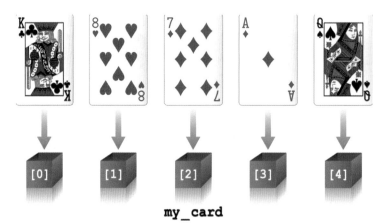

그림 3-2-3 **리스트로 카드 종류를 관리하는 이미지**

앞의 예시는 어디까지나 이미지로 '클로버 킹 카드'가 my_card[0]에 들어 있지는 않습니다. 프로그래머가 어떤 카드를 몇 번으로 할지 결정해서(각 카드를 숫자로 변환), 그 값을 리스트에 넣고 꺼내는 방법으로 카드를 관리합니다.

〉〉〉 리스트를 사용한 프로그램 테스트하기

리스트를 사용한 프로그램을 확인합니다. 다음 프로그램을 입력하고 파일명을 붙여 저장한 뒤 실행해 봅니다.

리스트 **list0302_1.py**

```
1  enemy = ["슬라임", "해골병사", "마법사"]        리스트 선언, 몬스터 이름 대입
2  print(enemy[0])                              enemy[0] 값 출력
3  print(enemy[1])                              enemy[1] 값 출력
4  print(enemy[2])                              enemy[2] 값 출력
```

프로그램을 실행하면 다음과 같이 출력됩니다.

```
슬라임
해골 병사
마법사
>>> |
```

그림 3-2-4 **프로그램 실행 결과**

몬스터 이름을 가진 문자열을 리스트로 정의했지만, 변수와 동일하게 숫자를 넣고 꺼내거나 계산할 수도 있습니다. 리스트명을 붙이는 방법 또한 변수명을 붙이는 방법과 동일합니다(→ 37페이지).

이상 리스트와 관련된 기초 지식을 설명했습니다. 여기에서 사용한 리스트 enemy는 1차원 리스트입니다. 게임 맵 데이터는 2차원 리스트로 관리합니다. 2차원 리스트의 정의 및 사용법에 관해서는 8장에서 학습합니다.

조건 분기

조건 분기는 무언가의 조건을 만족한 경우 처리를 분기하는 방법으로 게임뿐만 아니라 다양한 소프트웨어 개발에서 사용됩니다. 여기에서는 조건 분기에 관해 학습합니다.

> 게임 개발에서는 조건 분기를 사용해서 다양한 판정과 처리를 수행해요. 키 입력 판정이나 '스테이지 클리어 조건 달성 여부'와 같은 판단을 하기도 하고요. 또한, '적과 접촉했는가?'와 같은 판정도 조건 분기로 수행해요.

⟫⟫⟫ 조건 분기란?

'만약 ~라면, ~와 같은 처리를 하라'와 같이 조건에 따라 컴퓨터에 처리를 명령하는 것이 **조건 분기**입니다. '~라면'이란 부분을 **조건식**이라고 합니다. 액션 게임에서는 다음과 같이 생각해 볼 수 있습니다.

- **만약** 왼쪽 방향키를 눌렀다면, **캐릭터를 왼쪽으로 움직인다.**
- **만약** 오른쪽 방향키를 눌렀다면, **캐릭터를 오른쪽으로 움직인다.**
- **만약** A 버튼을 눌렀다면, **점프를 한다.**
- **만약** B 버튼을 눌렀다면, **공격 동작을 한다.**
- **만약** 목표 지점에 도달했다면, **스테이지 클리어 처리를 한다.**
- **만약** 체력이 0이 되었다면, **게임 오버 처리를 한다.**

그림 3-3-1 액션 게임에서의 조건 분기

게임 안에서는 조건 분기로 다양한 상황을 판정합니다. 조건 분기는 **if**라는 명령을 사용해서 입력합니다.

> 파이썬 등의 프로그래밍 언어에는 직접 캐릭터를 움직이는 등의 명령이 없어서 캐릭터의 좌표를 변수로 관리해요. 그리고 방향키를 누르면 변수값을 바꾸어서 새로운 좌표에 캐릭터를 그려서 그 캐릭터를 움직이는 거예요.

》》》 if 사용법

if를 사용해 입력한 부분을 **if 구문**이라고 합니다. 파이썬에서의 if 구문은 다음과 같이 입력합니다.

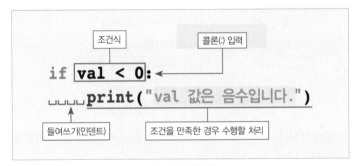

그림 3-3-2 **if 구문**

들여쓰기한 부분을 **블록**이라고 부르며, 처리할 내용을 모아서 표시합니다.

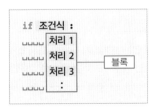

그림 3-3-3 **블록**

조건을 만족하는 경우 여러 처리를 수행해야 한다면 해당 처리를 모두 들여쓰기해서 입력합니다.

C 계열 언어나 자바에서는 '{'과 '}'로 감싼 부분이 블록이지만, 파이썬에서는 들여쓰기로 블록을 구성합니다.

〉〉〉 조건식

조건식을 입력할 때 사용하는 기호를 **관계 연산자**라고 부릅니다. 입력하는 방법은 다음과 같습니다.

표 3-3-1 **관계 연산자**

연산자	입력 예	의미
==	a == b	a와 b의 값이 같은지 확인한다.
!=	a != b	a와 b의 값이 같지 않은지 확인한다.
>	a > b	a가 b보다 큰지 확인한다.
<	a < b	a가 b보다 작은지 확인한다.
>=	a >= b	a가 b 이상인지 확인한다.
<=	a <= b	a가 b 이하인지 확인한다.

같은 값인지 확인하는 경우 '=='와 같이 등호 2개를 붙여서 입력합니다. 같은 값이 아닌지 확인하는 경우에는 '!='와 같이 입력합니다.

파이썬에서는 조건식을 만족한 경우 **True** 값, 만족하지 않은 경우에는 **False** 값이 됩니다. 즉 **if 구문은 조건식이 True인 경우 들여쓰기로 입력한 처리를 수행**합니다. True와 False는 부울(bool) 타입이라 불리는 값으로 64페이지에서 더 자세히 설명합니다.

'=='와 '!='는 수학에서는 사용하지 않는 표기이기 때문에 처음 접하는 분도 있을 거예요.
조건식에서 같은지 아닌지 조사하는 경우에는 이런 기호로 입력한다고 기억해 주세요.

>>> if를 사용한 프로그램

if 구문을 사용한 프로그램을 확인합니다. 다음 프로그램을 입력하고 파일에 이름을 붙여 저장한 뒤 실행해 봅니다.

리스트 **list0303_1.py**

```
1   life = 0
2   if life <= 0:
3       print("게임 오버입니다")
4   if life > 0:
5       print("게임을 계속합니다")
```

변수 life에 0 대입
life 값이 0 이하라면
　'게임 오버입니다' 출력
life 값이 0보다 크다면
　'게임을 계속합니다' 출력

이 프로그램을 실행하면 다음과 같이 출력됩니다.

```
게임 오버입니다
>>> |
```

그림 3-3-4 **프로그램 실행 결과**

life 값이 0이므로 2번 행의 조건식을 만족하기 때문에 3번 행이 실행됩니다. 1번 행의 life 값을 10으로 바꾼 뒤 실행하면 이제 4번 행의 조건식을 만족함에 따라 5번 행이 실행됩니다. 1번 행의 life 값을 바꾸어 가면서 실행해 봅니다.

>>> if ~ else 구문

if 구문에서는 **else**라는 명령을 함께 사용해 조건식을 만족하지 않은 경우 수행할 처리를 입력할 수 있습니다. 그렇다면 else의 사용법을 확인해 봅니다. 다음 프로그램을 입력하고 파일에 이름을 붙여 저장한 뒤 실행해 봅니다.

리스트 **list0303_2.py**

```
1   gold = 100
2   if gold == 0:
3       print("잔액이 0입니다")
4   else:
5       print("구입을 계속하시겠습니까?")
```

변수 gold에 100 대입
gold 값이 0이라면
　'잔액이 0입니다' 출력
그렇지 않다면
　'구입을 계속하시겠습니까?' 출력

이 프로그램을 실행하면 다음과 같이 출력됩니다.

구입을 계속하시겠습니까?
>>> |

그림 3-3-5 **프로그램 실행 결과**

gold 값은 100이므로 2번 행의 조건을 만족하지 않으므로 else 이후에 입력한 5번 행이 실행됩니다.

이 절에서는 조건 분기의 기본적인 사용법을 학습했습니다. if 구문에서는 여러 조건을 순서대로 판정하는 'if ~ elif ~ if ~ else'와 같은 입력 방법, 여러 조건을 조합해서 판정하는 and 혹은 or를 사용하는 방법도 알아 두는 것이 좋습니다. 이에 관해서는 다음 장에서 설명합니다.

3-4 반복

프로그램에서는 반복 처리를 자주 수행합니다. 여기에서는 반복에 관해 학습합니다.

게임에서는 반복 처리로 여러 캐릭터를 움직이거나 배경을 그려요. 반복은 루프(loop) 처리라고 부르기도 해요.

▶▶▶ 반복이란?

반복이란 컴퓨터에 일정한 횟수만큼 동일한 처리를 시키는 것입니다. 반복을 이해하기 위해 여러 몬스터가 등장하는 게임을 생각해 봅니다.

화면 상에 몬스터가 5마리 있다고 가정합니다. 몬스터의 움직임은 프로그램으로 만들어져 있지만, 5마리를 움직이기 위해 한 마리씩 별도로 행동을 프로그래밍하면 그 처리 규모가 너무 커져 버립니다(그림 3-4-1). 여기에서 몬스터를 움직이는 처리를 한 번만 만들고, 그 처리를 반복해서 모든 몬스터를 움직일 수 있습니다(그림 3-4-2).

그림 3-4-1 이런 프로그램은 NG

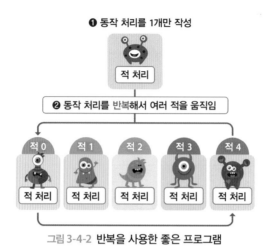

❶ 동작 처리를 1개만 작성

적 처리

❷ 동작 처리를 반복해서 여러 적을 움직임

| 적 0 | 적 1 | 적 2 | 적 3 | 적 4 |

적 처리 | 적 처리 | 적 처리 | 적 처리 | 적 처리

그림 3-4-2 **반복을 사용한 좋은 프로그램**

반복은 변수값을 변화시키면서 처리를 수행합니다. 변수값이란 위 게임 예시에서는 몬스터의 번호입니다. 반복은 **for**라는 명령어를 사용해 입력합니다.

〉〉〉 for 구문

for를 사용해 입력한 부분을 **for 구문**이라고 부릅니다. 파이썬에서의 for 구문은 다음과 같이 입력합니다.

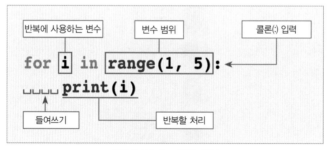

반복에 사용하는 변수   변수 범위   콜론(:) 입력

```
for i in range(1, 5):
    print(i)
```

들여쓰기   반복할 처리

그림 3-4-3 **for 구문 서식**

반복해서 여러 처리를 하는 경우에는 그 처리 내용을 모두 들여쓰기합니다.

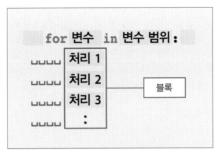

그림 3-4-4 여러 처리를 하는 경우

>>> range() 명령 사용법

반복할 값의 범위는 **range()** 명령으로 지정합니다. range()의 인수는 다음과 같이 입력할 수 있습니다.

표 3-4-1 **range() 명령 인수**

인수	의미
range(반복 횟수)	변수값은 0에서 시작하며, 지정한 횟수만큼 반복
range(시작값, 종료값)	변수값은 시작값에서 시작하며, 종료값까지 반복
range(시작값, 종료값, 증감값)	변수를 지정한 값(증감값)만큼 증가/감소하면서 반복

range()는 지정한 범위의 수열을 의미합니다. 예를 들어, range(10)은 0, 1, 2, 3, 4, 5, 6, 7, 8, 9라는 수열을 의미하며, for 구문에서 반복에 사용하는 변수의 범위는 그 수열 값에 따라 결정됩니다.

>>> for를 사용한 프로그램

표 3-4-1에서 표시한 range() 명령의 3가지 패턴을 확인해 봅니다. 반복에 사용하는 변수는 관습적으로 'i'를 사용하는 경우가 많으므로 이 절에서도 i를 사용합니다.

첫 번째는 반복 횟수를 지정하는 프로그램입니다. 다음 프로그램을 입력하고 파일에 이름을 붙여 저장한 뒤 실행해 봅니다.

리스트 **list0304_1.py**

```
1   for i in range(10):          10회 반복 수행 지정. i의 첫 번째 값은 0이 됨
2       print(i)                  i값 출력
```

이 프로그램을 실행하면 다음과 같이 출력됩니다.

그림 3-4-5 **프로그램 실행 결과**

이 프로그램에서는 i 값이 0에서 시작해 지정한 횟수만큼 반복을 수행합니다.

두 번째는 시작값과 종료값을 지정한 프로그램입니다. 다음 프로그램을 입력하고 파일 이름을 붙여 저장한 뒤 실행해 봅니다.

리스트 **list0304_2.py**

```
1   for i in range(1, 5):        range()에서 시작값과 종료값 지정
2       print(i)                  i값 출력
```

이 프로그램을 실행하면 다음과 같이 출력됩니다.

그림 3-4-6 **프로그램 실행 결과**

종료값으로 지정한 값을 출력하지 않는 것에 주의합니다. **range(시작값, 종료값)은 시작값에서 시작해 종료값 직전의 값까지 반복**합니다.

세 번째는 지정한 값만큼 증가시키거나 감소시키면서 반복을 수행하는 프로그램입니다. 이번에는 값을 2씩 줄이면서 반복하는 것을 확인합니다. 다음 프로그램을 입력하고 파일 이름을 붙여 저장한 뒤 실행해 봅니다.

리스트 **list0304_3.py**

```
1  for i in range(10, 0, -2):        i의 시작값은 10이며, 값이 0보다 큰 동안 2씩 감소함
2      print(i)                      i값 출력
```

이 프로그램을 실행하면 다음과 같이 출력됩니다.

```
10
8
6
4
2
>>> |
```

그림 3-4-7 **프로그램 실행 결과**

이 프로그램도 range(시작값, 종료값, 증감값)에서 종료값 직전까지 출력한다는 점에 주의합니다.

>>> while 명령을 사용한 반복

for 구문 이외에 **while**이라는 명령으로도 반복을 수행할 수 있습니다. while 구문의 서식은 다음과 같습니다.

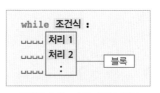

그림 3-4-8 while 구문 서식

조건식에는 for에서 사용한 range() 명령이 아니라 조건 분기에서 학습한 조건식(→ 44페이지)을 입력합니다. 또한, 반복을 제어하기 위한 변수를 while 구문 이전에 선언해야 합니다. 그러면 어떤 방식으로 반복을 제어하는 변수를 선언하는지 프로그램에서 확인합니다. 다음 프로그램을 입력하고 파일에 이름을 붙여 저장한 뒤 실행해 봅니다.

리스트 **list0304_4py**

```
1  i = 0                    반복 제어 변수 i에 0 대입
2  while i < 5:             while에서 조건식 지정
3      print(i)             i 값 출력
4      i = i + 1            i 값 1 증가
```

이 프로그램을 실행하면 다음과 같이 출력됩니다.

그림 3-4-9 **프로그램 실행 결과**

이 절에서는 반복의 기초적인 사용 방법을 학습했습니다. 반복에서는 이 외에도 도중에
처리를 중단하는 break를 사용하는 방법도 알아 두어야 합니다. 또한, **반복 중 다른 반복을
수행하는 방법**이 있으며, 이를 '**이중 루프 for**' 혹은 'for 중첩 반복'이라고 표현합니다. 이중
루프 for는 프로그래밍에서 있어서 중요합니다. 2D(2차원) 화면 게임을 만드는 경우 배경을
그릴 때 사용합니다. 이에 관해서는 다음 장에서 설명합니다.

3-5 함수

프로그래밍 언어에서는 컴퓨터가 수행할 처리를 함수에 모아둘 수 있습니다. 여기에서는 파이썬에서 함수를 만들고 사용하는 방법을 배웁니다. 함수는 프로그래밍 입문자에게는 조금 어려울 수도 있으나, 게임 개발뿐만 아니라 다양한 소프트웨어 개발에 있어 꼭 필요한 지식이니 열심히 읽기 바랍니다.

> 게임 개발에서는 예를 들면, 적을 움직이는 함수, 캐릭터나 배경을 그리는 함수 등을 준비한 후, 이 함수들을 사용해 효율적으로 프로그램을 만들어요.

>>> 함수란?

함수란 컴퓨터가 수행하는 처리를 하나로 모아서 입력한 것입니다. 자주 수행하는 처리가 있다면 이를 함수로 정의해, 낭비가 없는 프로그램을 만들 수 있습니다. 다음 그림은 함수를 이미지로 나타냈습니다.

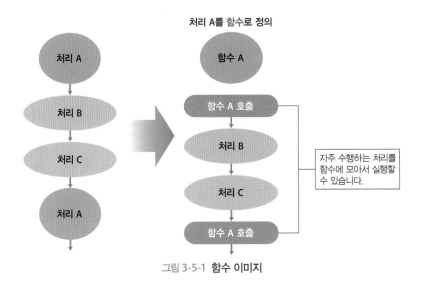

그림 3-5-1 **함수** 이미지

⟫⟩⟩ 함수 서식

파이썬에서의 함수는 다음과 같이 **def**를 사용해 정의합니다. 함수명 끝에는 ()를 입력해야 합니다.

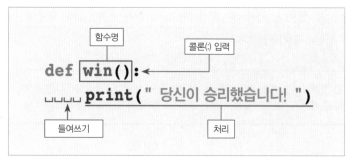

그림 3-5-2 **함수 서식**

여러 처리를 입력할 때는 해당 처리를 모두 들여쓰기합니다.

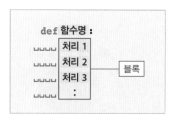

그림 3-5-3 **여러 처리를 입력하는 경우**

파이썬에서는 들여쓰기한 부분이 처리 단위(블록)가 되지요.
if, for와 while, 그리고 함수에서의 들여쓰기를 확실히 이해하도록 해요.

⟫⟩⟩ 함수 호출하기

함수를 정의하고 호출하는 프로그램을 확인합니다. 다음 프로그램을 입력하고 파일 이름을 붙여 저장한 뒤 실행해 봅니다.

리스트 **list0305_1.py**

```
1   def win():
2       print("당신이 승리했습니다!")
3
4   win()
```

win()이라는 함수 정의
　'당신이 승리했습니다!' 출력

함수 호출

이 프로그램을 실행하면 다음과 같이 출력됩니다.

```
당신이 승리했습니다!
>>> |
```

그림 3-5-4 프로그램 실행 결과

정의한 함수를 실행하려면 해당 함수를 **호출**해야 합니다. 이번 프로그램에서는 4번 행에서 함수를 호출했습니다. 4번 행을 입력하지 않으면 프로그램을 실행해도 아무 것도 출력되지 않습니다. 함수는 정의하는 것만으로는 동작하지 않음을 기억하도록 합니다.

≫≫≫ 인수를 갖는 함수

함수에는 **인수**라 불리는 값을 전달할 수 있습니다. 인수값을 기반으로 함수 안에서 처리를 수행합니다. 인수의 의미와 사용법을 이해하는 것은 처음에는 어려울 것입니다. 우선 프로그램을 확인하고 느낌을 잡아 보기 바랍니다. 다음 프로그램을 입력하고 파일에 이름을 붙여 저장한 뒤 실행해 봅니다.

리스트 **list0305_2.py**

```
1   def recover(val):
2       print("당신의 체력은")
3       print(val)
4       print("회복했다!")
5
6   recover(100)
```

recover()라는 함수 정의. 인수는 변수 val
　'당신의 체력은' 출력
　인수값 출력
　'회복했다!' 출력

함수 호출

이 프로그램을 실행하면 다음과 같이 출력됩니다.

```
당신의 체력은
100
회복했다!
>>> |
```

그림 3-5-5 프로그램 실행 결과

프로그래밍 입문자 분들은 리스트 내 프로그램, 우측 설명, 그리고 동작 결과를 조합해 보면서 인수의 이미지를 그려 보기 바랍니다. 여기에서 모든 것을 이해하지 못해도 괜찮습니다. 앞으로 설명할 게임 개발 과정에서 인수를 가진 함수가 계속 나올 것이므로 거기서 다시 새롭게 학습하도록 합니다.

⟫⟫ 값을 반환하는 함수

함수에는 계산한 값 등을 **반환값**으로 전달할 수 있습니다. 반환값도 곧바로 이해하기는 어려울 수 있습니다. 반환값 또한 프로그램을 확인하면서 그 느낌을 잡아 보기 바랍니다. 다음 프로그램을 입력하고 파일에 이름을 붙여 저장한 뒤 실행해 봅니다.

리스트 **list0305_3.py**

```
1  def add(a, b):              add()라는 함수 정의, 인수는 a와 b
2      return a + b                a와 b를 더한 값을 return 명령으로 반환(※ 반환값)
3
4  c = add(1, 2)               함수 호출, 변수 c에 반환값 대입
5  print(c)                    c 값 출력
```

이 프로그램을 실행하면 c에 1과 2를 더한 값이 들어가 다음과 같이 출력됩니다.

```
3
>>>
```

그림 3-5-6 **프로그램 실행 결과**

프로그래밍 입문자인 분들은 리스트 내 프로그램, 우측 설명, 그리고 동작 결과를 조합해 보면서 반환값의 이미지를 잡아 보기 바랍니다. 인수와 마찬가지로 여기서 모든 것을 이해하지 못해도 괜찮습니다. 후반에 설명할 게임 개발 과정에서 반환값을 가진 함수가 계속 나올 것이므로 거기서 다시 새롭게 학습하도록 합니다.

>>> 인수와 반환값

함수의 인수와 반환값의 유무를 표로 정리했습니다.

표 3-5-1 함수의 인수와 반환값 유무

	인수	반환값
①	없음	없음
②	있음	없음
③	없음	있음
④	있음	있음

이번 레슨에서 확인한 프로그램 list0405_1.py는 ①, list0305_2.py는 ②, list0305_3.py는 ④ 패턴에 해당합니다.

함수, 인수, 반환값을 이미지화해서 나타내면 다음과 같습니다.

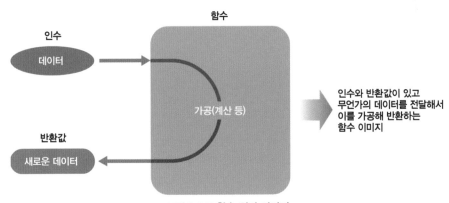

그림 3-5-7 함수 처리 이미지

함수는 프로그래밍 입문자에게는 매우 어려울 수도 있습니다. 지금 시점에서는 잘 이해가 되지 않더라도 멈추지 말고 계속 읽기 바랍니다. 그리고 게임 제작 장에서 복습하도록 합니다.

함수명은 소문자 알파벳과 언더스코어를
사용해서 붙이도록 해요.

저는 프로그래밍을 배우기 시작했을 때 한동안
리스트와 함수가 어려웠어요.

그랬던 현주 씨도 지금은 파이썬을 잘 사용하고
있어요. 리스트와 함수는 처음에는 어려울지 모
르지만, 계속해서 복습하면서 익히도록 해요.

게임 개발비는 얼마나 드나요?(1편)

독자 여러분은 '게임 소프트웨어 하나를 만드는 데 개발비가 얼마나 들어갈까?'라고 생각해 본 적은 없습니까? 이번 칼럼에서는 게임 개발비에 관해 이야기해 보겠습니다.

예를 들면, 스마트폰 소셜 게임 개발비를 생각해 보겠습니다.

• 팀 구성

소셜 게임은 여러 캐릭터가 등장하는 경우가 많습니다. 여기에서는 200개 정도의 일러스트가 들어간 게임을 고려해 봅니다. 소셜 게임이므로 네트워크를 통해 데이터를 전달하는 사양이 포함되어 있다고 가정합니다.

이 게임은 정사원 디렉터 1명, 기획자 1명, 프로그래머 3명, 디자이너 3명이 참가했다고 가정합니다. 프로듀서는 임원이 담당하므로 인건비에는 넣지 않습니다. 개발 기간은 게임 장르와 게임 내용, 개발팀 역량에 따라 차이가 있겠으나, 이 게임은 12개월에 걸쳐 완성한다고 가정하겠습니다. 이 기간에 정사원 디자이너만으로 모든 캐릭터를 디자인하기는 어려우므로 일부 디자인은 외주나 프리랜서 디자이너에게 발주합니다. 사운드도 외주 회사에 발주합니다.

• 개발비를 계산해 보면...

우선 개발에 참가하는 사람 수, 개발에 걸리는 개월 수를 곱해서 몇 MM(Man-Month)이 되는지 확인해 보겠습니다. 가정에 따르면 8명 × 12개월이므로 96MM이 됩니다. 1개월분 사내 인건비는 큰 회사의 경우 1,000만 원 이상, 작은 개발사인 경우에는 그 절반가량입니다. 여기에서는 중견 게임 제작 회사라고 가정하고 1MM을 750만 원으로 하겠습니다. 그러면 사내에서 사용되는 인건비만 계산해도 96MM × 750만 원 = 7억 2천만 원이 됩니다.

여기에 외주 디자인 제작비와 사운드 제작비, 성우 채용비, 광고비 등을 포함하면 게임 하나를 배포하기 위해 필요한 비용은 가볍게 10억 원이 넘습니다. 소셜 게임의 경우, 배포 후 운영을 위한 인건비도 필요합니다. 이 앱을 1년간 운영하는 인건비, 서버 비용, 정기적인 광고비 등으로 대략 3억 원 정도가 든다고 하면 배포 시점부터 1년 동안 13억 원 이상을 벌어들이지 못하면 적자가 나는 것입니다.

10억 원 이상의 매출을 올리는 소셜 게임은 매년 출시되는 수많은 게임 중 손에 꼽을 정도라는 점을 말씀드립니다.

파이썬은 모듈이라 불리는 '다양한 분야의 처리를 수행하기 위한 기능'을 다양하게 제공하고 있어요. 파이썬에서 모듈 사용법은 매우 중요해요. 이 장에서는 날짜와 시간을 다루는 모듈, 난수를 다루는 모듈의 사용법을 설명할게요.

Chapter

4

import 사용법

Lesson 4-1 모듈

3장에서 학습한 변수, 리스트, 조건 분기, 반복, 함수 등 5가지는 그야말로 프로그래밍의 기본 중에서도 기본입니다. 이와 관련된 명령은 파이썬을 포함해 많은 프로그래밍 언어에서 특별한 준비 없이도 사용할 수 있습니다.

이에 달리 모듈을 사용하기 위해서는 약간의 준비가 필요합니다. 2장에서 캘린더를 출력했던 예제를 생각해 봅시다. 파이썬은 캘린더를 다루는 고도의 기능을 제공하는데, 이것이 모듈 중 하나입니다. 먼저 모듈 사용법을 학습해 봅니다.

>>> 모듈 임포트

2장에서는 셸 윈도우에서 'import calendar'를 입력해서 캘린더 기능을 불러온 후, 'print(calendar(양력 년, 월))'로 캘린더를 출력했습니다. 모듈을 사용할 때는 **import** 명령으로 해당 기능을 사용한다는 것을 파이썬에 알려 주어야 합니다.

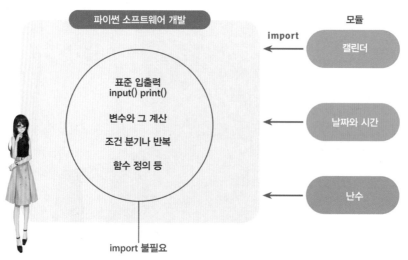

그림 4-1-1 모듈을 활용해 다양한 기능을 사용할 수 있다

파이썬은 다양한 모듈을 제공하고 있어 **개발할 소프트웨어 내용에 따라 필요한 모듈을 임포트**합니다. 이 책에서 게임을 제작할 때도 몇 가지 모듈을 임포트해서 사용합니다.

캘린더 복습

2장에서는 셸 윈도우에서 직접 명령을 입력해 캘린더를 출력했습니다. 여기에서는 프로그램을 작성해서 캘린더를 출력해 봅니다.

>>> 모듈 기본 사용법

캘린더를 출력하는 프로그램을 확인합니다. 다음 프로그램을 입력하고 파일에 이름을 붙여 저장한 뒤 실행합니다.

리스트 list0402_1.py

```
1  import calendar                   calendar 모듈 임포트
2  print(calendar.month(2020, 2))    캘린더 년/월을 지정하고 print()로 출력
```

이 프로그램을 실행하면 다음과 같이 출력됩니다.

```
   February 2020
Mo Tu We Th Fr Sa Su
                1  2
 3  4  5  6  7  8  9
10 11 12 13 14 15 16
17 18 19 20 21 22 23
24 25 26 27 28 29
```

그림 4-2-1 캘린더 표시

모듈 기능을 사용하려면 list0402_1.py처럼 다음과 같이 입력합니다.

서식: 모듈 임포트 방법

```
import {모듈명}
{모듈명}.{해당 모듈에서 사용할 함수}
```

month() 명령은 calendar 모듈 내 함수입니다. list0402_1.py는 **month() 함수에 인수로 양력 년과 월을 전달해 호출하면 캘린더 데이터(문자열)를 반환한 뒤, 이를 print() 함수로 출력하는 프로그램입니다. 캘린더 데이터가 반환값**입니다. 지금은 이 설명이 어렵게 느껴질 수 있지만, 곧 이해할 수 있을 것입니다. 잘 이해가 되지 않는 분들은 'calender 모듈의 month() 명령과 print() 명령으로 화면에 캘린더를 표시할 수 있다' 정도로 기억해 두기 바랍니다.

이 책에서는 프로그래밍 입문자 분들도 이해하기 쉽도록 파이썬에 준비되어 있는 month() 와 같은 함수를 '**명령**'이라고 표현합니다.

>>> 윤년 확인하기

캘린더 관련 명령은 매우 다양합니다. 예를 들어, **isleap()** 명령을 사용해 양력이 윤년인지 를 확인할 수 있습니다. 다음 프로그램을 입력하고 파일에 이름을 붙여 저장한 뒤 실행해 봅니다.

리스트 list0402_1.py

```
1  import calendar                  calendar 모듈 임포트
2  print(calendar.isleap(2020))     2020년이 윤년인지 확인
```

isleap()은 () 안에 입력한 양력이 윤년이면 True, 그렇지 않으면 False를 반환합니다. 이 프 로그램을 실행하면 다음과 같이 출력됩니다.

```
True
>>>
```

그림 4-2-2 isleap() 판정 결과

>>> 부울 타입

True와 **False**는 **부울(bool) 타입**이라고 불리는 값입니다. 조건 분기에 관한 학습에서 조건 식을 만족하는 경우에는 True가 되며, 만족하지 않는 경우에는 False가 되는 것을 설명했 습니다(→ 44페이지). True는 참, False는 거짓이라는 의미입니다.

isleap()는 인수로 입력한 양력이 윤년인 경우에는 True(**참**), 거짓인 경우에는 False(**거짓**)라 는 값을 반환하는 함수입니다.

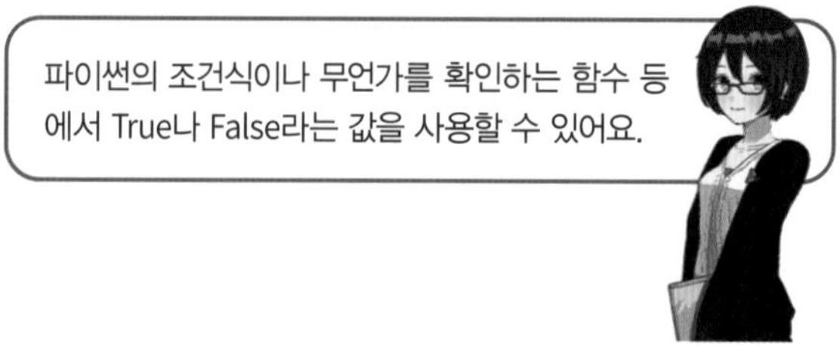

> 파이썬의 조건식이나 무언가를 확인하는 함수 등 에서 True나 False라는 값을 사용할 수 있어요.

파이썬에서는 간단한 명령으로 날짜와 시간을 다룰 수 있습니다. 이 절에서는 그 방법을 설명합니다.

>>> 날짜와 시간

게임에서는 날짜와 시간이라는 데이터를 얼마나 사용하고 있을까요?

예를 들어, 생명(life)이 줄어들면 플레이할 수 없게 되는 소셜 게임이 있다고 가정해 봅니다. 생명은 일정 시간이 지나면 자동적으로 회복되어 다시 플레이를 계속할 수 있습니다. 그런 게임에서는 사용자가 플레이한 시간을 관리하기 위해 날짜와 시간 데이터를 사용합니다. 로그인, 로그아웃 시간을 관리해 사용자에게 특전을 주는 게임도 있습니다. 또한, 사용자의 불법적인 플레이를 막기 위해 날짜와 시간 데이터를 사용하기도 합니다. 예를 들면, 세이브 데이터에 날짜와 시간을 기록함으로써 파일을 부정하게 교환하지 못하도록 합니다.

날짜와 시간이라는 데이터는 게임에만 한정된 것이 아니라 다양한 소프트웨어에서 사용되고 있습니다. 취미로 프로그래밍을 하는 분도, 게임 프로그래머를 목표로 하는 분도 날짜와 시간을 다루는 방법은 반드시 알아 두어야 합니다.

날짜와 시간을 다루는 파이썬 프로그램은 매우 간단해요.
프로그래밍 입문자 분들도 편하게 읽으세요.

>>> 날짜 출력하기

파이썬에서 날짜와 시간을 다루기 위해서는 **datetime 모듈**을 임포트합니다. 먼저 날짜와 시간을 출력합니다. **date.today()** 명령으로 프로그램을 실행한 시점의 날짜와 시간을 구할 수 있습니다. 다음 프로그램을 입력하고 파일에 이름을 붙여 저장한 뒤 실행해 봅니다.

리스트 list0403_1.py

```
1  import datetime
2  print(datetime.date.today())
```

datetime 모듈 임포트
현재 날짜 출력

이 프로그램을 실행하면 다음과 같이 날짜가 출력됩니다.

```
2020-02-14
>>>
```

그림 4-3-1 날짜 출력

>>> 시각 출력하기

datetime.now() 명령으로 실행 시점의 날짜와 시각을 얻을 수 있습니다. 다음 프로그램을 입력하고 파일에 이름을 붙여 저장한 뒤 실행해 봅니다.

리스트 **list0403_2.py**

```
1  import datetime                    calendar 모듈 임포트
2  print(datetime.datetime.now())     현재 날짜와 시각을 출력
```

이 프로그램을 실행하면 실행한 날짜와 시각을 출력합니다. 초(second) 값에는 소수점 이하의 값이 포함됩니다.

```
2020-02-14 12:19:42.142572
>>>
```

그림 4-3-2 날짜와 시각 출력

다음은 이 값에서 시, 분, 초를 각각 얻어 봅니다. 다음 프로그램을 입력하고 파일에 이름을 붙여서 저장한 뒤 실행해 봅니다.

리스트 **list0403_3.py**

```
1  import datetime                    calendar 모듈 임포트
2  d = datetime.datetime.now()        변수 d에 현재 날짜와 시각 대입
3  print(d.hour)                      시 출력
4  print(d.minute)                    분 출력
5  print(d.second)                    초 출력
```

이 프로그램을 실행하면 다음과 같이 시, 분, 초가 출력됩니다.

```
12
20
20
>>>
```

그림 4-3-3 시, 분, 초 출력

시, 분, 초를 얻기 위해서는 3~5번 행과 같이 변수에 날짜와 시간 데이터를 넣고 d.hour, d.minute, d.second라 입력합니다. d.second로 꺼낸 초 값에는 소수점이 붙어 있지 않습니다. 양력 년도, 월, 일을 꺼낼 때도 각각 d.year, d.month, d.day라고 입력합니다.

〉〉〉 태어난 시간부터 경과한 날짜 수 확인하기

파이썬에서는 임의의 날짜부터 다른 임의의 날짜까지 얼마나 경과되었는지 간단한 프로그램으로 확인할 수 있습니다.

여러분이 태어나서 며칠이 지났는지 출력해 봅니다. 다음 프로그램을 입력하고 파일에 이름을 붙여 저장한 뒤 실행해 봅니다.

리스트 list0403_4.py

	코드	설명
1	`import datetime`	calendar 모듈 임포트
2	`today = datetime.date.today()`	변수 today에 실행 시점의 년월일 데이터 대입
3	`birth = datetime.date(1971, 2, 2)`	변수 birth에 생년월일 데이터 대입
4	`print(today - birth)`	2가지 날짜 데이터를 빼서 경과한 일자를 계산해 출력

이 프로그램을 실행하면 다음과 같이 birth에 대입한 날짜부터 오늘까지 며칠이 지났는지 출력합니다.

날짜 사이의 뺄셈이므로 시간은 '0:00:00'으로 표시됩니다.

```
17909 days, 0:00:00
>>>
```

그림 4-3-4 경과한 날짜 수 출력

파이썬은 이와 같이 날짜 데이터 뺄셈을 할 수 있습니다. 이를 활용해 간단히 경과한 날짜를 구할 수 있습니다.

파이썬에는 캘린더나 날짜, 시간 관련 명령이 매우 많아요. 캘린더나 날짜, 시간을 다루는 데 관심이 있는 분은 검색 엔진에 'Python calendar'나 'Python datetime'를 입력해서 조사해 보면 명령 사용법을 자세하게 소개한 사이트를 발견할 수 있을 거예요.

난수 사용법

주사위를 던져서 나오는 1부터 6까지의 수와 같은 값을 난수라고 합니다. 난수는 많은 게임 소프트웨어에서 사용되고 있습니다. 이 절에서는 파이썬에서 난수를 다루는 방법을 학습합니다.

>>> 소수 난수

컴퓨터로 난수를 만드는 것을 '난수를 발생시킨다'고 표현합니다. 파이썬에서 난수를 발생시키는 경우에는 random 모듈을 임포트합니다.

우선, random() 명령으로 0 이상 1 미만의 소수 난수를 발생시킵니다. 다음 프로그램을 입력하고 파일에 이름을 붙여 저장한 후 실행해 봅니다.

리스트 list0404_1.py

```
1    import random                    random 모듈 임포트
2    r = random.random()             변수 r에 0 이상 1 미만의 소수 난수 대입
3    print(r)                        r 값 출력
```

이 프로그램을 실행하면 0 이상 1 미만의 소수 난수를 1에 대입한 후, 그 값을 출력합니다.

```
0.7080612481393869
>>>
```

그림 4-4-1 소수 난수 출력

위와 같은 값이 나왔습니다. 프로그램을 실행할 때마다 난수가 바뀌는 것을 확인합니다.

>>> 정수 난수

다음은 randint(min, max) 명령으로 min 이상 max 이하의 정수 난수를 발생시킵니다. 다음 프로그램을 입력하고 파일에 이름을 붙여 저장한 후 실행해 봅니다.

리스트 list0404_2.py

```
1   import random                      random 모듈 임포트
2   r = random.randint(1, 6)          변수 r에 1, 2, 3, 4, 5, 6 중 한 정수 대입
3   print(r)                          r 값 출력
```

이 프로그램을 실행하면 1~6 중 한 값을 r에 대입한 후, 그 값을 출력합니다.

```
4
>>>
```

그림 4-4-2 정수 난수 출력

프로그램을 실행할 때마다 난수가 바뀌는 것을 확인합니다.

〉〉〉 여러 항목 중 무작위로 선택하기

여러 항목 중 하나를 무작위로 선택하는 **choice()** 명령을 사용해 가위바위보 프로그램을
작성합니다. choice()에 3장에서 학습한 리스트(→ 39페이지)로 데이터를 입력합니다. 다음
프로그램을 입력하고 파일에 이름을 붙여 저장한 뒤 실행해 봅니다.

리스트 list0404_3.py

```
1   import random                              random 모듈 임포트
2   srp = random.choice(["가위", "바위", "보"])    변수 srp에 가위, 바위, 보 중 하나 대입
3   print(srp)                                 srp 값 출력
```

이 프로그램을 실행하면 가위, 바위, 보 중 하나를 출력합니다.

```
가위
>>>
```

그림 4-4-3 여러 항목 중 무작위로 선택해 출력

샘플 프로그램에서 알 수 있듯 파이썬은 작성 방법이 매우 간단해요.
입문자분들이라도 몇 가지 명령만 기억해 두면 프로그램을 작성할 수
있어요. 이 심플함이 파이썬이 인기 있는 이유 중 하나예요.

》》》 뽑기 당첨 확률

다음은 소셜 게임인 뽑기의 확률을 체험하는 프로그램을 확인합니다. 뽑기는 게임 내의 추첨으로 그 게임을 진행할 때 유익한 캐릭터 혹은 아이템을 뽑는 구조입니다.

그 전에 확률에 관해 이야기하고자 합니다. 1% 확률로 출현하는 희귀 캐릭터가 있다고 가정합니다. 1%라는 것은 '100회 정도 뽑으면 1회 정도는 맞는다'고 생각하기 쉽지만, 확률이라는 개념은 그렇게 단순하지 않습니다. 1% 확률로 1번 뽑았는데도 당첨되는 경우가 있는가 하면, 400~500번을 뽑아도 당첨되지 않는 경우도 있습니다. 이를 실제로 체험해 보겠습니다.

1부터 100번까지의 캐릭터가 있고 그중 하나가 랜덤으로 출현합니다. 77번이 희귀 캐릭터라고 가정하고 77번이 나올 때까지 얼마나 많이 추첨했는지를 표시합니다. 이번 프로그램을 작성하면서 몇 가지 새로운 지식이 등장합니다. 프로그램의 동작을 확인한 후 각각에 관해 설명합니다.

우선 다음 프로그램을 입력하고 파일에 이름을 붙여 저장한 뒤 실행해 봅니다.

리스트 list0404_4.py

```
1  import random
2  cnt = 0
3  while True:
4      r = random.randint(1, 100)
5      print(r)
6      cnt = cnt + 1
7      if r == 77:
8          break
9  print(str(cnt) + "번째에 희귀 캐릭터 겟!")
```

random 모듈 임포트
난수를 발생시킨 횟수를 저장하는 변수
while True라고 입력하면 처리를 무한 반복함
1 이상 100 이하의 난수를 변수 r에 대입
r값 출력
난수를 발생시킨 횟수 카운트
77이라는 난수(희귀 캐릭터)가 나왔다면
반복 중단
몇 번째에 희귀 캐릭터가 나왔는지 출력

이 프로그램을 실행하면 다음과 같이 77이 나올 때까지 난수를 계속해서 출력합니다. 그리고 77이 나온 시점에서 그때까지 추첨한 횟수를 출력합니다.

```
79
40
25
11
72
84
27
17
2
78
29
77
12번째에 희귀 캐릭터 겟!
>>>
```

그림 4-4-4 확률 출력

프로그램을 여러 차례 실행해서 몇 번째에 77이 나오는지 확인합니다.

이번 프로그램에서 사용한 새로운 입력은 다음 세 가지입니다.

❶ 3번 행 while True

while의 조건식을 True로 지정하면 무한히
반복을 수행합니다.

❷ 8번 행 break

for나 while 반복을 중단하는 명령이 break
입니다. 이번에는 7번 행의 if 구문의 조건
식에서 77이라는 난수가 나왔을 때 반복을
중단합니다. 이를 이미지로 표시하면 오른
쪽과 같습니다.

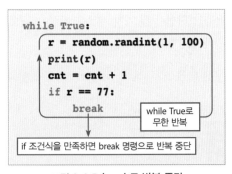

그림 4-4-5 break로 반복 중단

❸ 9번 행 str()

'○번째에 희귀 캐릭터 겟!'이라고 출력할 때 str() 명령을 사용해 변수값과 문자열을 연결하
고 있습니다. 문자열끼리는 '+'로 연결할 수 있지만, 숫자와 문자열을 연결할 때는 **str() 명
령으로 숫자를 문자열**로 바꿔주어야 합니다.

이 프로그램에서는 '변수 영향 범위(유효 범위)'에 관해 알 필요가 있으므로 다음에 이에 관
해 설명합니다.

> 반복 명령 while과 그 처리를 중단하는 break의 사용이 포인트예요. 처음에는
> 여러 명령을 조합하는 것이 어렵게 느껴질 수 있지만, 다양한 프로그램을 만들어
> 보는 동안 익숙해질 것이므로 가벼운 마음으로 계속 읽도록 해요.

>>> 변수의 유효 범위

이번 프로그램에서는 난수를 발생시킨 횟수를 세는 변수 cnt, 그리고 1에서 100까지의 난수를 입력하는 변수 r을 사용하고 있습니다. **변수는 각각 선언된 블록 내에서만 사용**할 수 있습니다. 이 프로그램에서 cnt는 다음 그림의 파란 사각형, r은 빨간 사각형 안에서 사용할 수 있습니다.

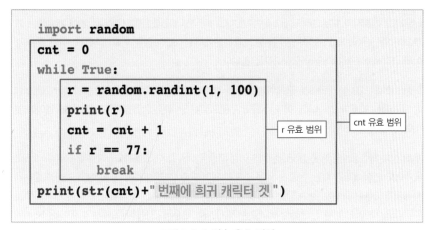

그림 4-4-6 변수 유효 범위

while 다음 행부터 들여쓰기한 부분(빨강색 테두리 내부)이 while 구문 블록입니다. r은 블록 안에서 선언했으므로 해당 블록 안에서만 사용할 수 있습니다. 한편, cnt는 while 구문 이전에 선언했으므로 while 블록 안은 물론 while 구문이 종료된 이후에도 사용할 수 있습니다.

변수 선언 위치와 유효 범위는 프로그래밍에서 중요한 규칙 중 하나이므로 게임 제작 단계에서 한 번 더 설명합니다.

> 이 프로그램에서 첫 번째에 77이 당첨되는 경우도 있었지만, 528번째에 간신히 당첨되기도 했어요. 여러분도 여러 번 실행해 보면서 난수 확률을 체험해 보세요.

롤플레잉 게임(RPG)에서 후퇴에 실패할 확률

'드래곤 퀘스트(Dragon Quest, 이하 DQ)'나 '파이널 판타지(Final Fantasy, 이하 FF)'와 같은 예전부터 있었던 정통 롤플레잉 게임에서 전투 중 후퇴할(도망칠) 때의 확률과 관련된 이야기를 시작하겠습니다.

롤플레잉 게임 개발에서 '전투에서 후퇴하는 명령을 선택한 경우, 1/3의 확률로 이를 실패하도록 해달라'고 기획자가 프로그래머에게 이야기했다고 가정합니다. 롤플레잉 게임을 처음 개발하는 프로그래머는 변수 r에 0~99의 난수를 넣고 if 구문에서 r < 33인 경우 후퇴 실패라고 하면 좋을 것이라 생각하고 프로그래밍을 했다고 가정합니다.

이런 처리를 하고 실제 테스트 플레이를 해보면 후퇴하고 싶어도 할 수 없는 게임이 되어 고통스럽게 느껴지는 경우가 있습니다. 이 난수와 if 구문으로는 3~4번 '후퇴'를 선택해도 보통 연이어 실패하기 때문입니다.

후퇴 실패 확률을 1/4 혹은 1/5로 줄이면 이런 고통을 해소할 수 있을까요? 확률을 1/4이나 1/5로 낮추어도 연속해서 후퇴할 수 없는 일은 충분히 일어날 수 있습니다. 즉, 후퇴 실패 확률을 줄여서 사용자가 고통을 느끼는 횟수를 줄이는 것은 가능하지만, 없앨 수는 없습니다. 확률을 현저하게 낮추더라도 이번에는 너무 간단하게 후퇴할 수 있게 되어 전투의 긴장감(게임에서의 재미 중 하나)이 사라져 버립니다.

사용자에게 고통을 느끼게 하지 않으면서 후퇴할 수 없는 때의 긴장감을 잃지 않도록 하려면 어떻게 하는 것이 좋을까요?

예를 들면, 다음과 같이 프로그램을 준비합니다.

- 1번째 후퇴를 선택한 경우에는 변수 r에 0~99 사이의 난수를 대입하고, r < 33인 경우에는 후퇴가 실패하도록 합니다.
- 후퇴 실패 시, 2번째 연속해서 후퇴를 선택한 경우에는 변수 r에 0~99 사이의 난수를 대입하고, r < 10인 경우에만 후퇴가 실패하도록 합니다. 즉, 2번째에는 후퇴의 실패 확률을 낮춥니다.
- 3회 연속으로 후퇴를 선택한 경우에는 무조건 후퇴할 수 있도록 합니다.

난수는 게임 전체 밸런스를 고려해서 그 값을 조정해야 합니다. 예를 들어, 전투가 빈번하게 일어나는 게임에서는 후퇴에 실패할 확률을 낮추어야 합니다. 그러나 빈번한 전투가 발생하지 않는 게임이라면 어느 정도 후퇴에 실패하더라도 거꾸로 게임의 재미로 이어질 가능성이 있습니다. 사용자의 기분을 고려해 지속적으로 게임을 개발하는 크리에이터는 이처럼 각자 게임을 재미있게 만드는 노하우를 가지고 있습니다.

이번 장부터 게임을 만들어요. 가장 먼저 문자
열 입출력 명령을 사용해서 간단한 게임을 만
들고 게임 개발 기초를 학습할 거예요. 이미지
를 표시하는 본격적인 게임을 어서 만들고 싶
다고 생각하는 분들도 무엇보다 기초가 중요하
니 이 장의 내용도 확실하게 익혀 주세요. 그래
픽을 사용한 게임은 다음 장부터 만듭니다.

Chapter

5

CUI로 미니 게임 만들기

CUI와 GUI

CUI란 **캐릭터 유저 인터페이스(Character User Interface)**의 약자로 문자 입출력만으로 컴퓨터를 조작하는 것을 의미합니다. 파이썬의 셸 윈도우는 CUI에 해당합니다. 이에 반해, 윈도우 내에 버튼이나 텍스트 입력 필드 등이 배치된 조작 환경을 **그래피컬 유저 인터페이스(Graphical User Interface, GUI)**라고 부릅니다.

그림 5-1-1 CUI와 GUI의 예

캐릭터 유저 인터페이스는 캐릭터 베이스 유저 인터페이스(Character-Based User Interface)라고도 합니다. 이 장에서는 CUI 상에서 세 가지 게임을 제작합니다. 6장부터 GUI를 이용한 게임을 만듭니다.

> Android 단말과 iOS 단말 화면의 경우에는 어디를 탭(tap)하면 좋을지 알 수 있는 직관적인 조작 환경으로 되어 있어요. 즉, 스마트폰과 태블릿 화면은 GUI예요. 윈도우 PC와 맥은 운영체제(OS) 자체와 많은 소프트웨어가 GUI로 만들어져 있지만, 커맨드 프롬프트나 파이썬 IDLE 등 일부 소프트웨어는 CUI로 되어 있죠.

퀴즈 게임 만들기

가장 먼저 퀴즈 게임을 만들어 봅니다. 필요한 프로그래밍 지식은 입력과 출력, 변수, 조건 분기입니다. 또한, 리스트와 반복을 사용해 퀴즈 문제 수를 늘릴 수 있습니다.

>>> 문자열을 if 구문으로 판정하기

문제를 출력하고 사용자가 입력한 대답(문자열)을 판정하는 프로그램을 확인합니다. 다음 프로그램을 입력하고 파일 이름을 붙여 저장한 뒤 실행해 봅니다.

리스트 list0502_1.py

1	`print("유경자 씨의 남편의 이름은?")`	'유경자 씨의 남편의 이름은?' 출력
2	`ans = input()`	입력을 받아 입력한 문자열을 ans에 대입
3	`if ans == "정현철":`	ans 값이 '정현철'이라면
4	`    print("정답입니다")`	'정답입니다' 출력
5	`else:`	그렇지 않다면
6	`    print("틀렸습니다")`	'틀렸습니다' 출력

이 프로그램을 실행하면 다음과 같이 출력됩니다.

```
유경자 씨의 남편의 이름은?
정현철
정답입니다
```

그림 5-2-1 list0502_1.py 실행 결과

문제 수는 하나뿐이지만, 단 6줄의 코드로 프로그램 퀴즈를 만들었습니다. 이 프로그램을 조금씩 업데이트해보도록 합니다. 정답인 '정현철'을 영어로 입력하는 사람도 있을 것이므로 '정현철'은 물론 'Hyunchul Jung'도 정답으로 처리합니다. 이런 경우에는 정답을 '정현철' 또는 'Hyunchul Jung'으로 판정합니다. '**또는**'이라는 의미의 영단어는 '**or**'이며, 파이썬에서도 or를 사용해 조건식을 입력합니다. 다음 프로그램을 입력하고 파일 이름을 붙여 저장한 뒤 실행해 봅니다.

```
1  print("유경자 씨의 남편의 이름은?")        '유경자 씨의 남편의 이름은?' 출력
2  ans = input()                          입력을 받아 입력한 문자열을 ans에 대입
3  if ans == "정현철" or ans == "Hyunchul Jung":  ans 값이 '정현철' 또는 'Hyunchul Jung'이라면
4      print("정답입니다")                     '정답입니다' 출력
5  else:                                   그렇지 않다면
6      print("틀렸습니다")                     '틀렸습니다' 출력
```

이 프로그램을 실행하면 '정현철' 또는 'Hyunchul Jung' 양쪽 모두 정답이 됩니다.

```
유경자 씨의 남편의 이름은?
Hyunchul Jung
정답입니다
>>>
```

그림 5-2-2 list0502_2.py 실행 결과

여기에서는 사용하지 않았지만, 두 가지 조건식을 동시에 만족하는지 판정하는 경우에는 **and**를 사용해 'if {조건식A} and {조건식B}:'와 같이 입력합니다.

〉〉〉 문제 수 늘리기

list0502_1.py 혹은 list0502_2.py의 조건식을 점차 늘리는 방법으로 일단 문제 수를 늘려 나갈 수 있습니다. 하지만 예를 들어, 100개 질문을 가진 퀴즈를 만드는 경우에는 그 방법을 사용하면 프로그램의 크기가 매우 커집니다. if 구문을 많이 나열하는 프로그램은 버그(오류)가 발생하기 쉽습니다.

문제 수를 늘리는 경우에는 리스트와 반복을 활용하면 편리합니다. 다음 프로그램을 입력하고 파일 이름을 붙여 저장한 뒤 실행해 봅니다.

리스트 **list0502_3.py**

```
1  QUESTION = [                                   리스트로 3개 문제 정의
2      "유경자 씨의 남편의 이름은?",
3      "이경수 씨의 딸의 이름은?",
4      "민주희 씨는 이경수 씨와 어떤 관계입니까?"]
5  R_ANS = ["정현철", "이현지", "조카"]              리스트로 문제의 답 정의
6  for i in range(3):                             for 구문으로 반복, i 값은 0→1→2로 변화
7      print(QUESTION[i])                          문제 출력
8      ans = input()                               입력을 받아 입력한 문자열을 ans에 대입
```

```
9    if ans == R_ANS[i]:                    ans 값이 정답의 문자열이라면
10        print("정답입니다")                     '정답입니다' 출력
11    else:                                   그렇지 않다면
12        print("틀렸습니다")                     '틀렸습니다' 출력
```

※ R_ANS라는 변수명은 right answer(정답)의 약자입니다. 프로그램 내에서 값을 변경하지 않는 변수(**상수**라고 부릅니다 → 265페이지)는 관습적으로 모두 대문자로 표기하므로 QUESTIONS, R_ANS 모두 대문자로 표기합니다.

이 프로그램을 실행하면 문제가 순서대로 출력되고 각 문제의 정답을 입력하면 '정답입니다'를 출력합니다.

```
유경자 씨의 남편의 이름은?
정현철
정답입니다
이경수 씨의 딸의 이름은?
이현지
정답입니다
민주희 씨는 이경수 씨와 어떤 관계입니까?
```

그림 5-2-3 list0502_3.py 실행 결과

프로그램을 자세히 확인해 봅니다. 1~4번 행은 리스트를 사용해 질문 문자열을 정의했습니다. 리스트 데이터는 콤마 위치에서 줄바꿈을 할 수 있습니다. 5번 행의 리스트는 줄바꿈을 하지 않고 정의했습니다.

6번 행의 반복 구문에서 for나 range() 사용법에 관해 잘 모르겠다면 48~49페이지로 돌아가 복습하도록 합니다. 이 for 구문은 i 값이 0 → 1 → 2로 3회 반복됩니다. 7번 행의 print()에 인수로 입력한 QUESTION[i]의 경우 i 값이 0일 때 QUESTION[i]는 "유경자 씨의 남편의 이름은?" 문자열이 됩니다. i 값이 1일 때, QUESTION[i]는 "이경수 씨의...", i 값이 2일 때 QUESTION[i]는 "민주희 씨는..."이 됩니다. 9번 행의 R_ANS[i] 또한 마찬가지로 R_ANS[0], R_ANS[1], R_ANS[2]는 각각 "정현철", "이현지", "조카"가 됩니다. 리스트의 인덱스는 0부터 시작한다는 점을 꼭 기억하기 바랍니다(→ 39페이지).

이 프로그램에서 영어로 입력한 'Hyunchul Jung'은 정답이 아닙니다. 영어로 입력한 경우에도 정답으로 판정하는 프로그램은 다음 프로그램입니다. 다음 프로그램을 입력한 후, 파일 이름을 붙여 저장한 뒤 실행해 봅니다.

리스트 **list0502_4.py**

```
1   QUESTION = [
2       "유경자 씨의 남편의 이름은?",
3       "이경수 씨의 딸의 이름은?",
4       "민주희 씨는 이경수 씨와 어떤 관계입니까?"]
5   R_ANS = ["정현철", "이현지", "조카"]
6   R_ANS2 = ["Hyunchul Jung", "Hyunji Lee",
7       "niece"]
8
9   for i in range(3):
10      print(QUESTION[i])
11      ans = input()
12      if ans == R_ANS[i] or ans == R_ANS2[i]:
13          print("정답입니다")
14      else:
15          print("틀렸습니다")
```

리스트로 3개 문제 정의	
리스트로 문제의 답 정의	
리스트로 문제의 답(영어) 정의	
for 구문으로 반복, i 값은 0→1→2로 변화	
문제 출력	
입력을 받아 입력한 문자열을 ans에 대입	
ans 값이 정답의 문자열 중 하나라도 일치한다면	
'정답입니다' 출력	
그렇지 않다면	
'틀렸습니다' 출력	

실행 화면은 생략합니다. 영어로 입력한 값도 정답으로 판정하는 것을 확인합니다.

> 리스트 사용법이 포인트예요. 리스트는 이처럼 데이터를 모아서 취급할 때 유용해요.

》》》 리스트와 튜플

리스트와 비슷한 **튜플(tuple)**이라는 타입이 있습니다. 튜플은 ()로 입력합니다.

튜플 입력 예시

```
ITEM = ("약초", "철 열쇠", "마법약", "성스러운 돌", "용자의 증거")
```

튜플은 선언 시에 대입한 값을 변경할 수 없습니다. 이번 프로그램에서는 문제와 답을 변경하지 않으므로 튜플로 정의해도 관계없지만, 이 책에서는 프로그래밍 초보자 분들이 이해하기 쉽도록 9장까지는 리스트와 튜플의 용도를 구분하지 않습니다. 이 앞에서도 여러 데이터를 다루는 경우에는 리스트[ ]로 입력합니다.

Lesson 5-3

주사위 게임 만들기

다음으로 주사위 게임을 만듭니다. 주사위 숫자 면을 표시하는 함수를 정의하고 함수를 보다 깊게 이해해 봅니다. 이 게임은 주사위를 굴려 말을 앞으로 움직이는 게임으로 4장에서 학습한 난수를 사용합니다.

>>> 대전 게임이란?

게임의 재미 중 하나로 '대전'이 있습니다. 격투 게임과 같은 액션 계열의 대전 게임이 있는가 하면, 오셀로(othello), 마작, 장기 등 테이블 게임과 같이 두뇌를 다루는 대전 게임도 있습니다.

이 절에서는 컴퓨터와 주사위로 대전하는 프로그램을 만듭니다. 코드 행 수가 점점 길어지므로 3단계로 만들어 봅니다.

>>> 단계 1: 주사위 게임 보드 표시하기

CUI라는 텍스트로만 표시해야 하는 환경에서 '주사위 게임의 보드를 어떻게 표현하면 좋을까?' 그런 아이디어를 생각해 내는 것 또한 게임 크리에이터나 게임 프로그래머를 목표로 하는 분이라면 솜씨를 보여줄 수 있는 부분입니다.

여기에서는 가운뎃점(·)을 사용해 위치를 표시하고 플레이어의 말을 P, 컴퓨터의 말을 C로 표시합니다. 그러면 다음과 같이 출력됩니다.

그림 5-3-1 CUI에서의 주사위 게임 보드 화면

왼쪽부터 칸 1, 칸 2로 위치가 커지며, 전체 칸은 30칸으로 합니다. 가장 오른쪽 위치에 먼저 도착한 쪽이 승리합니다.

단계 1에서는 보드 위치와 플레이어의 위치를 표시하는 함수를 정의합니다. 다음 프로그램을 입력하고 파일 이름을 변경해 저장한 후 실행해 봅니다.

리스트 **list0503_1.py**

```
1  pl_pos = 6                                              플레이어 위치 관리 변수
2  def board():                                            함수 선언
3      print("•" * (pl_pos - 1) + "P" + "•" * (30 - pl_pos))   가운뎃점과 P로 문자열을 만들어 출력
4
5  board()                                                 함수 호출
```

※ 함수의 정의(2~3번 행)와 해당 함수 호출 처리(5번 행)를 구별하기 쉽도록 4번 행에 공백을 넣었지만, 4번 행은 없어
  도 문제 없습니다.

이 프로그램을 실행하면 다음과 같이 출력됩니다.

그림 5-3-2 list0503_1.py 실행 결과

1번 행에서 플레이어 위치(P 표시 위치)를 관리하는 pl_pos라는 변수를 선언합니다. 여기에
서는 확인을 위해 초깃값을 6으로 대입했습니다. 2번 행이 함수 선언으로 이 함수에서 수
행하는 처리는 3번 행의 print() 명령입니다. print() 내부의 내용이 핵심입니다. 파이썬에서
는 "**문자열** * n"이라 입력하면 그 문자를 n개 반복해서 표시할 수 있습니다. "'•' * (pl_pos
- 1)'이 P 좌측의 가운뎃점 수를 나타내며, "'•' * (30 - pl_pos)'가 P 오른쪽 가운뎃점의 수
를 나타냅니다. 이를 그림으로 표시하면 다음과 같습니다.

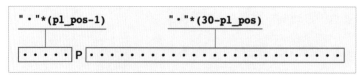

그림 5-3-3 print() 명령과 출력 결과와의 관계

이 코드의 의미가 어려운 분들은 우선 P가 가장 왼쪽 첫 번째 위치에 있다고 생각해 봅니
다. "'•' * (pl_pos - 1)'은 "'•' * (1 - 1)', 즉 "'•' * 0'이 되어 P 왼쪽에는 가운뎃점이 없습니
다. "'•' * (30 - pl_pos)'는 "'•' * (30 - 1)', 즉 "'•' * 29'가 되어 P 오른쪽에는 가운뎃점이 29
개입니다. 다음으로 P가 왼쪽 10번째 위치에 있다고 생각해 봅니다. "'•' * (pl_pos - 1)'은
"'•' * 9'가 되어 P 왼쪽에는 가운뎃점이 9개, "'•' * (30 - pl_pos)'는 "'•' * 20'이 되어 P 오
른쪽에는 가운뎃점이 20개가 됩니다.

그럼 컴퓨터의 말을 표시합니다. 다음 프로그램을 입력하고 파일에 이름을 붙여 저장한
뒤 실행해 봅니다.

리스트 list0503_2.py(※ 앞의 list0503_1.py에서 추가, 변경한 곳은 마커로 표시)

1	pl_pos = 6	플레이어 위치 관리 변수
2	com_pos = 3	컴퓨터 위치 관리 변수
3	def board():	함수 선언
4	print("•" * (pl_pos - 1) + "P" + "•" * (30 - pl_pos))	가운뎃점과 P로 문자열을 만들어 출력
5	print("•" * (com_pos - 1) + "C" + "•" * (30 - com_pos))	가운뎃점과 C로 문자열을 만들어 출력
6	board()	함수 호출

이 프로그램을 실행하면 다음과 같이 출력됩니다.

그림 5-3-4 C 위치 표시하기

pl_pos 초깃값을 6, com_pos 초깃값을 3으로 한 것은 P와 C의 표시 위치 확인을 위한 것
입니다. 다음 프로그램에서는 pl_pos, com_pos 모두 초깃값을 1로 설정합니다.

⟫⟩⟩ 단계 2: 반복해서 말 옮기기

단계 2에서는 말을 움직이는 처리를 추가합니다. 여기서는 반복을 이용합니다. 다음 프로
그램을 입력하고 파일 이름을 붙여 저장한 뒤 실행해 봅니다.

리스트 list0503_3.py(※ 앞의 list0503_2.py에서 추가, 변경한 곳은 마커로 표시)

1	pl_pos = 1	플레이어 위치 관리 변수
2	com_pos = 1	컴퓨터 위치 관리 변수
3	def board():	함수 선언
4	print("•" * (pl_pos - 1) + "P" + "•" * (30 - pl_pos))	가운뎃점과 P로 문자열을 만들어 출력
5	print("•" * (com_pos - 1) + "C" + "•" * (30 - com_pos))	가운뎃점과 C로 문자열을 만들어 출력
6	while True:	while True로 무한반복함
7	board()	판면 표시
8	input("Enter를 누르면 말이 움직입니다")	입력 대기
9	pl_pos = pl_pos + 1	플레이어 말 위치를 1씩 옮김
10	com_pos = com_pos + 2	컴퓨터 말 위치를 2씩 옮김

이 프로그램을 실행하면 보드가 표시되고 'Enter를 누르면 말이 움직입니다'라고 출력됩니다. Enter 키를 누를 때마다 P와 C의 위치가 오른쪽으로 이동합니다. 실행을 멈추고 싶다면 Ctrl + C 를 누릅니다.

```
P ●●●●●●●●●●●●●●●●●●●●●●●●●●●
C ●●●●●●●●●●●●●●●●●●●●●●●●●●●
Enter를 누르면 말이 움직입니다|
```

그림 5-3-5 키를 입력해 말 옮김

8번 행 input() 명령은 문자열 입력이 아니라 Enter 키를 누르기 위해 사용합니다. 9번 행에서 플레이어 말의 위치를 관리하는 변수 pl_pos를 1씩 증가시키고, 10번 행에서 컴퓨터 말의 위치를 관리하는 변수 com_pos를 2씩 증가시킵니다. while 구문 조건식을 True로 설정하면 무한 반복 처리를 수행합니다. 6번 행의 while True 입력에 따라 7~10번 행이 반복되며, Enter 키를 누를 때마다 P와 C가 오른쪽으로 이동합니다.

그다음 pl_pos와 com_pos에 더해지는 수를 1~6 사이의 난수로 바꿉니다. 난수를 사용하는 경우에는 4장에서 학습한 random 모듈을 임포트합니다(→ 69페이지). 다음 프로그램을 입력하고 파일 이름을 붙여 저장한 뒤 실행해 봅니다.

리스트 list0503_4.py(※ 앞 프로그램에서 추가, 변경한 곳은 마커로 표시)

```
1    import random                                      random 모듈 임포트
2    pl_pos = 1                                         플레이어 위치 관리 변수
3    com_pos = 1                                        컴퓨터 위치 관리 변수
4    def board():                                       함수 선언
5        print("●" * (pl_pos - 1) + "P" + "●" * (30 - pl_pos))    가운뎃점과 P로 문자열을 만들어 출력
6        print("●" * (com_pos - 1) + "C" + "●" * (30 - com_pos))   가운뎃점과 C로 문자열을 만들어 출력
7    while True:                                        while True로 무한 반복함
8        board()                                        판면 표시
9        input("Enter를 누르면 말이 움직입니다")            입력 대기
10       pl_pos = pl_pos + random.randint(1, 6)         플레이어 말 위치를 난수만큼 옮김
11       com_pos = com_pos + random.randint(1, 6)       컴퓨터 말 위치를 난수만큼 옮김
```

이 프로그램을 실행하면 Enter 키를 누를 때마다 P와 C가 각각 1~6 사이의 난수만큼 움직입니다. 실행 화면은 생략합니다.

>>> 단계 3: 목표 지점 도달 여부 판정하기

마지막에는 교대로 말을 움직이는 처리와 목표 지점 도달 여부 판정을 넣어 게임을 완성합니다. 판정에는 조건 분기를 사용합니다. 다음 프로그램을 입력하고 파일 이름을 붙여 저장한 뒤 실행해 봅니다.

리스트 list0503_5.py(※ 앞 프로그램에서 추가, 변경한 곳은 마커로 표시)

1	`import random`	random 모듈 임포트
2	`pl_pos = 1`	플레이어 위치 관리 변수
3	`com_pos = 1`	컴퓨터 위치 관리 변수
4	`def board():`	함수 선언
5	`    print("•" * (pl_pos - 1) + "P " + "•" * (30 - pl_pos) + "Goal")`	가운뎃점과 P로 문자열을 만들어 출력
6	`    print("•" * (com_pos - 1) + "C" + "•" * (30 - com_pos) + "Goal")`	가운뎃점과 C로 문자열을 만들어 출력
7		
8	`board()`	함수 호출
9	`print("주사위 게임, 스타트!")`	게임 시작 메시지 출력
10	`while True:`	while True로 무한 반복
11	`    input("Enter를 누르면 여러분의 말이 움직입니다")`	[Enter] 키를 누르면 메시지 출력
12	`    pl_pos = pl_pos + random.randint(1, 6)`	플레이어 말 위치를 난수만큼 옮김
13	`    if pl_pos > 30:`	P 위치가 30을 넘으면
14	`        pl_pos = 30`	말 위치를 30으로 함
15	`    board()`	보드 표시
16	`    if pl_pos == 30:`	P가 목표 지점에 도달하면
17	`        print("여러분이 승리했습니다!")`	'여러분이 승리했습니다!' 출력
18	`        break`	반복 중단
19	`    input("Enter를 누르면 컴퓨터의 말이 움직입니다")`	[Enter] 키를 누르면 메시지 출력
20	`    com_pos = com_pos + random.randint(1, 6)`	컴퓨터 말 위치를 난수만큼 옮김
21	`    if com_pos > 30:`	C 위치가 30을 넘으면
22	`        com_pos = 30`	말 위치를 30으로 함
23	`    board()`	보드 표시
24	`    if com_pos == 30:`	C가 목표 지점에 도달하면
25	`        print("컴퓨터가 승리했습니다!")`	'컴퓨터가 승리했습니다!' 출력
26	`        break`	반복 중단

이 프로그램을 실행하면 [Enter] 키를 누를 때마다 말이 교대로 이동하며, 어느 한 쪽이 오른쪽 끝 목표 지점에 도달하면 승부를 출력하고 종료합니다.

```
P ● ● ● ● ● ● ● ● ● ● ● ● ● ● ● ● ● ● ● ● ● ● ● ● ● Goal
C ● ● ● ● ● ● ● ● ● ● ● ● ● ● ● ● ● ● ● ● ● ● ● ● ● Goal
주사위 게임, 스타트!
Enter를 누르면 여러분의 말이 움직입니다
● ● ● P ● ● ● ● ● ● ● ● ● ● ● ● ● ● ● ● ● ● ● ● ● ● Goal
C ● ● ● ● ● ● ● ● ● ● ● ● ● ● ● ● ● ● ● ● ● ● ● ● ● Goal
Enter를 누르면 컴퓨터의 말이 움직입니다
● ● ● P ● ● ● ● ● ● ● ● ● ● ● ● ● ● ● ● ● ● ● ● Goal
● C ● ● ● ● ● ● ● ● ● ● ● ● ● ● ● ● ● ● ● ● ● ● ● ● Goal
Enter를 누르면 여러분의 말이 움직입니다
● ● ● ● ● ● ● ● ● P ● ● ● ● ● ● ● ● ● ● ● ● ● ● Goal
● C ● ● ● ● ● ● ● ● ● ● ● ● ● ● ● ● ● ● ● ● ● ● ● ● Goal
Enter를 누르면 컴퓨터의 말이 움직입니다
● ● ● ● ● ● ● P ● ● ● ● ● ● ● ● ● ● ● ● ● ● ● ● Goal
● ● C ● ● ● ● ● ● ● ● ● ● ● ● ● ● ● ● ● ● ● ● ● ● Goal
Enter를 누르면 여러분의 말이 움직입니다
● ● ● ● ● ● ● ● ● P ● ● ● ● ● ● ● ● ● ● ● ● ● ● Goal
● ● C ● ● ● ● ● ● ● ● ● ● ● ● ● ● ● ● ● ● ● ● ● ● Goal
Enter를 누르면 컴퓨터의 말이 움직입니다
● ● ● ● ● ● ● ● ● P ● ● ● ● ● ● ● ● ● ● ● ● ● ● Goal
● ● ● ● ● C ● ● ● ● ● ● ● ● ● ● ● ● ● ● ● ● ● ● Goal
Enter를 누르면 여러분의 말이 움직입니다
● ● ● ● ● ● ● ● ● ● ● ● P ● ● ● ● ● ● ● ● ● ● ● ● Goal
● ● ● ● ● C ● ● ● ● ● ● ● ● ● ● ● ● ● ● ● ● ● ● Goal
Enter를 누르면 컴퓨터의 말이 움직입니다
● ● ● ● ● ● ● ● ● ● ● ● P ● ● ● ● ● ● ● ● ● ● ● ● Goal
● ● ● ● ● ● ● C ● ● ● ● ● ● ● ● ● ● ● ● ● ● ● ● Goal
Enter를 누르면 여러분의 말이 움직입니다
● ● ● ● ● ● ● ● ● ● ● ● ● ● P ● ● ● ● ● ● ● ● ● Goal
● ● ● ● ● C ● ● ● ● ● ● ● ● ● ● ● ● ● ● ● ● ● ● Goal
Enter를 누르면 컴퓨터의 말이 움직입니다
● ● ● ● ● ● ● ● ● ● ● ● ● ● P ● ● ● ● ● ● ● ● ● Goal
● ● ● ● ● ● ● ● ● C ● ● ● ● ● ● ● ● ● ● ● ● ● ● Goal
Enter를 누르면 여러분의 말이 움직입니다
```

그림 5-3-6 CUI를 사용한 주사위 게임 완성

P와 C의 위치가 30을 넘지 않도록 13~14번 행, 21~22번 행에서 if 구문을 사용해 각각의 위치를 관리하는 변수가 30을 넘었는지 판정하고 넘었다면 30을 대입합니다. 16~18번 행에서는 P가 목표 지점에 도달하면 '여러분이 승리했습니다!'를 출력한 뒤 break 명령으로 반복 처리를 중단합니다. 마찬가지로 24~26번 행에서는 컴퓨터가 승리하는 경우 break로 반복 처리를 중단합니다. while True로 무한히 수행되는 처리를 승부가 결정되는 시점에 break로 종료하는 것입니다.

다른 행에서 수행하는 처리들도 코드 오른쪽 설명과 함께 확인합니다.

'P'를 '1', 'C'를 '2'로 바꾸어 두 플레이어가 교대로 [Enter] 키를 누르면서 경쟁하면 2인 대전 주사위 게임이 되지요. 파이썬은 작성 방법이 간단하기 때문에 26줄의 짧은 코드만으로도 이런 대전 게임을 만들 수 있어요.

사라진 알파벳! 게임 만들기

이번 장 마지막 절에서는 표시된 알파벳 중에서 사라진 문자를 찾는 게임을 만듭니다. datetime 모듈을 이용해 클리어까지 소요되는 시간을 측정합니다.

〉〉〉 시간 경쟁 게임

시간을 다루는 것 역시 게임에서 즐길 수 있는 재미 중 하나입니다. 시간을 다루는 유명한 게임 장르는 레이싱 게임(자동차 레이싱)입니다. 1980년대부터 지금까지, 실제 자동차 레이싱을 소재로 한 것부터 가상 세계의 레이싱 게임까지 그야말로 다양한 게임이 출시되었습니다.

시간을 다루는 것을 게임 용어로 **타임 어택(time attack)**이라고 합니다. 타임 어택은 자동차 레이싱뿐만 아니라, 다양한 장르의 게임 규칙에 사용됩니다. 예를 들어, 퍼즐 게임을 얼마나 빠르게 클리어할 수 있는지, 액션 게임의 스테이지를 얼마나 빠르게 클리어할 수 있는지 등입니다.

이 절에서 만드는 프로그램은 A~Z의 알파벳 중에서 빠진 문자를 빠르게 찾아내는 게임입니다. 이 프로그램도 행 수가 점점 늘어나므로 3단계로 만들어 봅니다.

〉〉〉 단계 1: 사라진 알파벳 만들기

우선 리스트로 정의한 데이터를 하나씩 출력하는 프로그램을 확인합니다. 다음 프로그램을 입력하고 파일 이름을 붙여 저장한 뒤 실행해 봅니다.

리스트 list0504_1.py

```
1  ALP = ["A", "B", "C", "D", "E", "F", "G"]      리스트로 알파벳 정의
2  for i in ALP:                                   리스트 엘리먼트를 하나씩 꺼내 i에 넣으며 반복
3      print(i)                                        i 값 출력
```

이 프로그램을 실행하면 1번 행에서 정의한 A부터 G까지 1 문자씩 출력됩니다.

그림 5-4-1 list0504_1.py 실행 결과

2번 행 for 구문의 반복 범위는 range() 명령이 아니라 리스트 ALP를 입력한 것임에 주의합니다. 이렇게 입력하면 리스트의 엘리먼트를 하나씩 변수에 넣으면서 반복을 수행합니다. 즉, for 구문은 i 값이 A ➡ B ➡ C ➡ D ➡ E ➡ F ➡ G로 변화하면서 반복됩니다.

다음은 A부터 G까지 중 한 문자가 빠진 알파벳 문자열을 만듭니다. 한 문자가 빠진다는 것을 예를 들면, ACDEFG, ABCEFG, ABCDEF 등입니다. 다음 프로그램을 입력하고 파일 이름을 붙여 저장한 뒤 실행해 봅니다.

리스트 list0504_2.py(※ 앞 프로그램에서 추가, 변경한 곳은 마커로 표시)

```
1  import random
2  ALP = ["A", "B", "C", "D", "E", "F", "G"]
3  r = random.choice(ALP)
4  alp = ""
5  for i in ALP:
6      if i != r:
7          alp = alp + i
8  print(alp)
```

	random 모듈 임포트
	리스트로 알파벳 정의
	빠질 문자를 무작위로 결정
	변수 alp 선언(상자 안은 비어 있음)
	리스트 엘리먼트를 하나씩 i에 대입하며 반복
	i가 빠질 문자가 아니라면
	변수 alp에 알파벳 추가
	alp 값 출력

이 프로그램을 실행하면 이번에는 다음과 같이 출력됩니다. 여러 차례 실행해 빠진 문자가 무작위로 바뀌는 것을 확인합니다.

```
ABCEFG
>>>
```

그림 5-4-2 list0504_2.py 실행 결과

3번 행 choice() 명령으로 A~G 중 한 문자가 변수 r에 대입됩니다. 5~7번 행의 for 구문과 if 구문으로 한 개의 문자씩 꺼낸 알파벳이 r 값과 다르다면 변수 alp에 그 알파벳을 연결합니다. 이걸로 한 개의 문자가 빠진 알파벳 문자열을 만들어 냅니다.

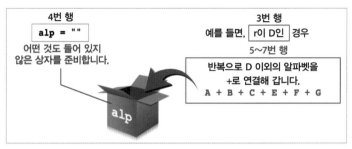

그림 5-4-3 list0504_2.py 이미지

다양한 프로그램에서 반복 중에 조건 분기가 발생합니다. 이후 게임 제작에서도 빈번하게 사용되므로 프로그램 내용을 잘 확인해 두도록 합니다.

⟫⟫⟫ 단계 2: 답변을 입력받아 판정하기

단계 2에서는 알파벳을 입력하고 그것이 빠져 있는 문자라면 정답이라고 출력하도록 합니다. 다음 프로그램을 입력하고 파일 이름을 붙여 저장한 뒤 실행해 봅니다.

리스트 list0504_3.py(※ 앞 프로그램에서 추가, 변경한 곳은 마커로 표시)

```python
1   import random
2   ALP = ["A", "B", "C", "D", "E", "F", "G"]
3   r = random.choice(ALP)
4   alp = ""
5   for i in ALP:
6       if i != r:
7           alp = alp + i
8   print(alp)
9   ans = input("빠진 알파벳은?")
10  if ans == r:
11      print("정답입니다")
12  else:
13      print("틀렸습니다")
```

random 모듈 임포트
리스트로 알파벳 정의
빠질 문자를 무작위로 결정
변수 alp 선언(상자 안은 비어 있음)
리스트 엘리먼트를 하나씩 i에 대입하며 반복
i가 빠진 문자가 아니라면
변수 alp에 알파벳 추가
alp 값 출력
input()으로 대답을 입력 받아 변수 ans에 대입
대답이 맞았다면
'정답입니다' 출력
그렇지 않다면
'틀렸습니다' 출력

이 프로그램을 실행하면 다음과 같이 출력됩니다.

```
BCDEFG
빠진 알파벳은?A
정답입니다
>>>
```

그림 5-4-4 list0504_3.py 실행 결과

9~13번 행에서 input() 명령으로 문자열을 입력받고 이를 if 구문으로 판정해서 정답인지 아닌지를 출력합니다.

>>> 단계 3: 시간 측정 추가하기

단계 3에서는 시간 측정을 추가합니다. 시간을 계산하기 위해서는 datetime 모듈을 사용합니다. 다음 프로그램을 입력하고 파일 이름을 붙여 저장한 뒤 실행해 봅니다.

리스트 list0504_4.py(※ 앞 프로그램에서 추가, 변경한 곳은 마커로 표시)

```
1   import random                              random 모듈 임포트
2   import datetime                            datetime 모듈 임포트
3   ALP = ["A", "B", "C", "D", "E", "F", "G"]  리스트로 알파벳 정의
4   r = random.choice(ALP)                     빠질 문자를 무작위로 결정
5   alp = ""                                   변수 alp 선언(상자 안은 비어 있음)
6   for i in ALP:                              리스트 엘리먼트를 하나씩 i에 대입하며 반복
7       if i != r:                                 i가 빠진 문자가 아니라면
8           alp = alp + i                              변수 alp에 알파벳 추가
9   print(alp)                                 alp 값 출력
10  st = datetime.datetime.now()               날짜와 시간을 변수 st에 대입
11  ans = input("빠진 알파벳은?")               input()으로 대답을 입력받아 변수 ans에 대입
12  if ans == r:                               대답이 맞았다면
13      print("정답입니다")                         '정답입니다' 출력
14      et = datetime.datetime.now()               새로운 날짜와 시간을 변수 et에 대입
15      print((et - st).seconds)                   st와 et의 차를 초 단위로 출력
16  else:                                      그렇지 않다면
17      print("틀렸습니다")                         '틀렸습니다' 출력
```

이 프로그램을 실행하면 다음과 같이 출력됩니다.

```
ABDEFG
빠진 알파벳은?C
정답입니다
5
>>> |
```

그림 5-4-5 list0504_4.py 실행 결과

그러면 시간 측정 처리를 설명합니다. 알파벳의 문자열을 출력한 후, 10번 행에서 그 때의 날짜와 시간을 얻습니다. 11번 행에서 대답을 입력하고 입력한 대답이 정답인 경우 14번 행에서 다시 날짜와 시간을 얻습니다. 그리고 15번 행과 같이 앞에서 얻은 날짜와 시간의 차에 **.seconds**라고 입력해 두 일시의 차를 초 단위로 구한 뒤, 그 값을 print() 명령으로 출력합니다.

가장 마지막에 알파벳 H부터 Z까지 추가하고 초 단위 표시를 개선해 완성합니다. 다음 프로그램을 입력하고 파일 이름을 붙여 저장한 뒤 실행해 봅니다.

리스트 **list0504_5.py**(※ 앞 프로그램에서 추가, 변경한 곳은 마커로 표시)

1	`import random`	random 모듈 임포트
2	`import datetime`	datetime 모듈 임포트
3	`ALP = [`	리스트로 알파벳(A~Z) 정의
4	`"A", "B", "C", "D", "E", "F", "G",`	
5	`"H", "I", "J", "K", "L", "M", "N",`	
6	`"O", "P", "Q", "R", "S", "T", "U",`	
7	`"V", "W", "X", "Y", "Z"`	
8	`]`	
9	`r = random.choice(ALP)`	빠질 문자를 무작위로 결정
10	`alp = ""`	변수 alp 선언(상자 안은 비어 있음)
11	`for i in ALP:`	리스트 엘리먼트를 하나씩 i에 대입하며 반복
12	`    if i != r:`	i가 빠진 문자가 아니라면
13	`        alp = alp + i`	변수 alp에 알파벳 추가
14	`print(alp)`	alp 값 출력
15	`st = datetime.datetime.now()`	날짜와 시간을 변수 st에 대입
16	`ans = input("빠진 알파벳은?")`	input()으로 대답을 입력받아 변수 ans에 대입
17	`if ans == r:`	대답이 맞았다면
18	`    print("정답입니다")`	'정답입니다' 출력
19	`    et = datetime.datetime.now()`	새로운 날짜와 시간을 변수 et에 대입
20	`    print(str((et - st).seconds) + "초 걸렸습니다")`	st와 et의 차를 초 단위로 출력
21	`else:`	그렇지 않다면
22	`    print("틀렸습니다")`	'틀렸습니다' 출력

이것으로 '사라진 알파벳!' 게임을 완성했습니다. 실행 화면은 다음과 같습니다.

```
ABCDEFGHIJKLMOPQRSTUVWXYZ
빠진 알파벳은?N
정답입니다
17초 걸렸습니다
>>>
```

그림 5-4-6 게임 완성

20번 행의 (et - st).seconds는 초 단위 값이므로 이를 str() 명령으로 문자열로 변환한 뒤(→ 72페이지 참조) '+' 연산자로 '초 걸렸습니다'라는 문자열을 연결해서 출력합니다.

파이썬에서는 이처럼 간단한 코드로 시간을 계산할 수 있어요. 이 장에서 설명한 시간 측정은 다른 게임을 만들 때도 응용할 수 있어요. 여러분이 미래에 시간 계산을 할 필요가 있는 게임을 만들 때 활용할 수 있을 거예요.

게임 개발비는 얼마나 드나요?(2편)

3장의 칼럼에 이어 게임 개발비와 관련된 이야기를 하나 더 하겠습니다. 이번 칼럼은 패키지로 판매하는 가정용 게임 소프트에 관한 것입니다.

패키지 소프트에서는 광디스크에 게임 프로그램과 이미지, 사운드 등의 데이터를 기록하고 설명서를 넣어 패키지로 만드는 비용이 필요합니다. 그 금액은 하드웨어별로 차이가 있지만, 대략 패키지 1개를 만드는 데 5,000원가량이 든다고 가정하겠습니다.

개발비가 10억 원인 게임이 있다고 가정해 보겠습니다. 판매를 하기 위해 패키지를 5만 개 만들면 2억 5,000만 원이라는 비용이 추가됩니다. 그리고 홍보 비용으로 1억 5,000만 원이 추가되어 총 14억 원을 투입해 발매한 게임 소프트웨어를 팔면 얼마나 남을까요?

이 게임 소프트의 정가를 60,000원이라고 가정하고 패키지 1개를 판매했을 때 회사에 20,000원이 돌아온다고 가정합니다. 패키지 5만 개를 모두 팔더라도 회사로 돌아오는 금액은 10억 원이므로 4억 원이 모자란 상황입니다. 패키지 소프트는 이를 유통하기 위한 비용이나 판매점 수익 등도 고려해야 하므로 패키지를 1개 팔았을 때 정가에서 패키지 원가를 뺀 금액이 전부 게임 회사로 돌아오지 않습니다. 패키징된 소프트웨어를 모두 판매해도 남는 것이 없기 때문에 처음부터 적자여서 비즈니스로서 파산하는 경우도 생깁니다.

이 예시를 기준으로 5만 개 패키지를 모두 판매한 상태에서 흑자를 달성하려면 개발비는 6억 원 미만으로 해야 합니다. 칼럼에서는 개발비를 10억 원으로 가정했지만, 실은 메이저 타이틀 이외에 10억 원 단위의 개발비를 사용하는 프로젝트는 극히 일부입니다. 필자가 아는 한 1~2억 원 혹은 그 이하의 개발비를 사용해 제작하는 게임 소프트가 대단히 많습니다.

또한, 5만 개가량 판매되는 패키지 소프트 역시 매년 수없이 발매되는 게임 소프트 중 일부입니다. 솔직히 말하자면, 많은 패키지 소프트웨어가 이익을 내지 못합니다. 하지만 그중에 빅 히트를 치는 게임이 있는 것도 사실입니다. 이 예시에서도 만약 20만 개가량의 패키지가 판매된다면 20억 원 이상의 이익이 발생합니다.

현주 씨, '사라진 알파벳을 찾아라!' 게임을 해봐요.

좋아요. 자, 그럼 저부터 할게요. 프로그램을 실행하고 음... 빠진 알파벳은... 이거예요! 3초 걸렸네요.

다시 한번 실행하고... 빠진 알파벳은 이거군요! 0초 걸렸네요.

괴, 굉장해요... 키보드를 치는 손가락이 보이지도 않았어요. 정말 귀신 같아요...

본격적인 소프트웨어를 개발하기 위해서는 그래피컬 유저 인터페이스(GUI)에 대해 반드시 알고 있어야 해요. 게임 제작에도 GUI 지식이 필요하지요. 이 장에서는 GUI나 그래픽을 사용한 프로그램을 만들고 프로그래밍 지식을 늘려가도록 할게요.

Chapter

6

GUI 기초 ①

GUI란?

PC의 문서 작성 소프트웨어나 인터넷에 접속하는 브라우저에는 메뉴 바에 'File'이나 'Help' 등의 문자가 배치되어 있습니다. 또는 문서 작성 소프트웨어에는 파일을 저장하는 아이콘, 브라우저에는 페이지 새로고침 아이콘 등이 표시되어 있습니다. 사용자는 해당 아이콘을 클릭해 필요한 조작을 수행할 수 있습니다.

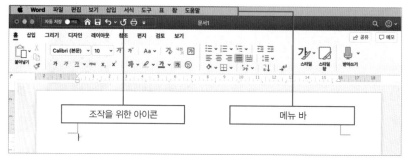

그림 6-1-1 GUI의 예(마이크로소프트의 워드(Word))

이처럼 소프트웨어의 조작 방법을 직관적으로 알 수 있는 인터페이스가 **GUI**입니다. 아이콘 이미지가 필요할 뿐만 아니라 예를 들면, '개수'라고 표시된 텍스트 옆에 사각형 입력 필드가 있다면 해당 필드에 숫자를 입력해야 함을 쉽게 알 수 있습니다. 또한, 버튼이 표시되어 있다면 버튼을 눌러야 한다는 것도 알 수 있습니다. GUI란 문자나 숫자 입력 필드, 혹은 버튼 등을 포함한 것을 의미합니다.

》》》 윈도우 표시하기

파이썬에서 GUI를 다루기 위해서는 **tkinter** 모듈을 사용합니다. 우선 화면에 윈도우를 표시합니다. 다음 프로그램을 입력하고 파일 이름을 붙여 저장한 뒤 실행해 봅니다.

리스트 **list0601_1.py**

```
1  import tkinter                tkinter 모듈 임포트
2  root = tkinter.Tk()           윈도우 요소(객체) 생성
3  root.mainloop()               윈도우 표시
```

이 프로그램을 실행하면 오른쪽과 같은 윈도우가 표시됩니다.

2번 행 'root = tkinter.Tk()'로 윈도우 요소(객체)를 만듭니다. 이 요소를 **객체**라고 합니다. 이 프로그램에서는 root 라는 변수가 윈도우 객체입니다. 객체를 만들었다고 해서 곧바로 화면에 표시되는 것은 아닙니다. 3번 행과 같이 **mainloop()** 명령을 사용해 화면에 표시합니다.

그림 6-1-2 list0601_1.py 실행 결과

〉〉〉 제목과 크기 지정하기

다음으로 윈도우 제목과 크기를 설정합니다. 제목은 **title()** 명령, 크기는 **geometry()** 명령으로 지정합니다. 다음 프로그램을 입력하고 파일 이름을 붙여 저장한 뒤 실행해 봅니다.

리스트 list0601_2.py

```
1  import tkinter                       tkinter 모듈 임포트
2  root = tkinter.Tk()                  윈도우 객체 생성
3  root.title("첫 번째 윈도우")         윈도우 제목 지정
4  root.geometry("800x600")             윈도우 크기 지정
5  root.mainloop()                      윈도우 표시
```

이 프로그램을 실행하면 지정한 크기의 윈도우에 제목이 표시됩니다.

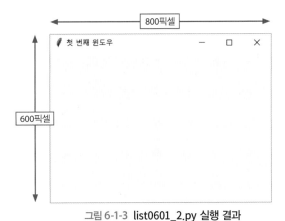

그림 6-1-3 list0601_2.py 실행 결과

title()의 인수로 윈도우 제목을 지정합니다. 윈도우의 폭과 높이는 geometry()의 인수로 '폭 × 높이'를 입력해 지정합니다. **x는 영소문자로 입력**합니다. 윈도우 크기는 geometry() 외에 minsize(폭, 높이)로 최소 크기, maxsize(폭, 높이)로 최대 크기를 지정할 수 있습니다.

> 운영체제의 종류나 버전에 따라 윈도우 테두리의 형태가 다르기 때문에
> 윈도우 크기는 지정한 사이즈와 다소 차이가 있을 수 있어요.

MEMO

객체를 조작하는 mainloop()과 같은 명령을 **메서드(method)**라고 부르기도 합니다. 전업 프로그래머분들은 함수(function)와 메서드(method)를 구분해서 말하기도 하지만, 이 책에서는 함수 ≒ 메서드로 생각해도 문제없습니다. 앞서 언급한 것과 같이 이 책에서는 컴퓨터에 처리를 시키는 함수나 메서드를 '**명령**'이라고 표현합니다.

Lesson 6-2 라벨 배치하기

윈도우에 다양한 GUI를 배치합니다. 먼저 문자열을 표시하는 라벨 컴포넌트를 배치합니다.

>>> 라벨 배치

라벨은 **Label()** 명령으로 만들고 **place()** 명령으로 배치합니다. 다음 프로그램을 입력하고 파일 이름을 붙여 저장한 뒤 실행해 봅니다.

리스트 list0602_1.py(※ 라벨 생성과 배치 관련 내용은 굵게 표기)

```
1  import tkinter                                                    tkinter 모듈 임포트
2  root = tkinter.Tk()                                              윈도우 객체 생성
3  root.title("첫 번째 라벨")                                        윈도우 제목 지정
4  root.geometry("800x600")                                         윈도우 크기 지정
5  label = tkinter.Label(root, text="라벨 문자열", font=("System", 24))   라벨 컴포넌트 생성
6  label.place(x=200, y=100)                                        윈도우에 라벨 배치
7  root.mainloop()                                                  윈도우 표시
```

이 프로그램을 실행하면 다음과 같이 윈도우 안에 라벨이 표시됩니다.

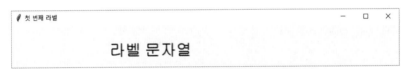

그림 6-2-1 list0602_1.py 실행 결과

5~6번 행에서 라벨을 만들고 배치합니다. 그 식은 다음과 같습니다.

식: 라벨 생성 및 배치

- 라벨 변수명 = tkinter.Label(윈도우 객체, text="라벨 문자열", font=("폰트 명", 폰트 크기))
- {라벨 변수명}.place(x=X 좌표, y=Y 좌표)

폰트 명에는 파이썬에서 사용 가능한 폰트를 지정하는데 PC에 따라 사용할 수 있는 폰트 종류가 다릅니다. 여러분이 사용하는 PC에서 사용할 수 있는 폰트를 확인하는 방법과 라

벨 표시 위치 지정에 관해 설명합니다.

>>> 사용 가능한 폰트 확인

사용 가능한 폰트의 종류를 확인하기 위해서는 'tkinter.font.families()' 값을 print() 명령으로 출력합니다. 다음 프로그램을 입력하고 파일 이름을 붙여 저장한 뒤 실행해 봅니다.

리스트 list0602_2.py(※ 라벨 생성과 배치 관련 내용은 굵게 표기)

```
1  import tkinter                    tkinter 모듈 임포트
2  import tkinter.font               tkinter.font 임포트
3  root = tkinter.Tk()
4  print(tkinter.font.families())    tkinter.font.families() 값 출력
```

이 프로그램을 실행하면 셸 윈도우에 다음과 같이 출력됩니다.

Squeezed text (62 lines).
>>>

그림 6-2-2 list0602_2.py 실행 결과

버튼을 더블클릭하면 폰트 목록이 표시됩니다.

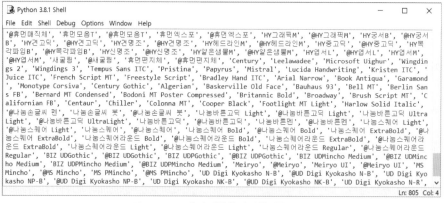

그림 6-2-3 **PC에서 사용할 수 있는 폰트 목록**

예를 들어, 필자가 사용하는 윈도우 PC에는 궁서체가 있으므로 'font = ("궁서체", 24)'를

입력하면 해당 폰트를 사용할 수 있습니다.

라벨 문자열

그림 6-2-4 궁서체로 지정한 라벨

사용 가능한 폰트는 PC에 따라 다릅니다. 따라서 **인터넷에서 일반에 공개할 프로그램에는 특수한 폰트를 지정하지 않는 것이 안전**합니다. 다만, 프로그래밍을 학습 중인 분들은 다양한 폰트를 표시해 보길 바랍니다. 존재하지 않는 폰트를 지정하면 파이썬에서는 기본으로 지정된 폰트를 사용해서 표시합니다.

필자가 사용하고 있는 윈도우 10 PC와 맥에서 확인한 결과, 두 운영체제에서 공통으로 사용할 수 있는 폰트는 Times New Roman이었습니다. **Times New Roman은 많은 환경에서 사용할 수 있는 폰트**입니다. 이후 프로그램에서 폰트는 모두 Times New Roman으로 지정합니다.

>>> 라벨 표시 위치

컴퓨터 화면이나 윈도우 안의 좌표는 **왼쪽 위 모서리를 원점(0, 0)**으로 합니다. 가로 방향이 X 축, 세로 방향이 Y 축입니다. **Y 축은 반대로 아래로 갈수록 값이 커집니다.** place() 명령은 이 X 좌표와 Y 좌표로 값을 지정합니다.

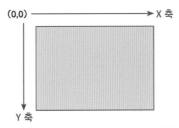

그림 6-2-5 X 축과 Y 축 시작 위치와 방향

그래픽을 사용하는 게임을 개발할 때는 이미지를 표시하는 위치 등 컴퓨터의 좌표에 관해 잘 알아야 해요. 원점의 위치와 X 축과 Y 축의 방향을 기억해 두세요.

Lesson 6-3 버튼 배치하기

다음은 버튼을 배치합니다. 그리고 버튼 클릭을 판정하는 프로그램을 확인합니다.

>>> 버튼 배치

버튼은 **Button()** 명령으로 만든 뒤 place() 명령으로 배치합니다. 다음 프로그램을 입력하고 파일 이름을 붙여 저장한 뒤 실행해 봅니다.

리스트 list0603_1.py(※ 버튼 생성과 배치 관련 내용은 굵게 표기)

```
1  import tkinter                                                    tkinter 모듈 임포트
2  root = tkinter.Tk()                                               원도우 객체 생성
3  root.title("첫 번째 버튼")                                          원도우 제목 지정
4  root.geometry("800x600")                                          원도우 크기 지정
5  button = tkinter.Button(root, text="버튼 문자열", font=("Times New   버튼 컴포넌트 생성
   Roman", 24))
6  button.place(x=200, y=100)                                        원도우에 버튼 배치
7  root.mainloop()                                                   원도우 표시
```

이 프로그램을 실행하면 원도우 안에 버튼이 표시됩니다.

그림 6-3-1 list0603_1.py 실행 결과

5~6번 행에서 버튼을 만들고 배치하는 식은 다음과 같습니다.

식: 버튼 생성과 배치

> ▪ 버튼 변수명 = tkinter.Button(윈도우 객체, text = "라벨 문자열", font = ("폰트 명", 폰트 크기))
> ▪ {버튼 변수명}.place(x = X 좌표, y = Y 좌표)

표시할 문자열과 폰트 지정은 라벨 생성 식과 동일하며, 버튼 배치 또한 place() 명령을 사용합니다.

>>> 버튼 클릭 시 반응

버튼을 클릭하면 반응하도록 합니다. 파이썬에서는 **버튼을 클릭했을 때의 처리를 함수로 정의**하고, 버튼을 생성하는 식 안에 '**command=함수**'를 입력하면 버튼을 클릭했을 때 해당함수를 실행하고 이를 확인합니다. 그리고 다음 프로그램을 입력하고 파일 이름을 붙여 저장한 뒤 실행해 봅니다.

리스트 list0603_2.py(※ 클릭 시 실행하는 함수와 command 입력 관련 내용은 굵게 표기)

1	`import tkinter`	tkinter 모듈 임포트
2		
3	`def click_btn():`	click_btn() 함수 선언
4	`    button["text"] = "클릭했습니다"`	**버튼 문자열 변경**
5		
6	`root = tkinter.Tk()`	윈도우 객체 생성
7	`root.title("첫 번째 버튼")`	윈도우 제목 지정
8	`root.geometry("800x600")`	윈도우 크기 지정
	`button = tkinter.Button(root, text="클릭하십시오",`	버튼 컴포넌트 생성, **command=로**
9	`font=("Times New Roman", 24), command=click_btn)`	**클릭 시 동작할 함수 지정**
10	`button.place(x=200, y=100)`	윈도우에 버튼 배치
11	`root.mainloop()`	윈도우 표시

이 프로그램을 실행하고 버튼을 클릭하면 버튼에 표시된 문자열이 바뀝니다.

클릭했습니다

그림 6-3-2 **클릭 시 문자열 바뀜**

함수와 버튼을 생성하는 식은 다음과 같습니다.

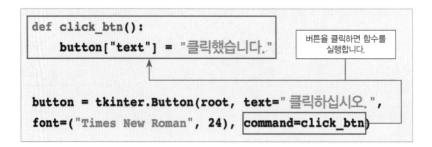

```
def click_btn():
    button["text"] = "클릭했습니다."
```
버튼을 클릭하면 함수를
실행합니다.

```
button = tkinter.Button(root, text="클릭하십시오.",
font=("Times New Roman", 24), command=click_btn)
```

'버튼 클릭 ➡ 함수 동작' 구조를 이해하도록 해요.
함수를 아직 잘 이해하지 못한 분은 53페이지에서
복습해 주세요.

Lesson 6-4 캔버스 사용하기

이미지나 도형을 그리는 GUI를 캔버스(canvas)라고 부릅니다. 캔버스는 게임 개발에 반드시 필요한 컴포넌트 중 하나입니다. 캔버스 사용법을 확인합니다.

▶▶▶ 캔버스 배치

캔버스는 **Canvas()** 명령으로 생성하고 **pack()** 명령과 place() 명령으로 배치합니다. 다음 프로그램을 입력하고 파일 이름을 붙여 저장한 뒤 실행해 봅니다.

리스트 list0604_1.py(※ 캔버스 생성 및 배치 관련 내용은 굵게 표기)

```
1  import tkinter                                          tkinter 모듈 임포트
2  root = tkinter.Tk()                                     윈도우 객체 생성
3  root.title("첫 번째 캔버스")                              윈도우 제목 지정
4  canvas = tkinter.Canvas(root, width=400, height=600,    캔버스 컴포넌트 생성
   bg="skyblue")
5  canvas.pack()                                           윈도우에 캔버스 배치
6  root.mainloop()                                         윈도우 표시
```

이 프로그램을 실행하면 하늘색 캔버스가 배치된 윈도우가 표시됩니다.

pack() 명령으로 배치하면 캔버스 크기에 맞춰 윈도우 크기가 결정됩니다. 윈도우에 캔버스 만을 배치하는 경우에는 이 프로그램과 같이 root.geometry()를 생략할 수 있습니다.

캔버스를 만드는 식은 다음과 같습니다.

식: 캔버스 생성

```
캔버스 변수명 = tkinter.Canvas(윈도우 객체,
width=폭, height=높이, bg=배경색)
```

그림 6-4-1 list0604_1.py 실행 결과

배경색은 red, green, blue, yellow, black, white 등의 영어 단어나 16진수 값으로 지정할 수 있습니다. 16진수를 활용한 색 지정 방법은 7장의 칼럼(138페이지)에서 설명합니다.

≫≫≫ 캔버스에 이미지 표시하기

캔버스에 이미지를 표시할 때는 **PhotoImage()** 명령으로 이미지를 로딩하고 **create_image()** 명령으로 이미지를 그립니다. 다음 프로그램을 입력하고 파일 이름을 붙여 저장한 뒤 실행해 봅니다.

POINT

프로그램에서 사용하는 이미지 파일에 관해

이 프로그램에서 사용하는 이미지 파일 'hyunju.png'는 깃헙 페이지(https://github.com/Jpub/PythonGame_1)에서 다운로드할 수 있습니다. 이미지 파일은 예제 코드와 같은 폴더에 넣습니다. 여러분이 원하는 다른 이미지를 사용해도 좋습니다. 다른 이미지를 사용하는 경우에는 4번 행 캔버스 크기, 6번 행 파일 명, 7번 행 이미지 표시 위치를 적절하게 바꾸도록 합니다.

리스트 list0604_2.py(※ 이미지 로딩 및 그리기 관련 내용은 굵게 표시)

```
1  import tkinter                                              tkinter 모듈 임포트
2  root = tkinter.Tk()                                         윈도우 객체 생성
3  root.title("첫 번째 캔버스")                                   윈도우 제목 지정
4  canvas = tkinter.Canvas(root, width=400, height=600)        캔버스 컴포넌트 생성
5  canvas.pack()                                               윈도우에 캔버스 배치
6  gazou = tkinter.PhotoImage(file="hyunju.png")               gazou에 이미지 파일 로딩
7  canvas.create_image(200, 300, image=gazou)                  캔버스에 이미지 그리기
8  root.mainloop()                                             윈도우 표시
```

이 프로그램을 실행하면 캔버스에 이미지가 표시됩니다.

그러면 이미지 로딩과 그리기에 관해 설명합니다. 6번 행 PhotoImage() 명령에서 'file=파일 명'으로 이미지 파일을 지정하고 변수 gazou에 이미지를 로드합니다.

7번 행 create_image() 명령의 인수는 이미지를 그릴 X 좌표와 Y 좌표, image='이미지를 로딩한 변수'입니다. **create_image()** 명령에 지정한 X 좌표,

그림 6-4-2 list0604_2.py 실행 결과

Y 좌표는 이미지의 중점임에 주의합니다. 예를 들어, canvas.create_image(0, 0, image=gazou) 라고 입력하면 캔버스 원점인 왼쪽 상단 모서리를 이미지의 중점으로 지정하기 때문에 이미지의 일부만 보이게 됩니다.

> 캔버스에는 선을 그리거나 사각형 혹은 원과 같은 도형을 그릴 수도 있어요. 이러한 그리기 명령은 이 장 마지막 칼럼에서 설명할게요.

제비뽑기 프로그램 만들기

이 장에서 학습한 라벨, 버튼, 캔버스를 사용해 제비뽑기 프로그램을 만듭니다.

>>> 화면 레이아웃

게임 개발에서는 가장 먼저 화면 구성을 고려합니다. 게임과 관계없이 소프트웨어를 개발하는 경우에는 간단한 형태라도 좋으니, 가장 먼저 화면 레이아웃을 고려해 두면 개발을 보다 원활하게 진행할 수 있습니다. 이번에 만들 제비뽑기 소프트웨어는 다음과 같은 화면으로 구성됩니다.

그림 6-5-1 제비뽑기 소프트웨어 레이아웃 스케치

첫 번째 GUI 소프트웨어 개발이므로 버튼을 누르면 '길'이나 '흉'이 랜덤으로 표시되는 간단한 게임을 만들어 봅니다. 문자 표시만으로는 재미가 없으니 '제비를 뽑아주세요!'라는 캐릭터 이미지 'miko.png'를 함께 사용합니다. 이미지 파일은 깃헙 페이지에서 다운로드할 수 있습니다. 다운로드한 **이미지 파일은 예제 코드와 같은 폴더에 넣어 주세요.**

miko.png'는 깃헙 페이지에서
다운로드할 수 있습니다.

>>> 단계 1: 이미지 표시

앱은 총 3단계로 제작합니다. 가장 먼저 캔버스를 배치하고 이미지를 표시합니다. 윈도우 크기는 변경하지 않는 편이 나으므로, 앞 절에서 학습한 이미지 표시 프로그램에 **resizable()** 명령을 추가합니다. resizable() 사용법은 프로그램 동작 확인 후 설명합니다.

다음 프로그램을 입력하고 파일 이름을 붙여 저장한 뒤 실행해 봅니다.

리스트 **list0605_1.py**

```
1  import tkinter                                             tkinter 모듈 임포트
2  root = tkinter.Tk()                                        윈도우 객체 생성
3  root.title("제비뽑기 프로그램")                              윈도우 제목 지정
4  root.resizable(False, False)                               윈도우 크기 고정
5  canvas = tkinter.Canvas(root, width=800, height=600)       캔버스 컴포넌트 생성
6  canvas.pack()                                              윈도우에 캔버스 배치
7  gazou = tkinter.PhotoImage(file="miko.png")                gazou에 이미지 파일 로드
8  canvas.create_image(400, 300, image = gazou)               캔버스에 이미지 그리기
9  root.mainloop()                                            윈도우 표시
```

이 프로그램을 실행하면 다음과 같은 윈도우가 표시됩니다.

그림 6-5-2 **list0605_1.py 실행 결과**

4번 행 resizable() 명령으로 윈도우 크기를 변경하지 못하게 합니다. 첫 번째 인수는 가로 방향 크기 변경 여부, 두 번째 인수는 세로 방향 크기 변경 여부를 의미합니다. 변경 가능한 경우에는 True, 변경 불가능한 경우에는 False로 입력합니다.

⟩⟩⟩ 단계 2: GUI 배치

이번 프로그램에서는 캔버스 상에 라벨과 버튼을 배치할 것이기 때문에 가장 먼저 캔버스를 그렸습니다. 다음으로 라벨과 버튼을 배치합니다. 다음 프로그램을 입력하고 파일 이름을 붙여 저장한 뒤 실행해 봅니다.

리스트 list0605_2.py(※ 이전 프로그램에서 추가한 라벨과 버튼 배치 관련 내용은 마커로 표시)

1	`import tkinter`	tkinter 모듈 임포트
2	`root = tkinter.Tk()`	윈도우 객체 생성
3	`root.title("제비뽑기 프로그램")`	윈도우 제목 지정
4	`root.resizable(False, False)`	윈도우 크기 고정
5	`canvas = tkinter.Canvas(root, width=800, height=600)`	캔버스 컴포넌트 생성
6	`canvas.pack()`	윈도우에 캔버스 배치
7	`gazou = tkinter.PhotoImage(file="miko.png")`	gazou에 이미지 파일 로드
8	`canvas.create_image(400, 300, image=gazou)`	캔버스에 이미지 그리기
9	`label = tkinter.Label(root, text="??", font=("Times New Roman", 120), bg="white")`	라벨 컴포넌트 생성
10	`label.place(x=380, y=60)`	라벨 배치
11	`button = tkinter.Button(root, text="제비뽑기", font=("Times New Roman", 36), fg="skyblue")`	버튼 컴포넌트 생성
12	`button.place(x=360, y=400)`	버튼 배치
13	`root.mainloop()`	윈도우 표시

이 프로그램을 실행하면 다음과 같이 라벨과 버튼이 표시됩니다.

그림 6-5-3 list0605_2.py 실행 결과

9번 행 버튼 컴포넌트를 만드는 코드에서 **fg="skyblue"**와 같이 문자열 색상을 하늘색으로 지정합니다.

> fg는 foreground, bg는 background의 약자예요. 윈도우 PC에서는 'bg=색상'으로 버튼 자체의 색상을 변경할 수 있어요.

〉〉〉 단계 3: 버튼 클릭 시 반응하기

버튼을 클릭할 때 제비뽑기 결과가 표시되도록 합니다. 라벨 문자열을 변경하기 위해 사용하는 **update()** 명령에 관해서는 프로그램 동작 확인 후 설명합니다. 다음 프로그램을 입력하고 파일 이름을 붙여 저장한 뒤 실행해 봅니다.

리스트 **list0605_3.py(※ 이전 프로그램에서 추가한 처리 마커로 표시)**

1	`import tkinter`	tkinter 모듈 임포트
2	`import random`	random 모듈 임포트
3		
4	`def click_btn():`	버튼 클릭 시 실행될 함수 정의
5	`    label["text"] = random.choice(["대길", "중길", "소길", "흉"])`	라벨 문자열 무작위로 변경
6	`    label.update()`	문자 변경 즉시 수행
7		
8	`root = tkinter.Tk()`	윈도우 객체 생성
9	`root.title("제비뽑기 프로그램")`	윈도우 제목 지정
10	`root.resizable(False, False)`	윈도우 크기 고정
11	`canvas = tkinter.Canvas(root, width=800, height=600)`	캔버스 컴포넌트 생성
12	`canvas.pack()`	윈도우에 캔버스 배치
13	`gazou = tkinter.PhotoImage(file="miko.png")`	gazou에 이미지 파일 로드
14	`canvas.create_image(400, 300, image=gazou)`	캔버스에 이미지 그리기
15	`label = tkinter.Label(root, text="??", font=("Times New Roman", 120), bg="white")`	라벨 컴포넌트 생성
16	`label.place(x=380, y=60)`	라벨 배치
17	`button = tkinter.Button(root, text="제비뽑기", font=("Times New Roman", 36), command=click_btn, fg="skyblue")`	버튼 컴포넌트 생성. command 인자로 클릭 시 호출할 함수 지정
	`button.place(x=360, y=400)`	버튼 배치
18	`root.mainloop()`	윈도우 표시
19		

이제 제비뽑기 프로그램이 완성되었습니다. 완성된 화면은 다음과 같습니다.

그림 6-5-4 list0605_3.py 실행 화면

버튼을 누르면 대길, 중길, 소길, 흉 4가지 중 하나가 표시됩니다. 라벨 문자를 변경하는 함수 안에 있는 6번 행 update() 명령으로 라벨의 문자를 버튼을 누르는 즉시 변경합니다. update()를 입력하지 않으면 PC에 따라 버튼을 눌렀을 때 낮은 확률이지만 이전 문자가 그대로 표시되는 경우가 있습니다.

신사에 따라 '대대길'이 있는 등 제비뽑기에는 다양한 종류가 있어요. 오리지널 이미지를 사용하거나 제비 종류를 늘리는 등 새로운 제비뽑기 프로그램을 만들어 보는 것도 좋아요.

캔버스에 도형 표시하기

이전 장까지의 칼럼에서는 게임 업계에 관해서 이야기했습니다. 이 장부터는 칼럼에서 게임 개발에 도움이 되는 프로그래밍 관련 지식을 소개합니다. 이번 칼럼은 캔버스에 도형을 그리는 명령에 관한 설명합니다.

표 6-A 파이썬에서 제공하는 도형 그리기 명령

직선	create_line(x1, y1, x2, y2, fill=색, width=선 굵기) ※ 3번째, 4번째 점 등 여러 점 지정 가능 ※ 3점 이상 지정 시 smootgh=True로 지정하면 곡선을 그립니다.	$(x1, y1)$ $(x2, y2)$
사각형	create_rectangle(x1, y1, x2, y3, fill=내부 색, outline=테두리 색, width=테두리 굵기)	$(x1, y1)$ $(x2, y2)$
타원형	create_oval(x1, y1, x2, y2, fill=내부 색, outline=테두리 색, width=테두리 굵기)	$(x1, y1)$ $(x2, y2)$
다각형	create_polygon(x1, y1, x2, y2, x3, y3, ···, fill=내부 색, outline=테두리 색, width=테두리 굵기) ※ 여러 점 지정 가능	$(x1, y1)$ $(\cdot, \cdot)$ $(x2, y2)$ $(x3, y3)$

※ 정사각형, 직사각형은 프로그램에서는 모두 사각형으로 간주합니다.

이 밖에 원호를 그리는 명령어는 다음과 같습니다.

```
create_arc(x1, y1, x2, y2, fill=내부 색, outline=테두리 색, start=시작 각도,
extent=그릴 횟수, style=tkinter.***)
***에는 PIESLICE, CHORD, ARC를 넣을 수 있습니다. 인수에 따라 어떤 도형이 그려지는지
프로그램에서 확인해 봅니다.
```

문자는 7번 행과 같이 create_text(x, y, text="문자열", fill=색, font=("폰트 명", 크기))로 표시합니다. 그렇다면 프로그램에서 그리기 명령들을 확인해 봅니다.

리스트 column06.py

```
1   import tkinter
2   root = tkinter.Tk()
3   root.title("캔버스에 도형 그리기")
4   root.geometry("500x400")
5   cvs = tkinter.Canvas(root, width=500, height=400, bg="white")
6   cvs.pack()
7   cvs.create_text(250, 25, text="문자열", fill="green", font=("Times New
    Roman", 24))
8   cvs.create_line(30, 30, 70, 80, fill="navy", width=5)
9   cvs.create_line(120, 20, 80, 50, 200, 80, 140, 120, fill="blue",
    smooth=True)
10  cvs.create_rectangle(40, 140, 160, 200, fill="lime")
11  cvs.create_rectangle(60, 240, 120, 360, fill="pink", outline="red",
    width=5)
12  cvs.create_oval(250 - 40, 100 - 40, 250 + 40, 100 + 40, fill="silver",
    outline="purple")
13  cvs.create_oval(250 - 80, 200 - 40, 250 + 80, 200 + 40, fill="cyan",
    width=0)
14  cvs.create_polygon(250, 250, 150, 350, 350, 350, fill="magenta", width=0)
15  cvs.create_arc(400 - 50, 100 - 50, 400 + 50, 100 + 50, fill="yellow",
    start=30, extent=300)
16  cvs.create_arc(400 - 50, 250 - 50, 400 + 50, 250 + 50, fill="gold",
    start=0, extent=120, style=tkinter.CHORD)
17  cvs.create_arc(400 - 50, 350 - 50, 400 + 50, 350 + 50, outline="orange",
    start=0, extent=120, style=tkinter.ARC)
18  cvs.mainloop()
```

※ 원의 중심점이 (x, y), 반지름이 r인 경우 표시 위치 인수를 'x - r, y - r, x + r, y + r'로 지정하면 이해하기 쉽습니다(12번 행).

※ create_arc에서 style을 생략하면 style=tkinter.PIESLICE가 됩니다(15번 행).

이 프로그램을 실행하면 다음 도형이 표시됩니다.

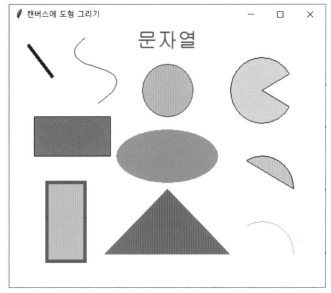

그림 6-A column06.py 실행 결과

프로그램을 변경해서 도형의 크기나 색을 바꾸어 보세요.
또는 컴퓨터 화면의 좌표를 이해하기 위해 도형을 그리는
위치를 변경해 보는 것도 좋아요.

앞 장에 이어서 텍스트 입력 필드 등 GUI 사용법에 관해 설명할게요. GUI를 사용해 진단 게임을 만들면서 개임 개발 지식을 학습해요.

Chapter

7

GUI 기초 ②

7-1 텍스트 입력 필드 배치하기

텍스트 입력을 수행하는 파이썬 GUI에는 Entry라는 1행 입력 필드와 Text라는 여러 행 입력 필드가 있습니다. Lesson 7-1에서는 Entry 사용 방법, Lesson 7-2에서는 Text 사용 방법을 설명합니다.

▶▶▶ 1행 텍스트 입력 필드

1행 텍스트 입력 필드는 **Entry()** 명령으로 만듭니다. 텍스트 입력 필드도 place() 명령으로 배치합니다. 다음 프로그램을 입력하고 파일 이름을 붙여 저장한 뒤 실행해 봅니다.

리스트 list0701_1.py(※ 텍스트 입력 필드 생성 관련 내용 굵게 표시)

```
1  import tkinter                        tkinter 모듈 임포트
2  root = tkinter.Tk()                   윈도우 객체 생성
3  root.title("첫번째 텍스트 입력 필드")    윈도우 제목 지정
4  root.geometry("400x200")              윈도우 크기 고정
5  entry = tkinter.Entry(width=20)       20 문자 크기 입력 필드 컴포넌트 생성
6  entry.place(x=10, y=10)               윈도우에 입력 필드 컴포넌트 배치
7  root.mainloop()                       윈도우 표시
```

이 프로그램을 실행하면 윈도우에 다음과 같은 입력 필드가 배치됩니다. 파이썬에서 GUI 컴포넌트를 만드는 명령의 인수에 사용하는 root는 만들어지는 컴포넌트를 윈도우에 배치하는 경우에는 생략할 수 있으므로 이 프로그램의 Entry()에서는 root를 생략합니다. Entry() 인수 'width = '의 값으로 문자 입력 필드의 크기를 지정합니다.

그림 7-1-1 list0701_1.py 실행 결과

⟫⟫⟫ Entry 내 문자열 조작하기

Entry 내 문자열은 **get()** 명령으로 얻을 수 있습니다. 입력 필드에 문자를 입력하고 버튼을 누르면 그 문자열을 얻는 프로그램을 확인합니다. 다음 프로그램을 입력하고 파일 이름을 붙여 저장한 뒤 실행해 봅니다.

리스트 **list0701_2.py(※ 텍스트 입력 필드의 문자열을 얻어 버튼에 표시하는 처리 관련 내용 굵게 표시)**

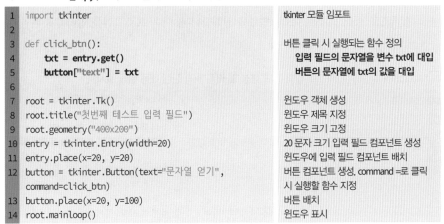

1	`import tkinter`	tkinter 모듈 임포트
2		
3	`def click_btn():`	버튼 클릭 시 실행되는 함수 정의
4	`    txt = entry.get()`	**입력 필드의 문자열을 변수 txt에 대입**
5	`    button["text"] = txt`	**버튼의 문자열에 txt의 값을 대입**
6		
7	`root = tkinter.Tk()`	윈도우 객체 생성
8	`root.title("첫번째 테스트 입력 필드")`	윈도우 제목 지정
9	`root.geometry("400x200")`	윈도우 크기 고정
10	`entry = tkinter.Entry(width=20)`	20 문자 크기 입력 필드 컴포넌트 생성
11	`entry.place(x=20, y=20)`	윈도우에 입력 필드 컴포넌트 배치
12	`button = tkinter.Button(text="문자열 얻기",`	버튼 컴포넌트 생성, command =로 클릭
	`command=click_btn)`	시 실행할 함수 지정
13	`button.place(x=20, y=100)`	버튼 배치
14	`root.mainloop()`	윈도우 표시

이 프로그램을 실행하고 텍스트 입력 필드에 임의의 문자열을 입력한 뒤, 버튼을 클릭하면 버튼에 그 문자열이 표시됩니다.

그림 7-1-2 list0701_2.py 실행 결과

이번 예에서는 사용하지 않았지만, Entry 내 문자열을 삭제할 때는 delete(), 문자열을 삽입할 때는 insert() 명령을 사용할 수 있어요.

7-2 여러 행 텍스트 입력 필드 배치하기

여러 행 텍스트 입력 필드를 배치하는 Text의 사용 방법을 설명합니다.

여러 행 텍스트 입력 필드

여러 행 텍스트 입력 필드는 **Text()** 명령을 실행합니다. 다음 프로그램을 입력하고 파일 이름을 붙여 저장한 뒤 실행해 봅니다.

리스트 list0702_1.py(※ 텍스트 입력 필드 생성 및 배치 처리 관련 내용 굵게 표시)

1	`import tkinter`	tkinter 모듈 임포트
2		
3	`def click_btn():`	버튼 클릭 시 실행되는 함수 정의
4	`    text.insert(tkinter.END, "몬스터가 나타났다!")`	텍스트 입력 필드 마지막에 문자열 추가
5		
6	`root = tkinter.Tk()`	윈도우 객체 생성
7	`root.title("여러 행 텍스트 입력")`	윈도우 제목 지정
8	`root.geometry("400x200")`	윈도우 크기 고정
9	`button = tkinter.Button(text="메시지",` `command=click_btn)`	버튼 컴포넌트 생성, command =로 클릭 시 실행할 함수 지정
10	`button.pack()`	버튼 배치
11	**`text = tkinter.Text()`**	**여러 행 텍스트 입력 필드 컴포넌트 생성**
12	**`text.pack()`**	**입력 필드 컴포넌트 배치**
13	`root.mainloop()`	윈도우 표시

이 프로그램을 실행하면 버튼과 여러 행 텍스트 입력 필드가 표시됩니다. 버튼을 클릭하면 입력 필드에 '몬스터가 나타났다!'라는 문자열이 추가됩니다.

그림 7-2-1 list0702_1.py 실행 결과

이 프로그램에서는 Text() 명령으로 만든 입력 필드를 pack() 명령으로 배치했습니다. place() 명령을 사용하는 경우, 입력 필드의 배치 위치와 사이즈를 적절하게 지정합니다. 크기는 place() 명령의 인수인 'width=', 'height='로 지정할 수 있습니다.

```
text = tkinter.Text()
text.place(x=20, y=50, width=360, height=120)
```

텍스트 입력 필드에는 4번 행과 같이 **insert()** 명령으로 문자열을 추가할 수 있습니다. insert() 명령의 인수는 문자열을 추가할 위치 및 추가할 문자열입니다. 이번에 문자열을 추가할 위치는 **tkinter.END로 입력 필드의 가장 마지막으로 지정**했습니다.

Text에 입력된 문자열을 얻을 때는 Entry 프로그램에서 사용했던 get() 명령으로 'get(시작 위치, 종료 위치)'를 사용합니다. 입력 필드의 문자열을 삭제하려면 'delete(시작 위치, 종료 위치)'를 사용합니다.

예를 들면, 입력 필드의 전체 문자열을 얻는 경우에는 get("1.0", "end-1c")로 합니다. "1.0"은 1행 0번째 문자(즉, 첫번째 문자)라는 의미입니다. "end-1c"는 "end"만으로는 가장 마지막의 다음 위치가 되므로 거기에서 1 문자 앞이라는 의미입니다. Text의 문자 위치 지정은 상당히 복잡하기 때문에 지금 바로 이해하지 않더라도 괜찮습니다.

이후 본격적으로 GUI를 사용한 소프트웨어를 개발하고자 하는 분에게 드리는 정보예요. 대량의 문자열을 다루는 소프트웨어에서 **스크롤 바(scroll bar)가 포함된 텍스트 입력 필드**를 사용해야 하는 경우에는 **ScrolledText()**라는 명령어로 컴포넌트를 배치할 수 있어요. ScrolledText() 사용 방법은 기본적으로 앞에서 사용한 Text()와 같아요. ScrolledText()를 사용하려면 tkinter.scrolledtext 모듈을 임포트해야 해요.

체크 버튼 배치하기

텍스트 입력 필드 다음은 체크 버튼(check button) 사용 방법을 설명합니다. **체크 버튼은 항목 선택 시 사용하는 작은 사각형으로 일반적으로 체크 박스(check box)라고 부르기도 합니다.** 여기에 체크하면 v 표시가 나타납니다.

이 책에서는 파이썬 명령어에 맞춰 체크 박스가 아니라 체크 버튼으로 통일해서 표기합니다.

>>> 체크 버튼 배치하기

체크 버튼은 **Checkbutton()** 명령으로 만듭니다. 다음 프로그램을 입력하고 파일 이름을 붙여 저장한 뒤 실행해 봅니다.

리스트 **list0703_1.py(※ 체크 버튼 생성과 배치 관련 내용은 굵게 표시)**

```
1  import tkinter                                    tkinter 모듈 임포트
2  root = tkinter.Tk()                               윈도우 객체 생성
3  root.title("체크 버튼 다루기")                       윈도우 제목 지정
4  root.geometry("400x200")                          윈도우 크기 고정
5  cbtn = tkinter.Checkbutton(text="체크 버튼")        체크 버튼 컴포넌트 생성
6  cbtn.pack()                                       체크 버튼 컴포넌트 배치
7  root.mainloop()                                   윈도우 표시
```

이 프로그램을 실행하면 다음과 같은 체크 버튼이 배치됩니다. □를 클릭하면 v 표시가 되면서 선택되는 것을 확인합니다.

그림 7-3-1 list0703_1.py 실행 결과

>>> 체크 여부 확인하기

체크 버튼의 체크 여부를 확인하기 위해서는 다소 복잡한 코드를 작성해야 합니다. 체크 여부는 **BooleanVar()** 명령을 사용해 확인하므로 먼저 해당 명령의 사용 방법을 설명합니다. 체크 버튼을 체크한 상태로 만들어 봅니다. 다음 프로그램을 입력하고 파일 이름을 붙여 저장한 뒤 실행해 봅니다.

리스트 list0703_2.py(※ BooleanVar()를 사용한 관련 내용은 굵게 표시)

```
1  import tkinter
2  root = tkinter.Tk()
3  root.title("처음부터 체크된 상태 만들기")
4  root.geometry("400x200")
5  cval = tkinter.BooleanVar()
6  cval.set(True)
7  cbtn = tkinter.Checkbutton(text="체크 버튼", variable=cval)
8  cbtn.pack()
9  root.mainloop()
```

	tkinter 모듈 임포트
	윈도우 객체 생성
	윈도우 제목 지정
	윈도우 크기 고정
	BooleanVar() **객체 준비**
	객체 True **설정**
	체크 버튼 컴포넌트 생성
	체크 버튼 컴포넌트 배치
	윈도우 표시

이 프로그램을 실행하면 다음과 같이 체크된 상태의 체크 버튼이 표시됩니다.

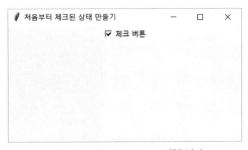

그림 7-3-2 list0703_2.py 실행 결과

5번 행에서 BooleanVar() 명령으로 객체를 생성하고 6번 행에서 객체를 True로 설정합니다. True면 체크를 한 상태, False면 체크를 하지 않은 상태입니다. 7번 행에서 체크 버튼을 만들면서 'variable='로 BooleanVar()로 생성한 객체를 지정합니다. 이제 BooleanVar() 객체가 체크 버튼과 연결됩니다.

그다음 체크 여부를 확인합니다. 확인할 때는 BooleanVar() 객체에 대해 get() 메서드를 사용합니다. 다음 프로그램을 입력하고 파일 이름을 붙여 저장한 뒤 실행해 봅니다.

리스트 list0703_3.py(※ 이전 프로그램에 추가 부분 마커로 표시)

1	`import tkinter`	tkinter 모듈 임포트
2		
3	`def check():`	체크 버튼 클릭 시 실행하는 함수 정의
4	`    if cval.get() == True:`	체크되어 있다면
5	`        print("체크되어 있습니다")`	'체크되어 있습니다' 출력
6	`    else:`	그렇지 않다면
7	`        print("체크되어 있지 않습니다")`	'체크되어 있지 않습니다' 출력
8		
9	`root = tkinter.Tk()`	윈도우 객체 생성
10	`root.title("체크 상태 확인")`	윈도우 제목 지정
11	`root.geometry("400x200")`	윈도우 크기 고정
12	`cval = tkinter.BooleanVar()`	BooleanVar() 객체 준비
13	`cval.set(False)`	객체 False 설정
14	`cbtn = tkinter.Checkbutton(text="체크 버튼",`	체크 버튼 컴포넌트 생성, 'command='로
	`variable=cval, command=check)`	클릭 시 실행할 함수 지정
15	`cbtn.pack()`	체크 버튼 컴포넌트 배치
16	`root.mainloop()`	윈도우 표시

이 프로그램을 실행하고 체크 버튼을 클릭하면 셸 윈도우에 체크 상태가 출력됩니다. 체크 및 해제를 반복하며 동작을 확인합니다.

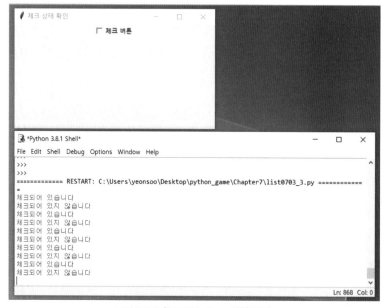

그림 7-3-3 list0703_3.py 실행 결과

14번 행에서 체크 버튼을 생성하면서 클릭 시 실행할 함수를 'command='로 지정했습니다. 이는 버튼 클릭 시 처리에서 학습한 것과 동일합니다. 체크 버튼의 체크 여부를 확인하기 위해서는 4번 행과 같이 BooleanVar() 객체의 get() 명령을 사용합니다.

체크 버튼 사용 방법은 처음에는 좀 어려울 수도 있어요. 당장은 이해되지 않더라도 Lesson 7-5의 진단 게임 만들기에서 체크 버튼을 사용하니 그때 복습하도록 해요.

7-4 메시지 박스 표시하기

메시지 박스를 사용하면 화면에 메시지를 표시할 수 있습니다. 이 절에서는 메시지 박스 사용 방법을 설명합니다.

>>> 메시지 박스 사용 방법

메시지 박스를 사용하기 위해서는 **tkinter.messagebox** 모듈을 임포트합니다. 다음 프로그램을 입력하고 파일 이름을 붙여 저장한 뒤 실행해 봅니다.

리스트 list0704_1.py(※ 이전 프로그램에 추가한 부분 굵게 표시)

```
1   import tkinter                                          tkinter 모듈 임포트
2   import tkinter.messagebox                               tkinter.messagebox 모듈 임포트
3
4   def click_btn():                                        함수 정의
5       tkinter.messagebox.showinfo("정보", "버튼을 눌렀습니     메시지 박스 표시
    다")
6
7   root = tkinter.Tk()                                     윈도우 객체 생성
8   root.title("첫번째 메시지 박스")                            윈도우 제목 지정
9   root.geometry("400x200")                                윈도우 크기 고정
10  btn = tkinter.Button(text="테스트", command=click_btn)    버튼 생성, 클릭 시 실행할 함수 지정
11  btn.pack()                                              버튼 배치
12  root.mainloop()                                         윈도우 표시
```

이 프로그램을 실행하고 윈도우 상의 버튼을 클릭하면 메시지 박스가 표시됩니다.

그림 7-4-1 list0704_1.py 실행 결과

이 프로그램에서는 **showinfo()** 명령으로 메시지 박스를 표시합니다. 메시지 박스에는 여러 종류가 있습니다. 메시지 박스를 표시하는 주요 명령어는 다음과 같습니다.

표 7-4-1 **메시지 박스 표시 명령어**

showinfo()	정보를 표시하는 메시지 박스
showwarning()	경고를 표시하는 메시지 박스
showerror()	에러를 표시하는 메시지 박스
askyesno()	'네', '아니오' 버튼이 있는 메시지 박스
askokcancel()	'OK', '취소' 버튼이 있는 메시지 박스

메시지 박스는 8장에서 게임을 만들 때 사용해요. 이 장에서는 사용하지 않지만, GUI에는 이런 명령이 있는 것을 알아 두세요.

진단 게임 만들기

텍스트 입력 필드와 체크 버튼을 사용해 진단 게임을 만듭니다. 게임명은 '고양이 지수 진단 앱'으로 전생에 고양이었는지 진단하는 장난스러운 내용의 게임입니다. 질문과 주석만 바꾸면 예를 들어, '과거의 먹어 본 라멘 종류로 라멘을 좋아하는지 진단한다'와 같이 다양한 주제에 응용할 수 있는 프로그램입니다.

〉〉〉 화면 구성 고려하기

이 절에서 만드는 게임은 질문 리스트를 체크 버튼으로 표시합니다. 나와 맞는다고 생각되는 질문에 체크하고 진단 버튼을 누르면 체크한 수에 따라 주석을 표시합니다. 이번에도 가장 먼저 화면 구성을 고려해 봅니다.

그림 7-5-1 **진단 게임 레이아웃 스케치**

저는 진단 캐릭터 역할을 하는 이미지인 'mina.png'를 사용해요.

이미지 파일은 깃헙 페이지에서 다운로드할 수 있습니다. **이미지 파일은 프로그램과 같은 폴더에 넣습니다.**

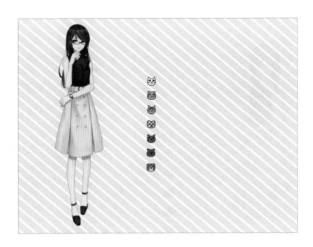

>>> 단계 1: GUI 배치하기

게임은 4단계로 만듭니다. 가장 먼저 이미지를 표시하고 체크 버튼 이외의 GUI를 배치합니다. 다음 프로그램을 입력하고 파일 이름을 붙여 저장한 뒤 실행해 봅니다.

리스트 **list0705_1.py**

```
1   import tkinter
2
3   root = tkinter.Tk()
4   root.title("고양이 지수 진단 게임")
5   root.resizable(False, False)
6   canvas = tkinter.Canvas(root, width=800, height=600)
7   canvas.pack()
8   gazou = tkinter.PhotoImage(file="mina.png")
9   canvas.create_image(400, 300, image=gazou)
10  button = tkinter.Button(text="진단하기", font=("Times New
    Roman", 32), bg="lightgreen")
11  button.place(x=400, y=480)
12  text = tkinter.Text(width=40, height=5, font=("Times New
    Roman", 16))
13  text.place(x=320, y=30)
14  root.mainloop()
```

tkinter 모듈 임포트	
윈도우 객체 생성	
윈도우 제목 지정	
윈도우 크기 고정	
캔버스 컴포넌트 생성	
캔버스 컴포넌트 배치	
이미지 로딩	
이미지 표시	
버튼 컴포넌트 생성	
버튼 배치	
텍스트 입력 필드 컴포넌트 생성	
텍스트 입력 필드 컴포넌트 배치	
윈도우 표시	

이 프로그램을 실행하면 다음과 같은 윈도우가 표시됩니다. 10번 행에서 버튼을 만들 때 bg="lightgreen"으로 버튼색을 지정했습니다. 맥에서는 버튼색 지정을 무시하고 기본색으로만 표시됩니다(집필 시점 파이썬 3.7 기준).

그림 7-5-2 **입력 필드와 버튼 배치**

≫≫ 단계 2: 여러 체크 버튼 배치

다음은 여러 체크 버튼을 for 구문으로 배치합니다. 다음 프로그램을 입력하고 파일 이름을 붙여 저장한 뒤 실행해 봅니다.

리스트 **list0705_2.py**(※ 이전 **프로그램에서 추가, 변경된 부분 마커로 표시**)

1	`import tkinter`	tkinter 모듈 임포트
2		
3	`root = tkinter.Tk()`	윈도우 객체 생성
4	`root.title("고양이 지수 판단 게임")`	윈도우 제목 지정
5	`root.resizable(False, False)`	윈도우 크기 고정
6	`canvas = tkinter.Canvas(root, width=800, height=600)`	캔버스 컴포넌트 생성
7	`canvas.pack()`	캔버스 컴포넌트 배치
8	`gazou = tkinter.PhotoImage(file="mina.png")`	이미지 로딩
9	`canvas.create_image(400, 300, image=gazou)`	이미지 표시
10	`button = tkinter.Button(text="진단하기", font=("Times New Roman", 32), bg="lightgreen")`	버튼 컴포넌트 생성
11	`button.place(x=400, y=480)`	버튼 배치
12	`text = tkinter.Text(width=40, height=5, font=("Times New Roman", 16))`	텍스트 입력 필드 컴포넌트 생성

```
13    text.place(x=320, y=30)                                텍스트 입력 필드 컴포넌트 배치
14
15    bvar = [None] * 7                                      BooleanVal 객체용 리스트
16    cbtn = [None] * 7                                      체크 버튼용 리스트
17    ITEM = [                                               체크 버튼 질문 정의
18    "높은 곳이 좋다",
19    "공을 보면 굴리고 싶어진다",
20    "깜짝 놀라면 털이 곤두선다",
21    "쥐구멍이 마음에 든다",
22    "개에게 적대감을 느낀다",
23    "생선 뼈를 발라 먹고 싶다",              ,
24    "밤, 기운이 난다"
25    ]
26    for i in range(7):                                     반복해서 체크 버튼 배치
27        bvar[i] = tkinter.BooleanVar()                       BooleanVar 객체 생성
28        bvar[i].set(False)                                   생성한 객체 초깃값 False 설정
29        cbtn[i] = tkinter.Checkbutton(text=ITEM[i],          체크 버튼 객체 생성
      font=("Times New Roman", 12), variable=bvar[i], bg="#dfe")
30        cbtn[i].place(x=400, y=160 + 40 * i)                 체크 버튼 배치
31    root.mainloop()                                        윈도우 표시
```

이 프로그램을 실행하면 다음과 같이 7개의 체크 버튼이 배치됩니다.

그림 7-5-3 **체크 버튼 배치**

15번 행과 16번 행에 입력한 내용은 각각 'bvar = [None] * 7', 'cbtn = [None] * 7'입니다. 파이썬에서 **None**은 아무것도 존재하지 않음을 의미하는 값입니다. bvar는 생성한 BooleanVar 객체를 담기 위한 리스트이며, 아무것도 들어 있지 않은 상자 7개를 준비합니다. cbtn은 생성한 체크 버튼을 담기 위한 리스트이며, 역시 아무것도 들어 있지 않은 상자 7개를 준비합니다. 파이썬에서는 이처럼 애스터리스크(∗)를 사용해 리스트 상자(엘리먼트)를 임의 개수만큼 준비할지 설정할 수 있습니다.

27번 행과 29번 행에서 bvar와 cbtn 상자의 내용(실체)을 정합니다. 29번 행의 체크 버튼을 생성하는 코드에서는 bg="#dfe"로 문자의 배경색을 16진수로 지정했습니다. 16진수를 사용한 색 지정은 이 장 마지막의 칼럼에서 설명합니다.

> 처음엔 **리스트와 반복을 사용해 여러 GUI를 만드는 것**이 어려울 수도 있지만, 본격적인 프로그래밍에서는 이렇게 **효율적인 프로그래밍**을 할 필요가 있어요. 설명과 실행 화면을 확인하면서 큰 이미지를 그려 보세요.

≫≫≫ 단계 3: 체크된 버튼 얻기

체크되어 있는 항목을 얻는 처리를 추가합니다. 다음 프로그램을 입력하고 파일 이름을 붙여 저장한 뒤 실행해 봅니다.

리스트 **list0705_3.py(※ 이전 프로그램에서 추가, 변경된 부분 마커로 표시)**

```
1  import tkinter                                          tkinter 모듈 임포트
2
3  def click_btn():                                        버튼 클릭 시 실행할 함수 정의
4      pts = 0                                             체크한 버튼 확인 변수
5      for i in range(7):                                  반복 시행
6          if bvar[i].get() == True:                       체크되어 있다면
7              pts = pts + 1                               변수값 1 증가
8      text.delete("1.0", tkinter.END)                     입력 필드 문자열 삭제
9      text.insert("1.0", "체크된 수는 " + str(pts))        입력 필드에 숫자값 대입
10
11 root = tkinter.Tk()                                      윈도우 객체 생성
12 root.title("고양이 지수 진단 게임")                         윈도우 제목 지정
13 root.resizable(False, False)                             윈도우 크기 고정
14 canvas = tkinter.Canvas(root, width=800, height=600)    캔버스 컴포넌트 생성
15 canvas.pack()                                           캔버스 컴포넌트 배치
16 gazou = tkinter.PhotoImage(file="mina.png")             이미지 로딩
17 canvas.create_image(400, 300, image=gazou)              이미지 표시
```

```
18  button = tkinter.Button(text="진단하기", font=("Times New
    Roman", 32), bg="lightgreen", command=click_btn)
19  button.place(x=400, y=480)
20  text = tkinter.Text(width=40, height=5, font=("Times New
    Roman", 16))
21  text.place(x=320, y=30)
22
23  bvar = [None] * 7
24  cbtn = [None] * 7
25  ITEM = [
26      "높은 곳이 좋다",
27      "공을 보면 굴리고 싶어진다",
28      "깜짝 놀라면 털이 곤두선다",
29      "쥐구멍이 마음에 든다",
30      "개에게 적대감을 느낀다",
31      "생선 뼈를 발라 먹고 싶다",
32      "밤, 기운이 난다"
33  ]
34  for i in range(7):
35      bvar[i] = tkinter.BooleanVar()
36      bvar[i].set(False)
37      cbtn[i] = tkinter.Checkbutton(text = ITEM[i], font =
    ("Times New Roman", 12), variable = bvar[i], bg = "#dfe")
38      cbtn[i].place(x = 400, y = 160 + 40 * i)
39  root.mainloop()
```

줄	설명
18	버튼 컴포넌트 생성
19	버튼 배치
20	텍스트 입력 필드 컴포넌트 생성
21	텍스트 입력 필드 컴포넌트 배치
23	BooleanVar 객체용 리스트
24	체크 버튼용 리스트
25	체크 버튼 질문 정의
34	반복해서 체크 버튼 배치
35	BooleanVar 객체 생성
36	생성한 객체 초깃값 False 설정
37	체크 버튼 객체 생성
38	체크 버튼 배치
39	윈도우 표시

이 프로그램을 실행하고 몇 가지 항목을 체크한 뒤 '진단하기'를 누르면 체크한 텍스트 입력 필드에 표시됩니다.

그림 7-5-4 **체크된 수 표시**

5~7번 행의 반복과 조건 분기로 체크된 항목의 수를 셉니다. 8번 행의 delete() 명령으로 텍스트 입력 필드 내 문자열이 없는 상태로 만든 뒤, 9번 행의 insert() 명령으로 입력 필드에 문자열을 대입합니다.

〉〉〉 단계 4: 주석 출력하기

버튼을 누르면 체크한 수에 맞춰 주석을 출력합니다. 다음 프로그램을 입력하고 파일 이름을 붙여 저장한 뒤 실행해 봅니다.

리스트 **list0705_4.py**(※ 이전 **프로그램에서 추가, 변경된 부분 마커로 표시**)

1	`import tkinter`	tkinter 모듈 임포트
2		
3	`KEKKA = [`	진단 결과 주석을 리스트로 정의
4	`    "전생에 고양이었을 가능성은 매우 낮습니다.",`	
5	`    "보통 사람입니다.",`	
6	`    "특별히 이상한 곳은 없습니다.",`	
7	`    "꽤 고양이다운 구석이 있습니다.",`	
8	`    "고양이와 비슷한 성격 같습니다.",`	
9	`    "고양이와 근접한 성격입니다.",`	

```python
10          "전생에 고양이었을지도 모릅니다.",
11          "겉모습은 사람이지만, 속은 고양이일 가능성이 있습니다."
12      ]
13  def click_btn():
14      pts = 0
15      for i in range(7):
16          if bvar[i].get() == True:
17              pts = pts + 1
18      nekodo = int(100 * pts / 7)
19      text.delete("1.0", tkinter.END)
20      text.insert("1.0", "〈진단결과〉\n당신의 고양이 지수는
    " + str(nekodo) + "%입니다 . \n" + KEKKA[pts])
21
22  root = tkinter.Tk()
23  root.title("고양이 지수 판정 게임")
24  root.resizable(False, False)
25  canvas = tkinter.Canvas(root, width=800, height=600)
26  canvas.pack()
27  gazou = tkinter.PhotoImage(file="mina.png")
28  canvas.create_image(400, 300, image=gazou)
29  button = tkinter.Button(text="진단하기", font=("Times New
    Roman", 32), bg="lightgreen", command=click_btn)
30  button.place(x=400, y=480)
31  text = tkinter.Text(width=40, height=5, font=("Times New
    Roman", 16))
32  text.place(x=320, y=30)
33
34  bvar = [None] * 7
35  cbtn = [None] * 7
36  ITEM = [
37      "높은 곳이 좋다",
38      "공을 보면 굴리고 싶어진다",
39      "깜짝 놀라면 털이 곤두선다",
40      "쥐구멍이 마음에 든다",
41      "개에게 적대감을 느낀다",
42      "생선 뼈를 발라 먹고 싶다",
43      "밤, 기운이 난다"
44  ]
45  for i in range(7):
46      bvar[i] = tkinter.BooleanVar()
47      bvar[i].set(False)
48      cbtn[i] = tkinter.Checkbutton(text=ITEM[i],
    font=("Times New Roman", 12), variable=bvar[i],
    bg="#dfe")
49      cbtn[i].place(x=400, y=160 + 40 * i)
50  root.mainloop()
```

코드	설명
13	버튼 클릭 시 실행할 함수 정의
14	체크한 버튼 확인 변수
15	반복 시행
16	체크되어 있다면
17	변수값 1 증가
18	'고양이 지수' 계산, 소수점은 버림
19	입력 필드 문자열 삭제
20	입력 필드에 숫자값 대입
22	윈도우 객체 생성
23	윈도우 제목 지정
24	윈도우 크기 고정
25	캔버스 컴포넌트 생성
26	캔버스 컴포넌트 배치
27	이미지 로딩
28	이미지 표시
29	버튼 컴포넌트 생성
30	버튼 배치
31	텍스트 입력 필드 컴포넌트 생성
32	텍스트 입력 필드 컴포넌트 배치
34	BooleanVal 객체용 리스트
35	체크 버튼용 리스트
36	체크 버튼 질문 정의
45	반복해서 체크 버튼 배치
46	BooleanVar 객체 생성
47	생성한 객체 초깃값 False 설정
48	체크 버튼 객체 생성
49	체크 버튼 배치
50	윈도우 표시

이것으로 진단 게임이 완성되었습니다. 프로그램을 실행하고 해당한다고 생각하는 항목을 체크한 뒤, '진단하기'를 클릭해 봅니다. 체크 수에 따라 주석이 출력됩니다.

그림 7-5-5 **진단 게임 완성**

18번 행 'nekodo = int(100 * pts / 7)'을 사용해 체크된 버튼 수로부터 '고양이 지수' 값을 구합니다. 체크 항목은 모두 7개이므로 모두 체크한 경우에는 100 × 7 / 7 = 100%, 하나만 체크한 경우에는 100 × 1 / 7 = 14%로 계산됩니다. **int()**는 값을 정수로 바꾸는 명령이므로 100 * pts / 7의 값이 소수이면 소수점 이하는 버린 뒤 nekodo에 정수 값을 넣습니다.

20번 행에서 텍스트 입력 필드에 주석을 넣습니다. 주석에 있는 **₩n은 줄바꿈 부호**로 이 위치에서 문자열의 행을 바꿉니다. ₩은 사용하는 PC나 텍스트 에디터에 따라 백슬래시 (\)로 표시됩니다.

복습이기는 하나 파이썬에서는 문자열과 수치를 직접 연결할 수 없으므로 20번 행에 있는 str() 명령으로 변수 nekodo 값을 문자열로 변환합니다.

새로운 질문과 주석, 이미지를 준비해 다른 내용의 진단 게임을 만들 수 있어요. 이 프로그램을 개선해 오리지널 진단 게임을 만들어 보는 것은 어떨까요?

체크 버튼 사용 방법이 어려울지도 모르지만, 조금씩 이해해 나가도록 해요.

저도 처음에는 체크 유무를 확인하는 처리를 이해하는 데 꽤 고생했거든요.

근데 현주 씨, 분명 고양이 좋아했죠?

네, 저 정말 고양이 좋아해요. 이 게임으로 제가 전생에 고양이였을지도 모른다는 걸 알았어요. 강아지를 좋아하시는 분들이라면 강아지 지수 진단 게임으로 바꿔보는 것은 어떨까요?

RGB 값을 사용한 색 지정

파이썬에서 색 지정은 앞서 학습한 것처럼 red 혹은 white 등 영단어로 지정하는 방법과 **16진수 RGB 값으로 지정하는 방법**이 있습니다. 여기에서는 16진수로 지정하는 방법을 설명합니다.

우선 빛의 삼원색에 관해 알아봅니다.

빨강, 초록, 파랑을 빛의 삼원색이라고 부릅니다. 빛의 빨강과 초록을 섞으면 노랑, 빨강과 파랑을 섞으면 분홍(마젠타, magenta), 초록과 파랑을 섞으면 하늘색(시안, cyan)이 됩니다. 빨강, 초록, 파랑을 섞으면 흰색이 됩니다. 빛의 강하기가 약한(=어두운 색) 경우, 섞은 색도 그만큼 어두운 색이 됩니다.

컴퓨터에서는 빨강(Red) 빛의 세기, 초록(Green) 빛의 세기, 파랑(Blue) 빛의 세기를 각각 0~255 단계의 숫자로 표시합니다. 예를 들어, 밝은 빨강은 R=255, 어두운 빨강은 R=128입니다. 어두운 하늘색을 표현하고 싶다면, 'R=0, G=128, B=128'을 사용합니다.

0~255는 우리들이 일상에서 사용하는 10진수 값입니다. 이를 16진수로 변환하면 다음 표와 같습니다.

16진수 a~f는 대문자로 써도 관계없습니다.

RGB 값은 이 16진수를 사용해 **#RRGGBB로 표기**합니다. 예를 들면, 밝은 빨강은 #ff0000, 어두운 초록은 #00ff00, 회색은 #808080으로 표기합니다.

또는 **#RGB로** 빨강, 초록, 파랑을 한 문자씩 사용해서 표현하는 방법도 있습니다. 이 경우 빨강, 초록, 파랑의 값은 256단계가 아닌 16단계가 됩니다. 검정은 #000, 밝은 빨강은 #f00, 회색은 #888, 흰색은 #fff 등으로 지정할 수 있습니다.

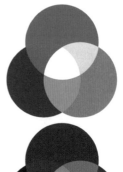

빛이 약하면 섞은 색도 어두워집니다.

그림 7-A **빛의 삼원색**

표 7-A **10진수와 16진수 비교**

10진수	16진수	10진수	16진수
0	00	12	0c
1	01	13	0d
2	02	14	0e
3	03	15	0f
4	04	16	10
5	05	17	11
6	06	:	:
7	07	127	7f
8	08	128	80
9	09	:	:
10	0a	254	fe
11	0b	255	ff

게임 소프트웨어는 항상 키 입력을 받아 화면을 계속해서 변경하며 움직여요. 이를 실시간 처리라고 부르죠. 이 장에서는 파이썬으로 실시간 처리를 수행하는 방법을 학습하고 캐릭터를 움직여서 미로 바닥을 탈출하는 게임을 만들 거예요. 본격적인 게임 개발에 필요한 입력을 학습하도록 하죠.

Chapter

8

기본적인 게임 개발 기술

실시간 처리 구현하기

게임 소프트웨어는 시간과 함께 처리를 진행합니다. 예를 들어, 액션 게임에서는 사용자가 아무것도 하지 않아도 적 캐릭터는 화면 위를 돌아다니며, 배경의 구름이 흐르거나 수면이 움직입니다. 제한 시간이 있는 게임이라면 남은 시간이 줄어들기도 합니다. 시간 축에 따라 처리가 진행되는 소프트웨어는 **실시간 처리**를 수행하며, 이는 게임 제작에 있어 없어서는 안 될 입력입니다. 그렇다면 파이썬으로 실시간 처리를 수행하는 방법을 학습합니다.

⫸ after() 명령 사용하기

파이썬에서는 **after()** 명령으로 실시간 처리를 수행할 수 있습니다. 숫자를 자동으로 세는 프로그램을 확인하고 실시간 처리 이미지와 연결해 봅니다. 다음 프로그램을 입력하고 파일 이름을 붙여 저장한 뒤 실행해 봅니다.

리스트 **list0801_1.py**

```python
1   import tkinter
2   tmr = 0  # type: int
3   def count_up():
4       global tmr
5       tmr = tmr + 1
6       label["text"] = tmr
7       root.after(1000, count_up)
8
9   root = tkinter.Tk()
10  label = tkinter.Label(font=("Times New Roman", 80))
11  label.pack()
12  root.after(1000, count_up)
13  root.mainloop()
```

	tkinter 모듈 임포트
	시간 카운트 변수 tmr 선언 # 타입: 정수(int)
	실시간 처리 수행 함수 정의
	tmr을 전역 변수로 취급하기 위한 선언
	tmr 값 1 증가
	라벨에 tmr 값 표시
	1초 후 다시 이 함수 실행
	윈도우 객체 생성
	라벨 컴포넌트 생성
	라벨 컴포넌트 배치
	1초 후 지정한 함수 호출
	윈도우 표시

이 프로그램을 실행하면 윈도우에 표시된 숫자가 1초마다 증가합니다.

그림 8-1-1 list0801_1.py 실행 결과

4번 행의 **global**은 함수 밖에서 정의한 변수값을 함수 안에서 변경할 때 사용하는 명령으로 142페이지에서 자세히 설명합니다.

3~7번 행에서 count_up()이라는 함수를 정의하고 이 함수와 after() 명령으로 실시간 처리를 수행합니다. after() 명령 서식은 다음과 같습니다.

서식 **after() 명령**

```
after(밀리초, 실행할 함수명)
```

인수는 '몇 밀리초 후'에 '어떤 함수를 실행하는가'를 결정합니다. **after() 명령의 인수에 입력하는 함수명 뒤에는 ()를 붙이지 않습니다.**

count_up() 함수는 변수 tmr을 1씩 증가시키면서 그 값을 라벨에 표시합니다. 이 프로그램을 실행하면 먼저 12번 행 after() 명령에서 count_up()을 호출합니다. count_up() 함수 안에도 7번 행과 같이 after() 명령을 입력했으므로 1초 후 다시 count_up()이 호출됩니다. 이 처리를 그림으로 표시하면 다음과 같습니다.

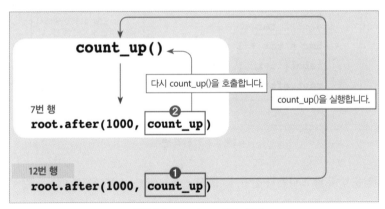

그림 8-1-2 count_up 함수 처리

이 프로그램의 동작을 6장 '제비뽑기', 7장 '진단 게임'과 비교해 봅니다. 제비뽑기, 진단 게임은 모두 버튼을 눌러야 처음 결과가 표시되고 버튼을 누르지 않는 한 화면에 변화가 없고 아무런 처리도 진행되지 않습니다. 사용자가 무언가를 해야만 처리가 이루어지는 것을 **이벤트 드리븐(event-driven) 방식** 혹은 이벤트 구동 방식 소프트웨어라고 부릅니다.

이번 프로그램에는 12번 행에 간단히 count_up()이라고만 입력해도 실시간 처리가 시작됩니다. 이 경우 윈도우가 표시되기 직전에 첫 번째 count_up()이 실행됩니다. 실시간 처리를 수행하는 함수를 첫 번째 호출한 뒤 after()를 사용하는 것이 좋은지 아닌지는 처리하는 내용에 따라 달라질 수 있습니다.

⟩⟩⟩ 전역 변수와 지역 변수

함수 외부에서 선언한 변수를 **전역 변수(global variable)**, 함수 내부에서 선언한 변수를 **지역 변수(local variable)**라고 부릅니다. 파이썬에서는 함수 안에서 전역 변수 값을 변경할 때 해당 변수를 **global이라고 선언**해 주어야 합니다.

이번 프로그램에서 변수 tmr은 전역 변수입니다. tmr 값을 count_up() 안에서 증가시키므로 다음과 같이 입력합니다.

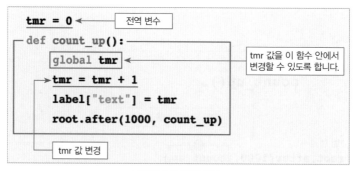

그림 8-1-3 **전역 변수**

global 선언을 하지 않고 다음과 같이 입력하면 tmr = tmr + 1 부분에서 에러가 발생합니다.

```
tmr = 0
def count_up():
    tmr = tmr + 1
    label["text"] = tmr
    root.after(1000, count_up)
```

또한, 다음과 같이 입력하면 함수 안에서 선언한 tmr은 지역 변수가 되어 이 함수를 부를 때마다 값이 0이 됩니다. 때문에 시간이 지나도 라벨의 표시는 1인 채로 변하지 않습니다.

```
def count_up():
    tmr = 0;
    tmr = tmr + 1;
    label["text"] = tmr
    root.after(1000, count_up()
```

전역 변수 값은 프로그램이 종료될 때까지 보존되지만, 함수 내 지역 변수 값은 그 함수를 호출할 때마다 초기화됩니다. 이는 많은 프로그래밍 언어에 공통되는 중요한 규칙들 중 하나이므로 반드시 기억하도록 합니다.

파이썬의 전역 변수에는 또 한 가지 특징이 있습니다. 함수 내에서 그 값을 참조만 하는 경우라면 global로 선언할 필요가 없습니다. 예를 들어, 다음 프로그램에서는 함수 내에서 orange, apple 값을 변경하지 않으므로 이 두 변수를 global로 선언할 필요는 없습니다.

```
orange = 50
apple = 120
def total_price():
    print(orange + apple)
```

또한, 함수 외부에서 선언한 리스트를 함수 내에서 다루는 경우 global로 선언할 필요가 없습니다. 리스트의 각 엘리먼트는 어떤 함수에서도 global로 선언하지 않고 값을 바꿀 수 있습니다.

> **MEMO**
>
> 실제로 함수 외부에서 선언한 '리스트 전체를 함수 안에서 변경하는 경우에는 그 리스트를 global로 선언'할 필요가 있지만, 이는 프로그래밍 초보자가 이해하기 어려운 특징이므로 현시점에서는 리스트의 global 선언에 관해 이해하지 않아도 문제없습니다.

상당히 많은 프로그래밍 지식을 한 번에 설명했기에 어렵다고 느끼는 분들도 있을 것입니다. after()나 global은 이후에도 계속 등장하므로 바로 이해하지 못해도 이후 프로그램을 통해 조금씩 이해해 나가도록 합니다.

global 선언은 파이썬의 고유한 특징이예요. 함수 안에서 전역 변수를 변경할 때 global 선언을 하지 않으면 에러가 발생하거나 프로그램이 오동작할 수 있어요. global 사용법에 익숙해지는 것이 좋아요.

키 입력 받기

게임 소프트웨어에서는 어떤 키를 눌렀는지 판단해 그 키 값에 따라 캐릭터를 움직입니다.
키를 누른 것을 바로 알 수 있는 프로그램 작성 방법을 설명합니다.

>>> 이벤트에 관해

사용자가 소프트웨어에 대해 키나 마우스를 조작하는 것을 **이벤트(event)**라고 부릅니다.
예를 들어, 윈도우에 있는 이미지를 클릭한 경우에는 '이미지에 대한 클릭 이벤트가 발생
했다'고 표현합니다.

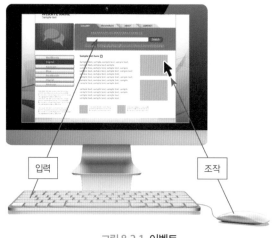

입력 조작

그림 8-2-1 **이벤트**

>>> bind() 명령 사용하기

파이썬에서 이벤트를 받을 때는 **bind()** 명령을 사용합니다. 키 이벤트를 얻어 어떤 키를
눌렀는지 확인하는 프로그램을 확인해 봅니다. bind() 명령 사용 방법은 동작 확인 후 설
명합니다. 다음 프로그램을 입력하고 파일 이름을 붙여 저장한 뒤 실행해 봅니다.

리스트 **list0802_1.py**

```
1   import tkinter                              tkinter 모듈 임포트
2   key = 0                                     키 코드 입력 변수 선언
3   def key_down(e):                            키를 눌렀을 때 실행할 함수 정의
4       global key                              key를 전역 변수로 선언
5       key = e.keycode                         눌려진 키의 코드를 key에 대입
6       print("KEY:" + str(key))                셀 윈도우에 key 값 출력
7
8   root = tkinter.Tk()                         윈도우 객체 생성
9   root.title("키 코드 얻기")                    윈도우 제목 지정
10  root.bind("<KeyPress>", key_down)           bind() 명령으로 키를 눌렀을 때 실행할 함수 지정
11  root.mainloop()                             윈도우 표시
```

이 프로그램을 실행하면 윈도우에는 아무런 표시가 나타나지 않으나, 키보드 키를 누르면
셀 윈도우에 그 키에 해당하는 값(**키 코드**)이 출력됩니다.

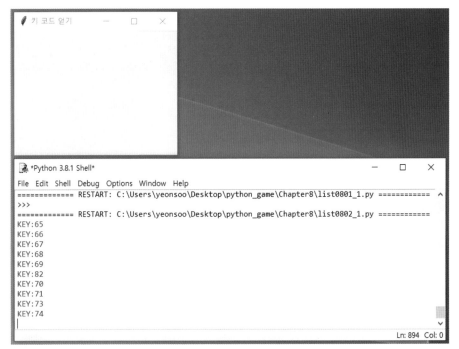

그림 8-2-2 list0802_1.py 실행 결과

>>> bind() 명령을 사용해 얻을 수 있는 이벤트

bind() 명령을 사용할 식은 다음과 같습니다.

식: bind() 명령

```
bind("<이벤트>", 이벤트 발생 시 실행할 함수명)
```

인수의 함수명은 ()을 붙이지 않고 입력합니다.

bind() 명령을 사용해 얻을 수 있는 주요 이벤트는 다음과 같습니다.

표 8-2-1 **주요 이벤트**

<이벤트>	이벤트 상세
<KeyPress> 혹은 <Key>	키를 누름
<KeyRelease>	키를 눌렀다가 뗌
<Motion>	마우스 포인터 움직임
<ButtonPress> 혹은 <Button>	마우스 버튼 클릭

<KeyPress>는 단순히 <Key>, <ButtonPress>는 <Button>으로 입력해도 관계없습니다.

3~6번 행에 입력한 이벤트를 받는 함수를 확인합니다.

```
def key_down(e):
    global key
    key = e.keycode
    print("KEY: " + str(key))
```

인수 e로 이벤트를 얻습니다. 이 함수는 키 이벤트를 받는 함수이므로 **e.keycode**에서 키 코드를 얻습니다. 인수를 'e'라고 표기했지만, def 'key_down(event)'처럼 원하는 변수명을 넣을 수도 있습니다. 이 경우에는 event.keycode가 키 코드값이 됩니다.

> <ButtonPress>는 마우스의 모든 버튼을 감지해요. <Button-1>은 마우스 왼쪽 버튼 클릭만, <Button-2>는 마우스 가운데 버튼 클릭만, <Button-3>는 마우스 오른쪽 버튼 클릭만 감지해요.

키 입력에 따라 이미지 움직이기

Lesson 8-1에서 학습한 실시간 처리, Lesson 8-2에서 학습한 키 이벤트 처리를 동시에 수행하면 화면에 표시된 캐릭터를 키 입력에 따라 움직일 수 있습니다.

>>> 실시간 키 입력

앞 프로그램에서 키 코드를 셸 윈도우에 출력했습니다. 캐릭터를 움직이는 준비 단계로 윈도우 라벨에 키 코드를 표시합니다. 키 입력과 실시간 처리를 동시에 수행하는 프로그램입니다. 다음 프로그램을 입력하고 파일 이름을 붙여 저장한 뒤 실행해 봅니다.

리스트 **list0803_1.py**

```
1  import tkinter                                          tkinter 모듈 임포트
2
3  key = 0                                                 키 코드 입력 변수 선언
4  def key_down(e):                                        키를 눌렀을 때 실행할 함수 정의
5      global key                                          key를 전역 변수로 선언
6      key = e.keycode                                     눌려진 키의 코드를 key에 대입
7
8  def main_proc():                                        실시간 처리를 수행할 함수 정의
9      label["text"] = key                                 라벨에 key 값 표시
10     root.after(100, main_proc)                          after() 명령으로 0.1초 후 실행할 함수 지정
11
12 root = tkinter.Tk()                                     윈도우 객체 생성
13 root.title("실시간 키입력")                               윈도우 제목 지정
14 root.bind("<KeyPress>", key_down)                       bind() 명령으로 키를 눌렀을 때 실행할 함수 지정
15 label = tkinter.Label(font=("Times New Roman", 80))     라벨 컴포넌트 생성
16 label.pack()                                            라벨 컴포넌트 패치
17 main_proc()                                             main_proc() 함수 실행
18 root.mainloop()                                         윈도우 표시
```

이 프로그램을 실행하면 누른 키의 코드가 윈도우에 표시됩니다. 예를 들어, Space 키를 누르면 32가 표시됩니다.

4~6번 행이 키 이벤트를 얻는 함수, 8~10번 행이 실시간 처리를 수행하는 함수입니다. 키 이벤트 얻기는 Lesson 8-2에서 학습한 것과 같이 bind() 명령으로 함수를 지정하고, 실시간 처리는 Lesson 8-1에서 학습한 것과 같이 after() 명령으로 지정합니다. 이 프로그램의 동작을 그림으로 나타내면 다음과 같습니다.

그림 8-3-1 list0803_1.py 실행 결과

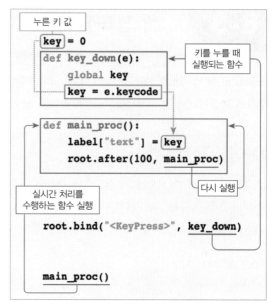

그림 8-3-2 **실시간 키 입력 동작**

》》》 주요 키 코드

파이썬에서 주요 키 코드는 다음과 같습니다.

표 8-3-1 **윈도우 PC에서의 키 코드**

키	키 코드
방향키 ←↑→↓(순서대로)	37, 38, 39, 40
Space 키	32
Enter 키	13
알파벳 A ~ Z	65~90
숫자 0 ~ 9	48~57

표 8-3-2 맥에서의 키 코드(※ 맥에서는 CapsLock 키 ON/OFF 시 알파벳 키 코드가 다릅니다)

키	키 코드
방향키 ←↑→↓(순서대로)	8124162, 8320768, 8189699, 8255233
Space 키	32
Return 키	2359309
알파벳 A ~ Z	65~90
알파벳 a ~ z	97~122
숫자 0 ~ 9	48~57

윈도우 PC와 맥에서는 키 코드가 다릅니다. 예를 들어, 왼쪽 화살표 키를 누른 경우를 판정하기 위해 'if key == 37'을 입력하면 윈도우 PC에서는 판정이 되지만, 맥에서는 판정할 수 없습니다. 'if key == 37 or key == 8124162'라고 입력하면 윈도우와 맥을 동시에 판정할 수 있습니다. 키 코드를 직접 비교하는 방법보다 양쪽 운영체제에서 보다 편리하게 키를 판정하는 방법을 이어 설명합니다.

⟫⟫⟫ keysym 값을 사용해 판정하기

keycode 값이 아닌 **keysym 값**을 얻는 프로그램을 확인합니다. 다음 프로그램을 입력하고 파일 이름을 붙여 저장한 뒤 실행해 봅니다.

리스트 **list0803_2.py**(※ 앞의 list0803_1.py에서 변경한 부분 굵게 표시)

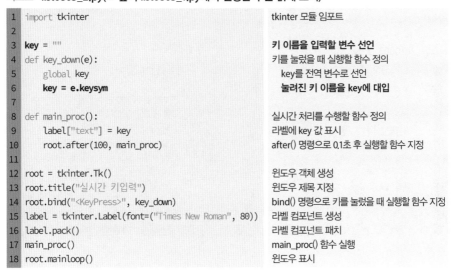

```
1   import tkinter                                          tkinter 모듈 임포트
2
3   key = ""                                                키 이름을 입력할 변수 선언
4   def key_down(e):                                        키를 눌렀을 때 실행할 함수 정의
5       global key                                             key를 전역 변수로 선언
6       key = e.keysym                                       눌려진 키 이름을 key에 대입
7
8   def main_proc():                                        실시간 처리를 수행할 함수 정의
9       label["text"] = key                                 라벨에 key 값 표시
10      root.after(100, main_proc)                          after() 명령으로 0.1초 후 실행할 함수 지정
11
12  root = tkinter.Tk()                                     윈도우 객체 생성
13  root.title("실시간 키입력")                              윈도우 제목 지정
14  root.bind("<KeyPress>", key_down)                       bind() 명령으로 키를 눌렀을 때 실행할 함수 지정
15  label = tkinter.Label(font=("Times New Roman", 80))     라벨 컴포넌트 생성
16  label.pack()                                            라벨 컴포넌트 패치
17  main_proc()                                             main_proc() 함수 실행
18  root.mainloop()                                         윈도우 표시
```

이 프로그램에서는 방향키의 ⬆️를 누르면 Up, ⬇️를 누르면 Down, Space 키를 누르면 space, Enter 키나 return 키를 누르면 Return이라는 문자가 표시됩니다. 다양한 키를 누르면서 어떻게 표시되는지 확인해 봅니다.

그림 8-3-3 list0803_2.py 실행 결과

keysym으로 얻은 키 이름은 윈도우, 맥 공통이므로 키 입력은 keysym 값으로 판정하는 것이 편리합니다.

⟫⟫⟫ 실시간으로 캐릭터 움직이기

윈도우에 표시된 캐릭터를 방향키를 눌러 상하좌우로 움직이는 프로그램을 확인합니다. 새로 등장한 명령은 동작 확인 후 설명합니다. 이번 프로그램에서는 오른쪽 이미지를 사용합니다. 깃헙 페이지에서 다운로드한 이미지 파일을 예제 코드와 같은 폴더에 넣어 주십시오.

mimi.png

다음 프로그램을 입력하고 파일 이름을 붙여 저장한 뒤 실행해 봅니다.

리스트 **list0803_3.py**

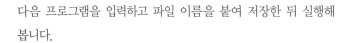

```
1   import tkinter
2
3   key = ""
4   def key_down(e):
5       global key
6       key = e.keysym
7   def key_up(e):
8       global key
9       key = ""
10
11  cx = 400
12  cy = 300
```

tkinter 모듈 임포트	
키 이름을 입력할 변수 선언	
키를 눌렀을 때 실행할 함수 정의	
key를 전역 변수로 선언	
눌려진 키 이름을 key에 대입	
키를 눌렀다 뗐을 때 실행할 함수 정의	
key를 전역 변수로 선언	
key에 빈 문자열 대입	
캐릭터의 X 좌표를 관리할 변수	
캐릭터의 Y 좌표를 관리할 변수	

```
13  def main_proc():                              실시간 처리를 수행할 함수 정의
14      global cx, cy                             cx, cy를 전역 변수로 선언
15      if key == "Up":                           방향키 [↑]을 눌렀다면
16          cy = cy - 20                              Y 좌표 20픽셀 감소
17      if key == "Down":                         방향키 [↓]을 눌렀다면
18          cy = cy + 20                              Y 좌표 20픽셀 증가
19      if key == "Left":                         방향키 [←]를 눌렀다면
20          cx = cx - 20                              X 좌표 20픽셀 감소
21      if key == "Right":                        방향키 [→]를 눌렀다면
22          cx = cx + 20                              X 좌표 20픽셀 증가
23      canvas.coords("MYCHR", cx, cy)            캐릭터 이미지를 새로운 위치로 이동
24      root.after(100, main_proc)                after() 명령으로 0.1초 후 실행할 함수 지정
25
26  root = tkinter.Tk()                           윈도우 객체 생성
27  root.title("캐릭터 이동")                       윈도우 제목 지정
28  root.bind("<KeyPress>", key_down)             bind() 명령으로 키를 눌렀을 때 실행할 함수 지정
29  root.bind("<KeyRelease>", key_up)             bind() 명령으로 키를 눌렀다 뗐을 때 실행할 함수 지정
30  canvas = tkinter.Canvas(width=800,            캔버스 컴포넌트 생성
    height=600, bg="lightgreen")
31  canvas.pack()                                 캔버스 컴포넌트 배치
32  img = tkinter.PhotoImage(file="mimi.png")     캐릭터 이미지를 변수 img에 로딩
33  canvas.create_image(cx, cy, image=img,        캔버스에 이미지 표시
    tag="MYCHR")
34  main_proc()                                   main_proc() 함수 실행
35  root.mainloop()                               윈도우 표시
```

이 프로그램을 실행하면 캐릭터가 표시되고 방향키를 통해 상하좌우로 이동할 수 있습니다.

그림 8-3-4 list0803_3.py 실행 결과

13~24번 행 main_proc()이 실시간 처리를 수행하는 함수입니다. 11~12번 행에서 캐릭터 좌표를 관리하는 변수 cx, cy를 전역 변수로 선언합니다. main_proc() 내에서는 누른 키에 대응해 cx, cy 값을 증가/감소시킵니다. 23번 행의 **coords()**는 표시 중인 이미지를 새로운 위치로 이동하는 명령입니다. coords() 명령의 인수는 태그 명, X 좌표, Y 좌표입니다. 그렇다면 태그에 관해 설명합니다.

〉〉〉 태그

32번 행의 PhotoImage() 명령으로 이미지를 로딩하고 33번 행의 create_image() 명령으로 캔버스에 이미지를 표시합니다. 이때 create_image() 명령의 인수로 다음과 같이 태그를 지정합니다.

태그 예시

```
canvas.create_image(cx, cy, image=img, tag="MYCHR")
```

tag= 뒤에 입력한 문자열이 태그 명입니다. 태그는 캔버스에 그리는 도형이나 이미지에 붙일 수 있으며, 도형이나 이미지를 움직이거나 지우는 경우에 사용합니다. 태그 명은 자유롭게 붙일 수 있으나, 알기 쉽게 붙이도록 합니다. 예제에서는 MYCHR이라는 태그 명을 붙였습니다.

⟩⟩⟩ create_image()의 좌표

create_image() 명령의 인수인 좌표는 다음 그림과 같이 이미지의 중심 좌표입니다.

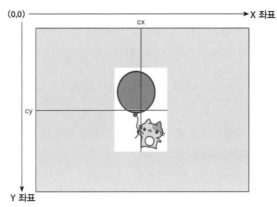

그림 8-3-5 create_image()의 좌표

create_image() 명령의 좌표는 6장에서 학습했지요.
여기서 한번 복습해 두는 것도 좋겠어요(→ 106페이지).

미로 데이터 정의하기

2D(2차원) 화면 구성 게임에서는 배경 데이터를 배열로 관리합니다. 파이썬에서는 리스트
가 배열에 해당합니다. 리스트로 미로를 정의해 윈도우에 표시하는 방법을 설명합니다. 다
음 Lesson 8-5에서는 미로 안을 캐릭터가 걸어 다니도록 해봅니다.

>>> 2차원 리스트

미로와 같은 데이터는 2차원 리스트로 정의합니다. 2차원 리스트란 가로 방향(열)과 세로
방향(행) 인덱스를 사용해 데이터를 다루는 리스트입니다. 가로 방향을 x, 세로 방향을 y
라고 정의할 때 각 엘리먼트의 인덱스는 다음과 같습니다.

x →			
m[0][0]	m[0][1]	m[0][2]	m[0][3]
m[1][0]	m[1][1]	m[1][2]	m[1][3]
m[2][0]	m[2][1]	m[2][2]	m[2][3]

m[y][x]

그림 8-4-1 **2차원 리스트 이미지**

예를 들면, 오른쪽 아래 모서리의 m[2][3]에 10을 대입하는 경우 m[2][3] = 10과 같이 입력
합니다.

>>> 리스트로 미로 정의하기

다음과 같은 미로가 있다고 가정합니다. 흰 부분이 바닥,
회색 부분이 벽입니다. 이 미로를 2차원 리스트로 정의
해 봅니다.

미로를 프로그램에서 다룰 때는 바닥과 벽을 숫자로 바
꿉니다. 여기에서는 바닥을 0, 벽을 1로 표기합니다.

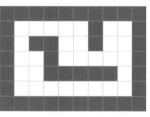

그림 8-4-2 **미로 이미지**

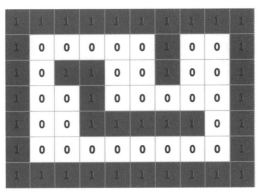

그림 8-4-3 바닥과 벽을 숫자로 바꿈

이 값을 2차원 리스트로 정의합니다. 리스트 명은 maze입니다.

```
maze = [ ←                           리스트 시작 [
    [1,1,1,1,1,1,1,1,1,1], ←         각 행은 '[~],'으로 입력합니다.
    [1,0,0,0,0,0,1,0,0,1],
    [1,0,1,1,0,0,1,0,0,1],
    [1,0,0,1,0,0,0,0,0,1],
    [1,0,0,1,1,1,1,1,0,1],
    [1,0,0,0,0,0,0,0,0,1], ←         가장 마지막 행의 ']'에는 콤마가 필요
    [1,1,1,1,1,1,1,1,1,1]            하지 않습니다.
    ] ←                              리스트 끝 ]
```

리스트로 정의한 미로를 윈도우에 표시합니다. 실시간 처리나 키 입력은 고려하지 않고, 미로만 표시하는 프로그램을 만듭니다. 이 프로그램에는 for 구문 안에 다른 for 구문을 넣은 2중 반복 for를 사용합니다. **2중 반복 for**에 관해서는 동작 확인 후 설명합니다. 다음 프로그램을 입력하고 파일 이름을 붙여 저장한 뒤 실행해 봅니다.

리스트 list0804_1.py

```
1   import tkinter                                          tkinter 모듈 임포트
2   root = tkinter.Tk()                                     윈도우 객체 생성
3   root.title("미로 표시")                                    윈도우 타이틀 설정
4   canvas = tkinter.Canvas(width=800, height=560,          캔버스 컴포넌트 생성
    bg="white")
5   canvas.pack()                                           캔버스 컴포넌트 배치
6   maze = [                                                리스트로 미로 정의
7       [1, 1, 1, 1, 1, 1, 1, 1, 1, 1],
8       [1, 0, 0, 0, 0, 0, 1, 0, 0, 1],
9       [1, 0, 1, 1, 0, 0, 1, 0, 0, 1],
10      [1, 0, 0, 1, 0, 0, 0, 0, 0, 1],
11      [1, 0, 0, 1, 1, 1, 1, 1, 0, 1],
12      [1, 0, 0, 0, 0, 0, 0, 0, 0, 1],
13      [1, 1, 1, 1, 1, 1, 1, 1, 1, 1]
14      ]
15  for y in range(7):                                      반복, y: 0→1→2→3→4→5→6
16      for x in range(10):                                   반복, x: 0→1→2→3→4→5→6→7→8→9
17          if maze[y][x] == 1:                             maze[y][x]가 1, 즉, 벽이라면
18              canvas.create_rectangle(x * 80, y *           회색 사각형 그림
    80, x * 80 + 80, y * 80 + 80, fill="gray")
19  root.mainloop()                                         윈도우 표시
```

이 프로그램을 실행하면 다음과 같은 미로가 표시됩니다.

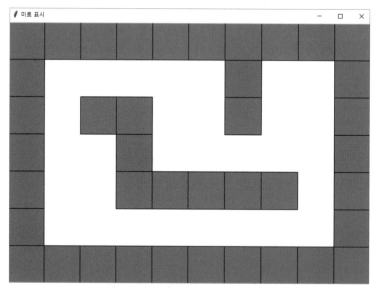

그림 8-4-4 list0804_1.py 실행 결과

>>> 2중 반복 for 구문

15~18번 행이 2중 반복 for 구문입니다. 이 구조는 다음과 같이 되어 있습니다.

변수 1과 변수 2는 다른 이름을 붙입니다. 이번 프로그램에서는 변수 1을 y, 변수 2를 x로 합니다.

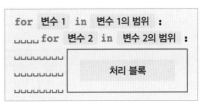

그림 8-4-5 **for 구문 구조**

```
for y in range(7):
    for x in range(10):
        ~ 처리 ~
```

y 값은 0→1→2→3→4→5→6으로 바뀝니다. 먼저 y 값이 0일 때, x 값이 0→1→2→3→4→5→6→7→8→9로 바뀌면서 처리를 수행합니다. x의 반복이 끝나면 y 값이 1이 되고, 다시 x 값이 0→1→2→3→4→5→6→7→8→9로 바뀌면서 처리를 수행합니다. 이번 2중 반복에서는 maze[y][x]의 값을 확인해서 1이면 회색 사각형(벽)을 그립니다. 이를 그림으로 표시하면 다음과 같습니다.

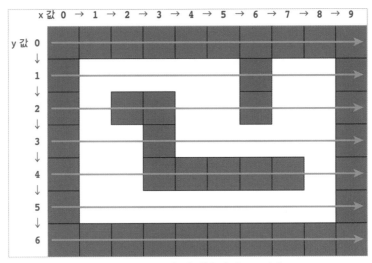

그림 8-4-6 **2중 반복을 활용해 미로 그리기**

y와 x 값이 위와 같이 변화하면서 미로를 그립니다.

처음에는 2중 반복 for 구문이 어렵다고 느껴질 수 있지만, 게임 제작뿐만 아니라 다양한 소프트웨어 개발에서 2중 반복을 사용하므로 이번 프로그램을 복습하면서 확실하게 이해하도록 합니다.

for 구문이나 if 구문에서 수행하는 처리는 모두 들여쓰기로 작성해요. 파이썬은 들여쓰기로 블록(처리 단위)을 만든다는 점을 잊지 않도록 하세요.

2차원 화면 게임 개발 기초

실시간 처리, 키 입력, 미로 정의와 같은 3가지 지식을 조합해 캐릭터를 움직여 미로를 이동하는 프로그램을 만듭니다. 여기에서 학습한 내용은 2D(2차원) 화면으로 구성된 게임을 개발하는 기초가 됩니다.

>>> 미로 안 걷기

Lesson 8-3의 캐릭터를 방향 키로 움직이는 프로그램(list0803_3.py), Lesson 8-4의 미로를 표시하는 프로그램(list0804-1.py)을 모두 조합해 캐릭터가 미로 안을 걷는 프로그램을 만듭니다. 캐릭터를 움직이기 위해 if 구문에서 and를 사용해 2개의 조건을 동시에 판정합니다. 이에 관해서는 동작 확인 후에 설명합니다.

이번 프로그램에서는 오른쪽 이미지를 사용합니다. 깃헙 페이지에서 이미지를 다운로드하고 예제 코드와 같은 폴더에 저장합니다.

mimi_s.png

다음 프로그램을 입력하고 파일 이름을 붙여 저장한 뒤 실행해 봅니다.

리스트 **list0805_1.py**

```
1  import tkinter                                        tkinter 모듈 임포트
2
3  key = ""                                              키 이름을 입력할 변수 선언
4  def key_down(e):                                      키를 눌렀을 때 실행할 함수 정의
5      global key                                            key를 전역 변수로 선언
6      key = e.keysym                                        누른 키 이름을 key에 대입
7  def key_up(e):                                        키를 눌렀다 뗐을 때 실행할 함수 정의
8      global key                                            key를 전역 변수로 선언
9      key = ""                                              key에 빈 문자열 입력
10
11 mx = 1                                                캐릭터 가로 방향 위치를 관리하는 변수
12 my = 1                                                캐릭터 세로 방향 위치를 관리하는 함수
13 def main_proc():                                      실시간 처리 수행 함수 정의
14     global mx, my                                         mx, my를 전역 변수로 선언
15     if key == "Up" and maze[my - 1][mx] == 0:            방향키 [↑]을 눌렀을 때 위가 통로라면
16         my = my - 1                                           my 값 1 감소
17     if key == "Down" and maze[my + 1][mx] == 0:          방향키 [↓]을 눌렀을 때 아래가 통로라면
18         my = my + 1                                           my 값 1 증가
19     if key == "Left" and maze[my][mx - 1] == 0:          방향키 [←]를 눌렀을 때 왼쪽이 통로라면
20         mx = mx - 1                                           mx 값 1 감소
```

```
21      if key == "Right" and maze[my][mx + 1] == 0:
22          mx = mx + 1
23      canvas.coords("MYCHR", mx * 80 + 40, my * 80 + 40)
24      root.after(300, main_proc)
25
26  root = tkinter.Tk()
27  root.title("미로 안 이동하기")
28  root.bind("<KeyPress>", key_down)
29  root.bind("<KeyRelease>", key_up)
30  canvas = tkinter.Canvas(width=800, height=560,
    bg="white")
31  canvas.pack()
32
33  maze = [
34      [1, 1, 1, 1, 1, 1, 1, 1, 1, 1],
35      [1, 0, 0, 0, 0, 0, 1, 0, 0, 1],
36      [1, 0, 1, 0, 0, 1, 0, 0, 0, 1],
37      [1, 0, 0, 1, 0, 0, 0, 0, 0, 1],
38      [1, 0, 0, 1, 1, 1, 1, 1, 0, 1],
39      [1, 0, 0, 0, 0, 0, 0, 0, 0, 1],
40      [1, 1, 1, 1, 1, 1, 1, 1, 1, 1]
41      ]
42  for y in range(7):
43      for x in range(10):
44          if maze[y][x] == 1:
45              canvas.create_rectangle(x * 80, y * 80, x
    * 80 + 79, y * 80 + 79, fill="skyblue", width=0)
46
47  img = tkinter.PhotoImage(file="mimi_s.png")
48  canvas.create_image(mx * 80 + 40, my * 80 + 40,
    image=img, tag="MYCHR")
49  main_proc()
50  root.mainloop()
```

	방향키 [→]를 눌렀을 때 오른쪽이 통로라면
	mx 값 1 증가
	캐릭터 이미지를 새로운 위치로 이동
	after() 명령으로 0.3초 후 실행할 함수 지정
	윈도우 객체 생성
	윈도우 타이틀 설정
	bind() 명령으로 키를 눌렀을 때 실행할 함수 정의
	bind() 명령으로 키를 뗐을 때 실행할 함수 정의
	캔버스 컴포넌트 생성
	캔버스 컴포넌트 배치
	리스트로 미로 정의
	반복, y: 0→1→2→3→4→5→6
	반복, x: 0→1→2→3→4→5→6→7→8→9
	maze[y][x]가 1, 즉, 벽이라면
	회색 사각형 그림
	캐릭터 이미지를 변수 img에 로딩
	캔버스에 이미지 표시
	main_proc() 함수 실행
	윈도우 표시

이 프로그램을 실행하면 캐릭터가 표시되고 방향 키로 미로 안을 움직일 수 있습니다.

캐릭터를 움직이는 부분을 별도로 확인해 봅니다. main_proc() 함수 처리 부분입니다.

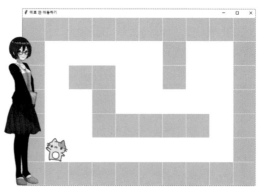

그림 8-5-1 list0805_1.py 실행 결과

```
   ~ 생략 ~
11  mx = 1
12  my = 1
13  def main_proc():
14      global mx, my
15      if key == "Up" and maze[my - 1][mx] == 0:
16          my = my - 1
17      if key == "Down" and maze[my + 1][mx] == 0:
18          my = my + 1
19      if key == "Left" and maze[my][mx - 1] == 0:
20          mx = mx - 1
21      if key == "Right" and maze[my][mx + 1] == 0:
22          mx = mx + 1
23      canvas.coords("MYCHR", mx * 80 + 40, my * 80 + 40)
   ~ 생략 ~
```

Lesson 8-3의 캐릭터를 움직이는 프로그램에서는 캔버스의 캐릭터 좌표를 변수 cx, cy로 관리했습니다. 이번 프로그램에서는 미로의 어느 칸에 있는지를 관리하는 변수를 11~12번 행에서 선언합니다. '어느 칸'이란 maze[y][x]의 인덱스인 y와 x의 값입니다.

15번 행 'if key == "Up" and maze[my - 1][mx] == 0' 조건 분기는 '방향키 위를 누른 상태이고 현재 칸의 위 쪽이 바닥이면'이라는 의미입니다. and를 사용하면 2개 이상의 조건이 동시에 만족하는지 조사할 수 있습니다.

이 프로그램에서는 칸 1개의 폭과 높이를 각각 80픽셀로 하고 있으며, 캐릭터를 표시하는 칸은 canvas.coords("MYCHR", mx * 80 + 40, my * 80 + 40)으로 입력한 것과 같이, X 좌표가 mx * 80 + 40, Y 좌표가 my * 80 + 40이 됩니다. 각각 40을 더한 것은 지정한 좌표가 이미지의 중심이 되기 때문입니다(→ 152페이지).

2차원 리스트 maze[][]의 인덱스를 그림으로 표시하면 다음과 같습니다. 이 프로그램에서는 변수 mx와 my가 인덱스 값이 됩니다.

방향키를 눌렀을 때
그 방향의 위치가
바닥이면
이동합니다.

시작 지점은
mx=1, my=1인
maze[1][1]

그림 8-5-2 **2차원 리스트 maze[][]의 인덱스**

이번 프로그램에서는 미로의 바닥과 벽을 0과 1의 숫자로 관리했습니다만, 예를 들어, 들판을 0, 숲을 1, 수면을 2 등으로 데이터 종류를 늘리면 보다 복잡한 게임 세계를 만들 수 있습니다. 2차원 평면으로 구성된 게임 소프트웨어의 대부분은 이 프로그램에서 구현한 것과 같이, 배경이나 맵 위에 존재하는 물체를 숫자 값으로 바꿔 게임 세계의 어느 곳에 무엇이 있는지를 관리합니다.

COLUMN

게임 소프트웨어를 완성하기까지

프로그래밍의 기초는 익혔지만, 게임을 만드는 방법을 모르겠다고 말하는 분들이 있습니다. 실은 필자 또한 프로그래밍을 막 배웠을 무렵에는 정확히 그랬습니다. 이 칼럼은 그런 분들을 위해 게임을 완성하기 위한 힌트를 알려 드리기 위해 준비했습니다.

먼저 이번 장에서 학습한 내용을 복습해 봅니다. '실시간 처리', '키 입력', '2차원 리스트를 사용한 미로 정의'를 학습했습니다. 각각의 처리를 방금 전 list0805_1.py에 넣어 미로 안에서 캐릭터를 움직이도록 했습니다.

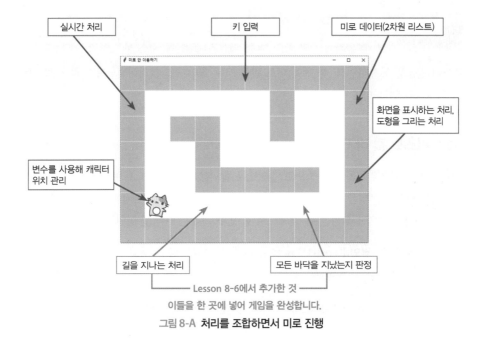

실시간 처리

키 입력

미로 데이터(2차원 리스트)

화면을 표시하는 처리, 도형을 그리는 처리

변수를 사용해 캐릭터 위치 관리

길을 지나는 처리

모든 바닥을 지났는지 판정

── Lesson 8-6에서 추가한 것 ──
이들을 한 곳에 넣어 게임을 완성합니다.

그림 8-A **처리를 조합하면서 미로 진행**

list0805_1.py에는 이 밖에도, 캐릭터의 위치를 변수로 관리하거나 이미지나 도형을 표시하는 처리가 포함되어 있습니다. 또한, 빨간 사각형으로 표시한 처리를 넣음으로써 미로의 길을 통과하는 게임으로서 완성할 수 있습니다. 빨간 사각형으로 표시한 처리는 Lesson 8-6에서 구현합니다.

게임 소프트웨어는 이처럼 다양한 처리를 조합해 만들어 냅니다. 이 과정을 빗대어 표현하면 요리와 같습니다. 식재료를 갖추고, 적당한 크기나 형태로 잘라 필요한 시간 동안 삶거나 굽고, 조미료로 간을 해 완성하는 것처럼 컴퓨터 소프트웨어도 단계를 밟아가며 완성합니다.

게임 개발 초보자분들은 프로그램을 시작하기 전에 본인이 만들고 싶은 게임이 완성된 모습을 생각해 보고 어떤 처리가 필요한지 정리해 보는 것이 좋습니다. 필요하다고 생각되는 처리를 조목조목 써보는 것입니다. 또한, 6장과 7장에서 학습한 것처럼 화면 구성을 그려보는 것이 좋습니다. 그리고 만들 수 있는 것부터 하나씩 프로그래밍해 가도록 합니다.

프로그래밍에 익숙해지면 머릿속에서 처리해야 할 모든 내용을 그릴 수 있게 되겠지만, 처음에는 닥치는 대로 프로그래밍을 하다가 도중에 어디가 어딘지 모르게 되는 경우가 허다할 겁니다. 먼저, 필요한 처리를 생각한 뒤 화면 구성을 생각함으로써 원만하게 개발할 수 있습니다. 즉, 바로 그것이 게임을 완성하기 위한 힌트 혹은 비결입니다.

게임 완성하기

걸어간 통로를 표시하면서, 한 번에 미로 안을 모두 칠한다면 클리어되도록 게임 프로그램을 업그레이드합니다.

>>> 리스트 값 바꾸기

캐릭터가 지나간 위치를 분홍색으로 칠하도록 합니다. 2차원 리스트로 구현한 미로 데이터 값은 통로가 0, 벽은 1입니다. 지나간 위치의 값은 0에서 2로 바꿉니다. 2로 바뀐 위치에도 들어가지 않으면 후퇴할 수 없으므로 한 번에 그리는 규칙을 실현할 수 있습니다.

이 프로그램은 앞 절의 list0805_1.py를 수정한 것입니다. 다음 프로그램을 입력하고 파일 이름을 붙여 저장한 뒤 실행해 봅니다.

리스트 **list0806_1.py(※ 이전 프로그램에서 추가, 변경된 부분 마커 표시)**

1	`import tkinter`	tkinter 모듈 임포트
2		
3	`key = ""`	키 이름을 입력할 변수 선언
4	`def key_down(e):`	키를 눌렀을 때 실행할 함수 정의
5	`    global key`	key를 전역 변수로 선언
6	`    key = e.keysym`	누른 키 이름을 key에 대입
7	`def key_up(e):`	키를 눌렀다 뗐을 때 실행할 함수 정의
8	`    global key`	key를 전역 변수로 선언
9	`    key = ""`	key에 빈 문자열 입력
10		
11	`mx = 1`	캐릭터 가로 방향 위치를 관리하는 변수
12	`my = 1`	캐릭터 세로 방향 위치를 관리하는 함수
13	`def main_proc():`	실시간 처리 수행 함수 정의
14	`    global mx, my`	mx, my를 전역 변수로 선언
15	`    if key == "Up" and maze[my - 1][mx] == 0:`	방향키 [↑]를 눌렀을 때 위가 통로라면
16	`        my = my - 1`	my 값 1 감소
17	`    if key == "Down" and maze[my + 1][mx] == 0:`	방향키 [↓]을 눌렀을 때 아래가 통로라면
18	`        my = my + 1`	my 값 1 증가
19	`    if key == "Left" and maze[my][mx - 1] == 0:`	방향키 [←]를 눌렀을 때, 왼쪽이 통로라면
20	`        mx = mx - 1`	mx 값 1 감소
21	`    if key == "Right" and maze[my][mx + 1] == 0:`	방향키 [→]를 눌렀을 때 오른쪽이 통로라면
22	`        mx = mx + 1`	mx 값 1 증가
23	`    if maze[my][mx] == 0:`	캐릭터가 있는 장소가 통로라면
24	`        maze[my][mx] = 2`	리스트 값을 2로 변경
25	`        canvas.create_rectangle(mx * 80, my * 80,`	해당 위치를 분홍색으로 칠함
	`mx * 80 + 79, my * 80 + 79, fill="pink", width=0)`	

```
26      canvas.delete("MYCHR")
27      canvas.create_image(mx * 80 + 40, my * 80 + 40,
image=img, tag="MYCHR")
28      root.after(300, main_proc)
29
30  root = tkinter.Tk()
31  root.title("미로를 칠한다냥")
32  root.bind("<KeyPress>", key_down)
33  root.bind("<KeyRelease>", key_up)
34  canvas = tkinter.Canvas(width=800, height=560,
bg="white")
35  canvas.pack()
36
37  maze = [
38      [1, 1, 1, 1, 1, 1, 1, 1, 1, 1],
39      [1, 0, 0, 0, 0, 0, 1, 0, 0, 1],
40      [1, 0, 1, 1, 0, 0, 1, 0, 0, 1],
41      [1, 0, 0, 1, 0, 0, 0, 0, 0, 1],
42      [1, 0, 0, 1, 1, 1, 1, 1, 0, 1],
43      [1, 0, 0, 0, 0, 0, 0, 0, 0, 1],
44      [1, 1, 1, 1, 1, 1, 1, 1, 1, 1]
45      ]
46  for y in range(7):
47      for x in range(10):
48          if maze[y][x] == 1:
49              canvas.create_rectangle(x * 80, y * 80,
x * 80 + 79, y * 80 + 79, fill="skyblue", width=0)
50
51  img = tkinter.PhotoImage(file="mimi_s.png")
52  canvas.create_image(mx * 80 + 40, my * 80 + 40,
image=img, tag="MYCHR")
53  main_proc()
54  root.mainloop()
```

우선 캐릭터 삭제함
다시 캐릭터를 화면에 표시함

0.3초 후 다시 실행할 함수 지정

윈도우 객체 생성
윈도우 타이틀 설정
bind() 명령으로 키를 누를 때 실행할 함수 정의
bind() 명령으로 키를 뗐을 때 실행할 함수 정의
캔버스 컴포넌트 생성

캔버스 컴포넌트 배치

리스트로 미로 정의

반복, y: 0→1→2→3→4→5→6
 반복, x: 0→1→2→3→4→5→6→7→8→9
  maze[y][x]가 1, 즉, 벽이라면
   회색 사각형 그림

캐릭터 이미지를 변수 img에 로딩
캔버스에 이미지 표시

main_proc() 함수 실행
윈도우 표시

이 프로그램을 실행하고 캐릭터를 이동하면 길이 분홍색으로 칠해집니다.

23~25번 행에서 바닥을 칠하는 처리를 수행합니다. if 구문으로 캐릭터가 위치한 곳의 리스트 값을 확인하고, 값이 0이면 2로 바꾼 뒤 해당 위치를 분홍색으로 칠합니다. 26번

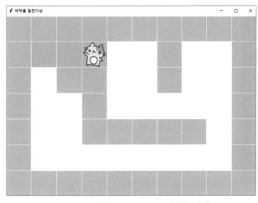

그림 8-6-1 **list0806_1.py 실행 결과**

행에서 캐릭터를 delete() 명령으로 삭제한 뒤 27번 행에서 create_image() 명령으로 다시 그립니다. **delete()** 명령은 그려진 도형이나 이미지에 붙은 태그를 인수로 지정하면 그 도형이나 이미지를 삭제합니다. 이전 프로그램에서 사용했던 coords() 명령으로 캐릭터가 분홍으로 겹쳐 칠해져 보이지 않도록 캐릭터를 다시 그립니다.

⫸⫸ 게임 클리어 판정하기

다음으로 모든 바닥이 칠해졌는지 판정하는 처리를 추가합니다. 판정은 if 구문으로 수행합니다. 다음 프로그램을 입력하고 파일 이름을 붙여 저장한 뒤 실행해 봅니다.

리스트 **list0806_2.py**(※ 이전 프로그램에서 추가, 변경된 부분 마커 표시)

1	`import tkinter`	tkinter 모듈 임포트
2	`import tkinter.messagebox`	tkinter.messagebox 모듈 임포트
3		
4	`key = ""`	키 이름을 입력할 변수 선언
5	`def key_down(e):`	키를 눌렀을 때 실행할 함수 정의
6	`    global key`	key를 전역 변수로 선언
7	`    key = e.keysym`	누른 키 이름을 key에 대입
8	`def key_up(e):`	키를 눌렀다 뗐을 때 실행할 함수 정의
9	`    global key`	key를 전역 변수로 선언
10	`    key = ""`	key에 빈 문자열 입력
11		
12	`mx = 1`	캐릭터 가로 방향 위치를 관리하는 변수
13	`my = 1`	캐릭터 세로 방향 위치를 관리하는 함수
14	`yuka = 0`	칠해진 칸을 세는 함수
15	`def main_proc():`	실시간 처리 수행 함수 정의
16	`    global mx , my , yuka`	mx, my, yuka를 전역 변수로 선언
17	`    if key == "Up" and maze[my-1][mx] == 0:`	방향키 [↑]을 눌렀을 때 위가 통로라면
18	`        my = my - 1`	my 값 1 감소
19	`    if key == "Down" and maze[my+1][mx] == 0:`	방향키 [↓]을 눌렀을 때 아래가 통로라면
20	`        my = my + 1`	my 값 1 증가
21	`    if key == "Left" and maze[my][mx-1] == 0:`	방향키 [←]를 눌렀을 때 왼쪽이 통로라면
22	`        mx = mx - 1`	mx 값 1 감소
23	`    if key == "Right" and maze[my][mx+1] == 0:`	방향키 [→]를 눌렀을 때 오른쪽이 통로라면
24	`        mx = mx + 1`	mx 값 1 증가
25	`    if maze[my][mx] == 0:`	캐릭터가 있는 장소가 통로라면
26	`        maze[my][mx] = 2`	리스트 값 2로 변경
27	`        yuka = yuka + 1`	칠한 회수 1 증가
28	`        canvas.create_rectangle(mx * 80, my * 80,` `mx * 80 + 79, my * 80 + 79, fill="pink", width=0)`	해당 위치를 분홍색으로 칠함
29	`    canvas.delete("MYCHR")`	우선 캐릭터를 삭제함
30	`    canvas.create_image(mx * 80+40 , my * 80 + 40,` `image=img, tag ="MYCHR")`	다시 캐릭터를 화면에 표시함

```
31    if yuka == 30:                                              30개 칸을 모두 칠했다면
32        canvas.update()                                         캔버스 업데이트
33        tkinter.messagebox.showinfo("축하합니다!", "            클리어 메시지 표시
모든 바닥을 칠했습니다!")
34    else:                                                       그렇지 않다면
35        root.after(300, main_proc)                              0.3초 후 다시 실행할 함수 지정
36
37 root = tkinter.Tk()                                            윈도우 객체 생성
38 root.title("미로를 칠한다냥")                                   윈도우 타이틀 설정
39 root.bind("<KeyPress>", key_down)                             bind() 명령으로 키를 누를 때 실행할 함수 정의
40 root.bind("<KeyRelease>", key_up)                             bind() 명령으로 키를 뗐을 때 실행할 함수 정의
41 canvas = tkinter.Canvas(width=800, height=560,               캔버스 컴포넌트 생성
bg="white")
42 canvas.pack()                                                 캔버스 컴포넌트 배치
43
44 maze = [                                                      리스트로 미로 정의
45    [1, 1, 1, 1, 1, 1, 1, 1, 1, 1],
46    [1, 0, 0, 0, 0, 0, 1, 0, 0, 1],
47    [1, 0, 1, 1, 0, 0, 1, 0, 0, 1],
48    [1, 0, 0, 1, 0, 0, 0, 0, 0, 1],
49    [1, 0, 0, 1, 1, 1, 1, 1, 0, 1],
50    [1, 0, 0, 0, 0, 0, 0, 0, 0, 1],
51    [1, 1, 1, 1, 1, 1, 1, 1, 1, 1]
52    ]
53 for y in range(7):                                            반복, y: 0→1→2→3→4→5→6
54    for x in range(10):                                        반복, x: 0→1→2→3→4→5→6→7→8→9
55        if maze[y][x] == 1:                                    maze[y][x]가 1, 즉, 벽이라면
56            canvas.create_rectangle(x * 80, y * 80,            회색 사각형 그림
x * 80 + 79, y * 80 + 79, fill="skyblue", width=0)
57
58 img = tkinter.PhotoImage(file="mimi_s.png")                   캐릭터 이미지를 변수 img에 로딩
59 canvas.create_image(mx * 80 + 40, my * 80 + 40,              캔버스에 이미지 표시
image=img, tag="MYCHR")
60 main_proc()                                                   main_proc() 함수 실행
61 root.mainloop()                                               윈도우 표시
```

이 프로그램을 실행하고 모든 길을 칠하면 클리어 메시지가 표시됩니다.

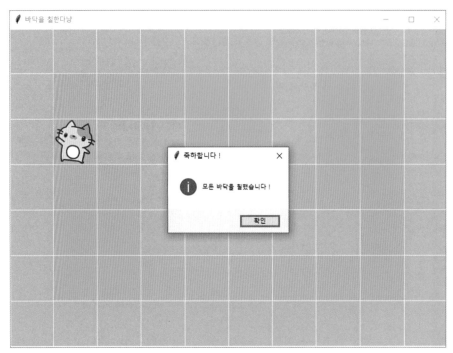

그림 8-6-2 list0806_2.py 실행 결과

이 미로의 바닥은 모두 30칸입니다. 27번 행에서 색을 칠한 칸을 세고 31번 행 if 구문에서 그 값이 30이 되었다면 클리어 메시지를 표시합니다. 32번 행 canvas.**update()**는 캔버스 상 표시를 변경하기 위해 넣은 것입니다. update() 명령이 없으면 PC에 따라 가장 마지막에 색을 칠한 칸을 그리지 않은 채 메시지 박스를 표시합니다.

칠한 칸의 수가 30이 아닌 동안에는 35번 행 after() 명령으로 실시간 처리를 계속 수행합니다.

⟩⟩⟩ 다시 시작 처리 추가하기

칸을 잘못 칠한 경우 처음부터 다시 시작할 수 있다면 편리합니다. 왼쪽 Shift 키를 누르면 처음으로 되돌릴 수 있도록 프로그램을 수정합니다.

리스트 list0806_3.py(※ 이전 프로그램에서 추가, 변경된 부분 마커 표시)

```
1   import tkinter
2   import tkinter.messagebox
3
4   key = ""
5   def key_down(e):
6       global key
7       key = e.keysym
8   def key_up(e):
9       global key
10      key = ""
11
12  mx = 1
13  my = 1
14  yuka = 0
15  def main_proc():
16      global mx, my, yuka
17      if key == "Shift_L" and yuka > 1:
18          canvas.delete("PAINT")
19          mx = 1
20          my = 1
21          yuka = 0
22          for y in range(7):
23              for x in range(10):
24                  if maze[y][x] == 2:
25                      maze[y][x] = 0
26      if key == "Up" and maze[my - 1][mx] == 0:
27          my = my - 1
28      if key == "Down" and maze[my + 1][mx] == 0:
29          my = my + 1
30      if key == "Left" and maze[my][mx - 1] == 0:
31          mx = mx - 1
32      if key == "Right" and maze[my][mx + 1] == 0:
33          mx = mx + 1
34      if maze[my][mx] == 0:
35          maze[my][mx] = 2
36          yuka = yuka + 1
37          canvas.create_rectangle(mx * 80, my *
    80, mx * 80 + 79, my * 80 + 79, fill="pink",
    width=0, tag="PAINT")
38      canvas.delete("MYCHR")
39      canvas.create_image(mx * 80 + 40, my * 80 +
    40, image=img, tag="MYCHR")
40      if yuka == 30:
41          canvas.update()
42          tkinter.messagebox.showinfo("축하합니다!",
    "모든 바닥을 칠했습니다!")
```

	tkinter 모듈 임포트
	tkinter.messagebox 모듈 임포트
	키 이름을 입력할 변수 선언
	키를 눌렀을 때 실행할 함수 정의
	key를 전역 변수로 선언
	누른 키 이름을 key에 대입
	키를 눌렀다 뗐을 때 실행할 함수 정의
	key를 전역 변수로 선언
	key에 빈 문자열 입력
	캐릭터 가로 방향 위치를 관리하는 변수
	캐릭터 세로 방향 위치를 관리하는 함수
	칠해진 칸을 세는 함수
	실시간 처리 수행 함수 정의
	mx, my, yuka를 전역 변수로 선언
	왼쪽 Shift 키를 눌렀고 2칸 이상 칠했다면
	칠해진 칸 삭제
	mx에 1 대입
	my에 1 대입(캐릭터를 초기 위치로 되돌림)
	yuka에 0 대입
	2중 반복, 외측 for 구문
	내측 for 구문
	칠해진 칸이 있다면
	값을 0(칠하지 않은 상태)으로
	방향키 [↑]을 눌렀을 때 위가 통로라면
	my 값 1 감소
	방향키 [↓]을 눌렀을 때 아래가 통로라면
	my 값 1 증가
	방향키 [←]를 눌렀을 때 왼쪽이 통로라면
	mx 값 1 감소
	방향키 [→]를 눌렀을 때 오른쪽이 통로라면
	mx 값 1 증가
	캐릭터가 있는 장소가 통로라면
	리스트 값을 2로 변경
	칠한 회수 1 증가
	해당 위치를 분홍색으로 칠함
	우선 캐릭터 삭제함
	다시 캐릭터를 화면에 표시함
	30개 칸을 모두 칠했다면
	캔버스 업데이트
	클리어 메시지 표시

```
43      else:
44          root.after(300, main_proc)
45
46  root = tkinter.Tk()
47  root.title("바닥을 칠한다냥")
48  root.bind("<KeyPress>", key_down)
49  root.bind("<KeyRelease>", key_up)
50  canvas = tkinter.Canvas(width=800, height=560,
    bg="white")
51  canvas.pack()
52
53  maze = [
54      [1, 1, 1, 1, 1, 1, 1, 1, 1, 1],
55      [1, 0, 0, 0, 0, 0, 1, 0, 0, 1],
56      [1, 0, 1, 1, 0, 0, 1, 0, 0, 1],
57      [1, 0, 0, 1, 0, 0, 0, 0, 0, 1],
58      [1, 0, 0, 1, 1, 1, 1, 1, 0, 1],
59      [1, 0, 0, 0, 0, 0, 0, 0, 0, 1],
60      [1, 1, 1, 1, 1, 1, 1, 1, 1, 1]
61      ]
62  for y in range(7):
63      for x in range(10):
64          if maze[y][x] == 1:
65              canvas.create_rectangle(x * 80, y *
    80, x * 80 + 79, y * 80 + 79, fill="skyblue",
    width=0)
66
67  img = tkinter.PhotoImage(file="mimi_s.png")
68  canvas.create_image(mx * 80 + 40, my * 80 + 40,
    image=img, tag="MYCHR")
69  main_proc()
70  root.mainloop()
```

줄	설명
43	그렇지 않다면
44	0.3초 후 다시 실행할 함수 지정
46	윈도우 객체 생성
47	윈도우 타이틀 설정
48	bind() 명령으로 키를 누를 때 실행할 함수 정의
49	bind() 명령으로 키를 뗐을 때 실행할 함수 정의
50	캔버스 컴포넌트 생성
51	캔버스 컴포넌트 배치
53	리스트로 미로 정의
62	반복, y: 0→1→2→3→4→5→6
63	반복, x: 0→1→2→3→4→5→6→7→8→9
64	maze[y][x]가 1, 즉, 벽이라면
65	회색 사각형 그림
67	캐릭터 이미지를 변수 img에 로딩
68	캔버스에 이미지 표시
69	main_proc() 함수 실행
70	윈도우 표시

실행 화면은 생략합니다. 왼쪽 Shift 키를 누르면 최초 상태로 돌아가는 것을 확인할 수 있습니다. 맥에서는 왼쪽 Shift 키를 확실히 누르지 않으면 판정되지 않는 경우도 있습니다.

⟫⟫⟫ 이번 장에서 만든 게임에 관해

판매용 게임이라면 타이틀 화면은 물론 여러 스테이지가 있고, 클리어한 스테이지 데이터가 저장되는 등 다양한 기능이 있을 것입니다. 현재 시점에서 이런 기능들을 구현하려고 하면 매우 어려운 프로그램이 되므로 미로를 칠하는 게임은 이 정도에서 마무리합니다. 이후 개발을 위해 타이틀 화면을 표시하는 방법과 스테이지 수를 늘리는 방법을 설명합니다.

특별부록으로 이 장에서 만든 게임을 수정한 프로그램을 준비했어요(→ 362페이지). 한 번에 칠하기 미로 5개 스테이지로 구성된 게임이예요.

타이틀 화면 추가하기

어떤 처리를 수행하고 있는지 관리하는 변수를 준비합니다. 이 변수를 인덱스라고 부릅니다. 예를 들어, index라는 변수를 준비하고 그 값이 1인 경우에는 타이틀 화면을 처리하고, 2인 경우에는 게임을 처리하도록 합니다. 그리고 다음과 같은 프로그램을 작성합니다.

```
if index == 1:
    if 스페이스 키를 눌렀다면:
        게임에 필요한 변수 초기화
        타이틀 표시 삭제
        index에 2 대입
elif index == 2:
    게임 처리
```

if ~ elif는 여러 조건을 순서대로 확인하는 조건 분기 명령입니다. 이 프로그램에서는 'if index == 1'로 index 값이 1인지 확인한 뒤, 1이 아니면 'elif index == 2'로 index 값이 2인지 확인합니다. 다음 장에서 만드는 블록 떨어뜨리기 퍼즐에서는 이러한 조건 분기를 사용해 타이틀 화면이나 게임 오버 화면을 추가합니다.

스테이지 수 추가하기

스테이지 수를 관리하는 변수를 준비합니다. 예를 들면, stage라는 변수를 준비하고 클리어한 경우에는 값을 1 증가시키고, stage 값에 따라 미로 데이터(리스트)를 바꾸고, 캐릭터 위치를 초기 위치로 변경해서 게임을 다시 시작하도록 합니다.

조건 분기인 if와 else는 3장에서 학습했어요. 이외에 elif라는 명령어가 있어요. 파이썬 조건 분기는 if, elif, else라는 3가지 명령을 사용하는 것을 기억하세요.

디지털 사진 액자 만들기

스마트폰이나 디지털 카메라로 촬영한 사진(디지털 데이터)을 표시하는 디스플레이 장비를 디지털 포토 프레임(디지털 액자)이라고 부릅니다. 이 장에서 학습한 실시간 처리를 이용해 디지털 포토 프레임 프로그램을 만들어 봅니다. 이미지 데이터를 계속해서 순서대로 표시하는 파이썬 프로그램을 소개합니다.

리스트 **column08.py**

```
1   import tkinter                                              tkinter 모듈 임포트
2
3   pnum = 0                                                    표시할 이미지 파일 번호 관리 변수
4   def photograph():                                           실시간 처리를 수행할 함수 정의
5       global pnum                                               pnum을 전역 변수로 선언
6       canvas.delete("PH")                                       이미지 삭제
7       canvas.create_image(400, 300, image=photo                이미지 표시
    [pnum], tag="PH")
8       pnum = pnum + 1                                           다음 이미지 번호 계산
9       if pnum >= len(photo):                                   가장 마지막 이미지까지 수행했다면
10          pnum = 0                                               첫 번째 번호로 되돌림
11      root.after(7000, photograph)                             7초 후 이 함수 다시 실행
12
13  root = tkinter.Tk()                                         윈도우 객체 생성
14  root.title("디지털 액자")                                    윈도우 타이틀 설정
15  canvas = tkinter.Canvas(width=800, height=600)             캔버스 컴포넌트 생성
16  canvas.pack()                                               캔버스 배치
17  photo = [                                                   리스트로 이미지 파일 정의
18  tkinter.PhotoImage(file="cat00.png"),
19  tkinter.PhotoImage(file="cat01.png"),
20  tkinter.PhotoImage(file="cat02.png"),
21  tkinter.PhotoImage(file="cat03.png")
22  ]
23  photograph()                                               실시간 처리 수행 함수 호출
24  root.mainloop()                                             윈도우 표시
```

9번 행의 **len()** 명령으로 () 안에 입력한 리스트의 엘리먼트 수를 알 수 있습니다. 17~22번 행에서 photo라는 리스트에 네 종류의 이미지 파일을 정의했으므로 len(photo) 값은 4가 됩니다. 9~10번 행의 조건 분기에서 가장 마지막 이미지를 표시한 후, 다시 처음 이미지부터 표시되도록 하기 위해 len() 명령을 사용합니다. 이렇게 하면 리스트에 이미지 파일명을 추가하는 것만으로 프로그램의 다른 부분을 수정하지 않고 모든 이미지를 표시한 뒤, 가장 처음 이미지부터 다시 표시할 수 있습니다.

이 프로그램을 실행하면 다음과 같이 고양이 그림들이 순서대로 표시됩니다.

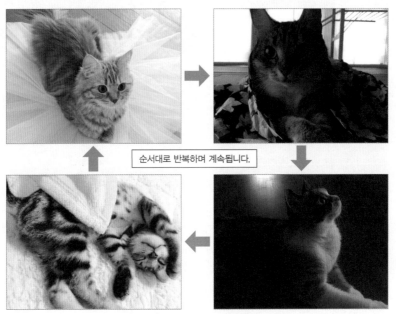

순서대로 반복하며 계속됩니다.

그림 8-B column08.py 실행 결과

몇 초마다 이미지를 변경할 것인지는 11번 행 after() 명령의 인수로 지정합니다. 취미 사진이나 가족 사진, 좋아하는 슬라이드 등으로 오리지널 디지털 액자를 만들어 보기 바랍니다.

다양한 게임 장르 중에서도 블록 낙하 퍼즐은 스테디셀러로 그 인기가 꾸준해요. 이 장에서는 지금까지 학습한 지식을 활용해 블록 낙하 퍼즐 게임을 만들 거예요. 본격적으로 게임을 개발하는 단계에서는 내용에 따라 복잡한 알고리즘을 조합해야 할 필요가 있어요. 알고리즘이 무엇인지에 관해서도 함께 학습해요.

Chapter

9

블록 낙하 게임
만들기!

게임 사양 고려하기

본격적으로 게임을 개발합니다. 가장 먼저 게임 규칙, 화면 구성, 처리 흐름과 같은 사양을 고려합니다.

>>> 게임 규칙

이 게임은 고양이 캐릭터로 디자인했습니다. 낙하하는 블록은 '고양이'라고 부릅니다. 마우스로 조작하는 게임으로 게임 규칙은 다음과 같습니다.

❶ 화면을 클릭한 위치에 고양이(블록)를 1개 배치합니다. 배치하는 고양이는 화면 오른쪽 위에 표시되며, 랜덤으로 바뀝니다.

❷ 고양이를 배치하면 화면 위에서 여러 고양이가 떨어집니다.

❸ 떨어진 고양이는 바닥 위치에 아무것도 없으면 화면 아래쪽부터 위쪽으로 쌓입니다.

❹ 가로, 세로, 대각선 중 한 방향에 같은 색의 고양이가 3개 이상 모이면 없앨 수 있습니다.

❺ 한 줄이라도 맨 위의 화면에 닿으면 게임 끝입니다.

>>> 화면 구성

실제 게임 개발에서는 스크래치(scratch) 등으로 화면을 스케치하며 게임 화면을 상상해 보지만, 예제에서는 완성된 화면을 먼저 확인합니다. 그리고 제작할 게임의 형태를 가늠해 봅니다.

그림 9-1-1 블록 낙하 퍼즐 게임 완성 이미지

>>> 처리 흐름

다음과 같은 흐름으로 처리를 수행합니다.

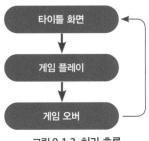

그림 9-1-2 처리 흐름

타이틀 화면에서 게임 난이도를 Easy, Normal, Hard 중 선택할 수 있습니다.

스테이지를 클리어하는 것이 아니라 최고 점수 갱신을 목표로 플레이하는 게임입니다.

>>> 개발 순서

어느 정도 규모가 있는 게임을 개발할 때는 위와 같이 **게임 사양**을 먼저 고려합니다. 사양을 고려함으로써 게임을 완성시키기 위해 어떤 처리를 해야 할지 파악할 수 있습니다.

컴퓨터나 수학에서 문제를 해결하는 순서를 구체화한 것을 **알고리즘(algorithm)**이라고 부릅니다. 블록 낙하 퍼즐에서는 크게 2가지 알고리즘이 필요합니다. '블록 낙하 알고리즘'과 '블록 연결 판정 알고리즘'입니다.

다양한 처리를 차근차근 이해할 수 있도록 Lesson 9-2부터 Lesson 9-8까지의 부분으로 나누어서 프로그램을 만들어 갑니다. 블록 낙하 알고리즘은 Lesson 9-5에서, 블록이 연결되었는지 판단하는 알고리즘은 Lesson 9-7과 Lesson 9-8에서 설명합니다. 이들 처리를 Lesson 9-9에서 하나로 모아 게임이 동작하도록 하고 Lesson 9-10에서 세부적인 조정을 통해 게임을 완성합니다.

⟫⟫⟫ 이미지 리소스에 관해

다양한 이미지 파일을 사용합니다. 깃헙 페이지에서 이미지를 다운로드한 다음 프로그램과 같은 폴더에 넣으면 됩니다.

그림 9-1-3 **사용할 이미지 파일**

드디어 본격적인 게임 개발이에요.
기합 넣고 가 볼까요!

9-2

마우스 입력 조합하기

본격적인 게임 프로그래밍을 시작합니다. 이 게임은 마우스로 조작하므로 먼저 마우스의 움직임과 버튼 클릭을 판정하는 프로그램을 입력해 마우스 동작을 숫자 값으로 얻는 방법을 학습합니다.

⟩⟩⟩ 파이썬에서의 마우스 입력

앞 장에서 키 입력(키 이벤트)을 학습했습니다. 마우스도 마찬가지로 bind() 명령과 이벤트를 받아 처리하는 함수를 정의해서 입력받습니다. 구체적으로는 마우스 포인터 좌표를 대입하는 변수, 버튼 클릭 여부를 판정하는 변수를 준비합니다. 마우스 이벤트 발생 시 실행할 함수를 정의하고 이들 변수에 이벤트에서 얻은 값을 대입합니다.

이 처리를 수행하는 프로그램을 확인합니다. 다음 프로그램을 입력하고 파일 이름을 붙여 저장한 뒤 실행해 봅니다.

리스트 list0902_1.py(※ 마우스 이벤트 처리 부분 굵게 표시)

1	`import tkinter`	tkinter 모듈 임포트
2		
3	`mouse_x = 0`	마우스 포인터의 X 좌표
4	`mouse_y = 0`	마우스 포인터의 Y 좌표
5	`mouse_c = 0`	마우스 포인터 클릭 여부 변수(플래그)
6		
7	`def mouse_move(e):`	마우스 포인터 이동 시 실행할 함수
8	`    global mouse_x, mouse_y`	mouse_x, mouse_y를 전역 변수로 선언
9	`    mouse_x = e.x`	mouse_x에 마우스 포인터의 X 좌표 대입
10	`    mouse_y = e.y`	mouse_y에 마우스 포인터의 Y 좌표 대입
11		
12	`def mouse_press(e):`	마우스 버튼 클릭 시 실행할 함수
13	`    global mouse_c`	mouse_c를 전역 변수로 선언
14	`    mouse_c = 1`	mouse_c에 1 대입
15		
16	`def mouse_release(e):`	마우스 버튼 클릭 후 해제 시 실행할 함수
17	`    global mouse_c`	mouse_c를 전역 변수로 선언
18	`    mouse_c = 0`	mouse_c에 0 대입
19		
20	`def game_main():`	실시간 처리 수행 함수
21	`    fnt = ("Times New Roman", 30)`	폰트 지정 변수

22	`    txt = "mouse({},{}){}".format(mouse_x, mouse_y, mouse_c)`	표시할 문자열(마우스용 변수값)
23	`    cvs.delete("TEST")`	문자열 삭제
24	`    cvs.create_text(456, 384, text=txt, fill="black", font=fnt, tag="TEST")`	캔버스에 문자열 표시
25	`    root.after(100, game_main)`	0.1초 후 함수 재실행
26		
27	`root = tkinter.Tk()`	윈도우 객체 생성
28	`root.title("마우스 입력")`	윈도우 제목 지정
29	`root.resizable(False, False)`	윈도우 크기 변경 불가 설정
30	`root.bind("<Motion>", mouse_move)`	**마우스 포인터 이동 시 실행할 함수 지정**
31	`root.bind("<ButtonPress>", mouse_press)`	**마우스 버튼 클릭 시 실행할 함수 지정**
32	`root.bind("<ButtonRelease>", mouse_release)`	**마우스 버튼 클릭 후 해제 시 실행할 함수 지정**
33	`cvs = tkinter.Canvas(root, width=912, height=768)`	캔버스 컴포넌트 생성
	`cvs.pack()`	
34	`game_main()`	캔버스 컴포넌트 배치
35	`root.mainloop()`	실시간 처리 수행 함수 호출
36		윈도우 표시

이 프로그램을 실행하면 마우스 포인터 좌표가 표시되고 버튼을 클릭하면 가장 오른쪽 숫자 값이 0에서 1로 바뀝니다. 마우스 포인터를 움직이거나 버튼을 클릭하면서 값 변화를 확인합니다.

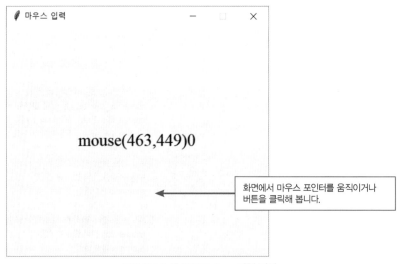

그림 9-2-1 list0902_1.py 실행 결과

7~18번 행에서 마우스 포인터를 움직일 때 실행할 함수, 마우스 버튼을 클릭할 때 실행할 함수, 마우스 버튼을 클릭한 후 떼었을 때 실행하는 함수를 각각 정의합니다. 포인터의 좌표는 함수의 인수로 받는 이벤트 변수(이 프로그램에서는 'e')에 9, 10번 행과 같이 '.x'와 '.y'를 붙여서 얻습니다. 버튼을 클릭했을 때와 클릭한 후 떼었을 때는 mouse_c에 1과 0을 대입함으로써 이 변수가 1이라면 버튼을 클릭한 것으로 판정할 수 있게 합니다.

mouse_c와 같은 변수 사용 방법을 **플래그(flag)**라고 하며, 클릭했을 때 값을 1로 하는 것을 '플래그를 올린다', 클릭 후 뗐을 때 그 값을 0으로 하는 것을 '플래그를 내린다'라고 표현합니다.

22번 행의 **format()** 명령은 문자열 내의 {}를 변수값으로 대체합니다. {}의 수(변수 개수)는 임의로 입력할 수 있습니다.

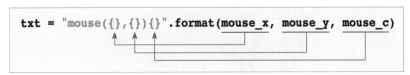

그림 9-2-2 format() 명령 동작

이제까지는 str() 명령으로 숫자를 문자열로 바꿨지만, format() 명령을 사용하면 문자열 안에 직접 숫자를 넣을 수 있어요. 편리한 명령이므로 사용법을 알아 두면 좋아요.

게임용 커서 표시하기

다음으로 얻은 마우스 좌표값을 사용해 게임용 커서를 조작할 수 있도록 합니다.

》》》 게임 화면 사이즈 설정하기

고양이(블록)를 낙하할 영역의 크기를 다음과 같이 설정합니다. 고양이를 배열할 영역은 가로 8칸, 세로 10칸으로 합니다.

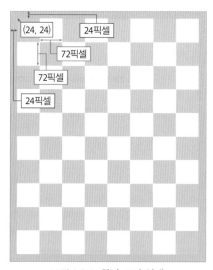

그림 9-3-1 화면 크기 설계

마우스 포인터 좌표에서 커서의 위치를 계산하는 프로그램을 확인합니다. 마우스 버튼 판정은 여기서는 불필요하므로 생략합니다. 다음 프로그램을 입력하고 파일 이름을 붙여 저장한 뒤 실행해 봅니다.

리스트 list0903_1.py(※ 커서 위치 계산 및 표시 부분 굵게 표시)

1	`import tkinter`	tkinter 모듈 임포트
2		
3	`cursor_x = 0`	커서의 X 좌표
4	`cursor_y = 0`	카서의 Y 좌표
5	`mouse_x = 0`	마우스 포인터의 X 좌표

코드	설명
6 `mouse_y = 0`	마우스 포인터의 Y 좌표
7	
8 `def mouse_move(e):`	마우스 포인터 이동 시 실행할 함수
9 `    global mouse_x, mouse_y`	mouse_x, mouse_y를 전역 변수로 선언
10 `    mouse_x = e.x`	mouse_x에 마우스 포인터의 X 좌표 대입
11 `    mouse_y = e.y`	mouse_y에 마우스 포인터의 Y 좌표 대입
12	
13 `def game_main():`	실시간 처리 수행 함수
14 `    global cursor_x, cursor_y`	mouse_x, mouse_y를 전역 변수로 선언
15 `    if 24 <= mouse_x and mouse_x < 24 + 72 * 8 and 24 <= mouse_y and mouse_y < 24 + 72 * 10:`	마우스 포인터 좌표가 게임 영역 내에 있으면
16 `        cursor_x = int((mouse_x - 24) / 72)`	포인터의 X 좌표에서 커서의 X 좌표 계산
17 `        cursor_y = int((mouse_y - 24) / 72)`	포인터의 Y 좌표에서 커서의 Y 좌표 계산
18 `    cvs.delete("CURSOR")`	커서 삭제
19 `    cvs.create_image(cursor_x * 72 + 60, cursor_y * 72 + 60, image=cursor, tag="CURSOR")`	새로운 위치에 커서 표시
20 `    root.after(100, game_main)`	0.1초 후 함수 재실행
21	
22 `root = tkinter.Tk()`	윈도우 객체 생성
23 `root.title("커서 표시")`	윈도우 제목 지정
24 `root.resizable(False, False)`	윈도우 크기 변경 불가 설정
25 `root.bind("<Motion>", mouse_move)`	마우스 포인터 이동 시 실행할 함수 지정
26 `cvs = tkinter.Canvas(root, width=912, height=768)`	캔버스 컴포넌트 생성
27 `cvs.pack()`	캔버스 컴포넌트 배치
28	
29 `bg = tkinter.PhotoImage(file="neko_bg.png")`	배경 이미지 로딩
30 `cursor = tkinter.PhotoImage(file="neko_cursor.png")`	커서 이미지 로딩
31 `cvs.create_image(456, 384, image=bg)`	캔버스에 배경 그리기
32 `game_main()`	실시간 처리 수행 함수 호출
33 `root.mainloop()`	윈도우 표시

이 프로그램을 실행하면 다음과 같이 마우스 포인터 위치에 커서가 표시됩니다.

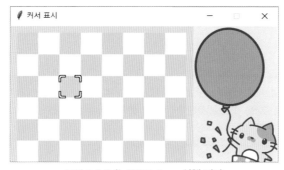

그림 9-3-2 list0903_1.py 실행 결과

16~17번 행에서 마우스 포인터 좌표값을 사용해 게임 보드에서 커서의 위치를 계산합니다.

```
cursor_x = int((mouse_x - 24) / 72)
cursor_y = int((mouse_y - 24) / 72)
```

이 계산식에서 사용하는 숫자값은 그림 9-3-1에서의 어떤 값인지를 확인해 봅니다.

24는 여백 부분의 픽셀 수, 72는 1칸의 크기입니다. mouse_x - 24, mouse_y - 24는 다음 그림에서 칸의 왼쪽 모서리를 원점으로 하기 위한 뺄셈입니다.

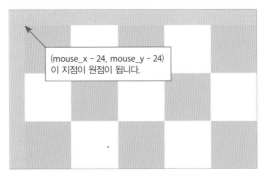

(mouse_x - 24, mouse_y - 24)
이 지점이 원점이 됩니다.

그림 9-3-3 화면 영역의 원점

'(mouse_x - 24)를 72로 나눈 몫이 왼쪽으로부터 몇 번째 칸인가?', '(mouse_y - 24)를 72로 나눈 몫이 위로부터 몇 번째 칸인가?'라는 값이 됩니다. 나눗셈한 값의 소수점 이하를 int() 명령으로 버리고 몫을 구합니다.

커서를 그리는 위치(캔버스 상 좌표) 지정 부분도 확인합니다. 19번 행과 같이 'cursor_x ∗ 72 + 60, cursor_y ∗ 72 + 60'이라는 식으로 커서의 위치로부터 캔버스 상의 좌표를 구합니다. 이 계산식의 의미는 1칸의 크기가 72픽셀이므로 72를 더하고, create_image() 명령의 좌표는 이미지의 중심이므로 여백의 24픽셀과 위치 절반 크기인 36픽셀을 합한 60픽셀을 더합니다.

파이썬에서 캔버스에 그린 이미지나 도형을 새로 그릴 때는 이전 이미지나 도형을 delete()로 먼저 삭제하세요. 삭제를 하지 않고 다시 그리는 경우 프로그램이 이상하게 동작하는 경우가 있으므로 주의하세요.

위치 데이터 관리하기

격자(게임판)에 늘어놓을 고양이(블록)를 리스트로 관리하는 프로그램을 확인합니다.

>>> 2차원 리스트로 관리하기

격자는 가로 8칸, 세로 10칸으로 되어 있습니다. 칸에는 아무것도 들어있지 않거나, 6종류의 고양이 중 하나가 들어갑니다. 이런 게임 화면은 앞 장에서 학습한 것처럼 2차원 리스트를 사용해 관리합니다.

이번 프로그램에서는 리스트의 엘리먼트 값(데이터)을 다음과 같이 정의합니다. 리스트 명칭은 neko이며, 2차원 리스트 neko[y][x]에 데이터를 넣고 꺼냅니다.

neko[y][x]	0	1	2	3	4	5	6	7
	표시 없음							

※ 7번 발자국 이미지는 떨어진 고양이를 지웁니다.

그림 9-4-1 2차원 리스트로 화면 관리

8 × 10칸을 2차원 리스트로 정의하고 고양이 이미지를 표시하는 프로그램을 확인합니다. 이미지는 여러 장이므로 1차원 리스트로 관리합니다. 동작 확인 후, 리스트에 이미지를 로딩하는 방법을 설명합니다. 다음 프로그램을 입력하고 파일 이름을 붙여 저장한 뒤 실행해 봅니다.

리스트 list0904_1.py(※ 2차원 리스트와 고양이 표시 부분 굵게 표시)

```
1  import tkinter                              Tkinter 모듈 임포트
2
3  neko = [                                    위치를 관리할 2차원 리스트
4      [1, 0, 0, 0, 0, 0, 7, 7],
5      [0, 2, 0, 0, 0, 0, 7, 7],
6      [0, 0, 3, 0, 0, 0, 0, 0],
7      [0, 0, 0, 4, 0, 0, 0, 0],
8      [0, 0, 0, 0, 5, 0, 0, 0],
9      [0, 0, 0, 0, 0, 6, 0, 0],
10     [0, 0, 0, 0, 0, 0, 0, 0],
11     [0, 0, 0, 0, 0, 0, 0, 0],
```

```
12          [0, 0, 0, 0, 0, 0, 0, 0],
13          [0, 0, 1, 2, 3, 4, 5, 6]
14      ]
15
16      def draw_neko():                                        고양이 표시 함수
17          for y in range(10):                                     반복: y는 0부터 9까지 1씩 증가
18              for x in range(8):                                  반복: x는 0부터 7까지 1씩 증가
19                  if neko[y][x] > 0:                              리스트 엘리먼트 값이 0보다 크면
20                      cvs.create_image(x * 72 + 60, y * 72        고양이 이미지 표시
       + 60, image=img_neko[neko[y][x]])
21
22      root = tkinter.Tk()                                     윈도우 객체 생성
23      root.title("2차원 리스트로 위치 관리함")                     윈도우 제목 지정
24      root.resizable(False, False)                            윈도우 크기 변경 불가 설정
25      cvs = tkinter.Canvas(root, width=912, height=768)       캔버스 컴포넌트 생성
26      cvs.pack()                                              캔버스 컴포넌트 배치
27
28      bg = tkinter.PhotoImage(file="neko_bg.png")             배경 이미지 로딩
29      img_neko = [                                            리스트로 여러 고양이 이미지 관리
30          None,                                                  image_neko[0]는 아무것도 없는 값
31          tkinter.PhotoImage(file="neko1.png"),
32          tkinter.PhotoImage(file="neko2.png"),
33          tkinter.PhotoImage(file="neko3.png"),
34          tkinter.PhotoImage(file="neko4.png"),
35          tkinter.PhotoImage(file="neko5.png"),
36          tkinter.PhotoImage(file="neko6.png"),
37          tkinter.PhotoImage(file="neko_niku.png")
38      ]
39
40      cvs.create_image(456, 384, image=bg)                    캔버스에 배경 그리기
41      draw_neko()                                             고양이 표시 함수 호출
42      root.mainloop()                                         윈도우 표시
```

이 프로그램을 실행하면 2차원 리스트로 정의한 대로 고양이와 발자국 이미지가 표시됩니다.

그림 9-4-2 list0904_1.py 실행 결과

3~14번 행이 칸 위의 고양이를 관리하는 1차원 리스트입니다. 리스트 값과 그림 9-4-1 이 미지 번호를 대조해 보기 바랍니다.

16~20번 행에 정의한 draw_neko() 함수로 고양이와 발자국 이미지를 표시합니다. 20번 행 create_image() 명령의 인수 좌표는 'x * 72 + 60, y * 72 + 60'이며, 칸의 중심 위치를 지정합니다.

29~38번 행이 이미지를 로딩하는 리스트로 0번째 엘리먼트를 None으로 지정합니다. 파이썬에서는 '아무것도 존재하지 않는 상태'를 None으로 표시합니다. neko[y][x] 값이 0인 곳에는 아무것도 표시하지 않는 이미지가 없으므로 이 프로그램에서는 '이미지 불필요'라는 의미로 None을 사용합니다.

> 파이썬에서 여러 이미지를 다룰 때는 이 프로그램과 같이 리스트를 사용해 이미지 파일을 관리하면 편리해요.

9-5 블록 낙하 알고리즘

고양이(블록) 낙하 처리를 추가합니다.

▶▶▶ 리스트 값 확인하기

고양이가 존재하는 칸의 한 칸 아래 위치가 비어 있는 경우 고양이를 빈 칸으로 이동시키면 한 칸 낙하한 것이 됩니다. 이 처리를 모든 칸에 적용하면 화면 전체의 고양이를 떨어뜨릴 수 있습니다. 한 칸씩 떨어뜨리기 위해서는 아래쪽 칸부터 위쪽 칸 방향으로 확인해 나가야 합니다. 프로그램의 동작을 확인한 후 그림과 함께 설명합니다.

다음 프로그램을 입력하고 파일 이름을 붙여 저장한 뒤 실행해 봅니다.

리스트 list0905_1.py(※ 고양이 낙하 관련 처리 굵게 표시)

1	`import tkinter`	tkinter 모듈 임포트
2		
3	`neko = [`	위치를 관리할 2차원 리스트
4	`    [1, 0, 0, 0, 0, 0, 1, 2],`	
5	`    [0, 2, 0, 0, 0, 0, 3, 4],`	
6	`    [0, 0, 3, 0, 0, 0, 0, 0],`	
7	`    [0, 0, 0, 4, 0, 0, 0, 0],`	
8	`    [0, 0, 0, 0, 5, 0, 0, 0],`	
9	`    [0, 0, 0, 0, 0, 6, 0, 0],`	
10	`    [0, 0, 0, 0, 0, 0, 0, 0],`	
11	`    [0, 0, 0, 0, 0, 0, 0, 0],`	
12	`    [0, 0, 0, 0, 0, 0, 0, 0],`	
13	`    [0, 0, 1, 2, 3, 4, 0, 0]`	
14	`]`	
15		
16	`def draw_neko():`	고양이 표시 함수
17	`    for y in range(10):`	반복: y는 0부터 9까지 1씩 증가
18	`        for x in range(8):`	반복: x는 0부터 7까지 1씩 증가
19	`            if neko[y][x] > 0:`	리스트 엘리먼트 값이 0보다 크면
20	`                cvs.create_image(x * 72 + 60, y * 72 + 60, image = img_neko[neko[y][x]], tag="NEKO")`	고양이 이미지 표시
21		
22	`def drop_neko():`	고양이 낙하 함수
23	`    for y in range(8, -1, -1):`	반복: y는 8부터 0까지 1씩 감소
24	`        for x in range(8):`	반복: x는 0부터 7까지 1씩 증가
25	`            if neko[y][x] != 0 and neko[y + 1][x] == 0:`	고양이가 있는 칸의 아래 칸이 비었다면
26	`                neko[y + 1][x] = neko[y][x]`	빈 칸에 고양이를 넣음

| 27 | `                    neko[y][x] = 0` | 원래 고양이가 있던 칸을 비움 |

```
29 def game_main():
30     drop_neko()
31     cvs.delete("NEKO")
32     draw_neko()
33     root.after(100, game_main)
34
35 root = tkinter.Tk()
36 root.title("고양이 낙하시키기")
37 root.resizable(False, False)
38 cvs = tkinter.Canvas(root, width=912, height=768)
39 cvs.pack()
40
41 bg = tkinter.PhotoImage(file="neko_bg.png")
42 img_neko = [
43     None,
44     tkinter.PhotoImage(file="neko1.png"),
45     tkinter.PhotoImage(file="neko2.png"),
46     tkinter.PhotoImage(file="neko3.png"),
47     tkinter.PhotoImage(file="neko4.png"),
48     tkinter.PhotoImage(file="neko5.png"),
49     tkinter.PhotoImage(file="neko6.png"),
50     tkinter.PhotoImage(file="neko_niku.png")
51 ]
52
53 cvs.create_image(456, 384, image=bg)
54 game_main()
55 root.mainloop()
```

오른쪽 주석:
- 29 메인 처리(실시간 처리) 수행 함수
- 30 **고양이 낙하 함수 호출**
- 31 고양이 이미지 삭제
- 32 고양이 표시
- 33 0.1초 후 메인 함수 재호출
- 35 윈도우 객체 생성
- 36 윈도우 제목 지정
- 37 윈도우 크기 변경 불가 설정
- 38 캔버스 컴포넌트 생성
- 39 캔버스 컴포넌트 배치
- 41 배경 이미지 로딩
- 42 리스트로 여러 고양이 이미지 관리
- 43 image_neko[0]는 아무것도 없는 값임
- 53 캔버스에 배경 그리기
- 54 고양이 표시 함수 호출
- 55 윈도우 표시

이 프로그램을 실행하면 고양이가 떨어집니다. 화면은 생략합니다. 여러 차례 실행하면서 동작을 확인합니다.

22~27번 행에 정의한 drop_neko()가 고양이를 떨어뜨리는 함수입니다. 이 함수는 neko[y][x] 위치에 고양이가 있고 그 아래 위치인 neko[y+1][x]의 값이 0이면(즉, 빈칸이라면), neko[y+1][x]에 neko[y][x]의 값을 넣고, neko[y][x]의 값을 0으로 만듭니다. 이로써 고양이를 한 칸 아래로 이동시킵니다. 이 처리는 2중 반복 for 구문으로 아래 칸부터 위 칸 방향으로 수행해야 합니다. 그림으로 나타내면 다음과 같습니다.

그림 9-5-1 2중 반복을 사용한 판정

가장 아래 행은 확인하지 않아도 되므로 ❶ 행부터 확인합니다. 2중 반복 for 구문에서 y의 값이 8인 경우 x의 값은 0→1→2→3→4→5→6→7로 변화하면서 옆으로 확인을 수행하며, 떨어뜨려야 할 고양이가 있다면 한 층 낙하시킵니다. 다음으로 y 값이 7이 되고 ❷ 행을 확인합니다. 이 과정을 y 값이 0, x 값이 7이 될 때까지 2중 반복을 수행합니다.

만약 이를 위에서 아래 방향으로 수행하면 1행의 고양이가 2행으로 이동하고 2행으로 이동한 그 고양이가 3행으로 이동하는 과정이 한꺼번에 수행되면서 단계적이 아니라 한 번에 맨 아래로 떨어져 버립니다.

drop_neko() 함수를 30번 행과 같이 실시간 처리 중 호출함으로써 고양이가 자동으로 떨어지도록 합니다.

클릭해서 블록 떨어뜨리기

클릭한 위치에 고양이를 놓는 처리를 추가합니다.

>>> 블록 위치와 낙하

Lesson 9-2부터 Lesson 9-5 처리를 조합해 클릭한 칸에 고양이를 놓을 수 있게 합니다. 칸에 놓은 고양이는 자동으로 낙하합니다. 다음 프로그램을 입력하고 파일 이름을 붙여 저장한 뒤 실행해 봅니다.

리스트 list0906_1.py(※ 고양이 낙하 관련 처리 굵게 표시)

```
1   import tkinter
2   import random
3
4   cursor_x = 0
5   cursor_y = 0
6   mouse_x = 0
7   mouse_y = 0
8   mouse_c = 0
9
10  def mouse_move(e):
11      global mouse_x, mouse_y
12      mouse_x = e.x
13      mouse_y = e.y
14
15  def mouse_press(e):
16      global mouse_c
17      mouse_c = 1
18
19  neko = [
20      [0, 0, 0, 0, 0, 0, 0, 0],
21      [0, 0, 0, 0, 0, 0, 0, 0],
22      [0, 0, 0, 0, 0, 0, 0, 0],
23      [0, 0, 0, 0, 0, 0, 0, 0],
24      [0, 0, 0, 0, 0, 0, 0, 0],
25      [0, 0, 0, 0, 0, 0, 0, 0],
26      [0, 0, 0, 0, 0, 0, 0, 0],
27      [0, 0, 0, 0, 0, 0, 0, 0],
28      [0, 0, 0, 0, 0, 0, 0, 0],
29      [0, 0, 0, 0, 0, 0, 0, 0]
30  ]
```

	tkinter 모듈 임포트
	random 모듈 임포트
	커서 가로 방향 위치(왼쪽부터 몇 번째 칸인지)
	커서 세로 방향 위치(위쪽부터 몇 번째 칸인지)
	마우스 포인터 X 좌표
	마우스 포인터 Y 좌표
	마우스 포인터 클릭 판정 변수(플래그)
	마우스 포인터 이동 시 실행할 함수
	mouse_x, mouse_y를 전역 변수로 선언
	mouse_x에 마우스 포인터의 X 좌표 대입
	mouse_y에 마우스 포인터의 Y 좌표 대입
	마우스 버튼 클릭 시 실행할 함수
	mouse_c를 전역 변수로 선언
	mouse_c에 1 대입
	칸을 관리할 2차원 리스트

```
31
32  def draw_neko():
33      for y in range(10):
34          for x in range(8):
35              if neko[y][x] > 0:
36                  cvs.create_image(x * 72 +
    60, y * 72 + 60, image=img_neko[neko[y][x]],
    tag="NEKO")
37
38  def drop_neko():
39      for y in range(8, -1, -1):
40          for x in range(8):
41              if neko[y][x] != 0 and neko[y + 1][x]
    == 0:
42                  neko[y + 1][x] = neko[y][x]
43                  neko[y][x] = 0
44
45  def game_main():
46      global cursor_x, cursor_y, mouse_c
47      drop_neko()
48      if 24 <= mouse_x and mouse_x < 24 + 72 * 8
    and 24 <= mouse_y and mouse_y < 24 + 72 * 10:
49          cursor_x = int((mouse_x - 24) / 72)
50          cursor_y = int((mouse_y - 24) / 72)
51          if mouse_c == 1:
52              mouse_c = 0
53              neko[cursor_y][cursor_x] = random.
    randint(1, 6)
54      cvs.delete("CURSOR")
55      cvs.create_image(cursor_x * 72 + 60, cursor_
    y * 72 + 60, image=cursor, tag="CURSOR")
56      cvs.delete("NEKO")
57      draw_neko()
58      root.after(100, game_main)
59
60  root = tkinter.Tk()
61  root.title("클릭해서 고양이 놓기")
62  root.resizable(False, False)
63  root.bind("<Motion>", mouse_move)
64  root.bind("<ButtonPress>", mouse_press)
65  cvs = tkinter.Canvas(root, width=912,
    height=768)
66  cvs.pack()
67
68  bg = tkinter.PhotoImage(file="neko_bg.png")
69  cursor = tkinter.PhotoImage(file="neko_cursor.
    png")
70  img_neko = [
71      None,
```

| 고양이 표시 함수 |
| 반복: y는 0부터 9까지 1씩 증가 |
| 반복: x는 0부터 7까지 1씩 증가 |
| 리스트 엘리먼트 값이 0보다 크면 |
| 고양이 이미지 표시 |

고양이 낙하 함수
반복: y는 8부터 0까지 1씩 감소
반복: x는 0부터 7까지 1씩 증가
고양이가 있는 칸의 아래 칸이 비었다면

빈 칸에 고양이를 넣음
원래 고양이가 있던 칸을 비움

메인 처리(실시간 처리) 수행 함수
cursor_x, cursor_y 전역 변수 선언
고양이 낙하 함수 호출
마우스 포인터 좌표가 격자 위라면

포인터 X 좌표에서 커서 가로 위치 계산
포인터 Y 좌표에서 커서 세로 위치 계산
마우스 포인터를 클릭했다면
클릭 플래그 해제
커서 위치 칸에 무작위로 고양이 배치

커서 삭제
새로운 위치에 커서 표시

고양이 이미지 삭제
고양이 표시
0.1초 후 메인 함수 재호출

윈도우 객체 생성
윈도우 제목 지정
윈도우 크기 변경 불가 설정
마우스 이동 시 실행할 함수 지정
마우스 포인터 클릭 시 실행할 함수 지정
캔버스 컴포넌트 생성

캔버스 컴포넌트 배치

배경 이미지 로딩
커서 이미지 로딩

리스트로 여러 고양이 이미지 관리
image_neko[0]는 아무것도 없는 값

```
72        tkinter.PhotoImage(file="neko1.png"),
73        tkinter.PhotoImage(file="neko2.png"),
74        tkinter.PhotoImage(file="neko3.png"),
75        tkinter.PhotoImage(file="neko4.png"),
76        tkinter.PhotoImage(file="neko5.png"),
77        tkinter.PhotoImage(file="neko6.png"),
78        tkinter.PhotoImage(file="neko_niku.png")
79    ]
80
81    cvs.create_image(456, 384, image=bg)      캔버스에 배경 그리기
82    game_main()                                고양이 표시 함수 호출
83    root.mainloop()                            윈도우 표시
```

이 프로그램을 실행한 뒤 마우스로 커서를 이동한 후에 클릭하면 그 칸에 고양이를 놓을 수 있습니다. 칸에 놓인 고양이는 아래로 떨어집니다.

그림 9-6-1 list0906_1.py 실행 결과

48~53번 행에서 커서 이동과 클릭한 칸에 고양이를 놓는 처리를 수행합니다. 이 부분의 프로그램은 다음과 같습니다.

```
if 24 <= mouse_x and mouse_x < 24+72*8 and 24 <= mouse_
y and mouse_y < 24+72*10:
    cursor_x = int((mouse_x-24)/72)
    cursor_y = int((mouse_y-24)/72)
    if mouse_c == 1:
        mouse_c = 0
        neko[cursor_y][cursor_x] = random.randint(1, 6)
```

그림 9-6-2 마우스 이동 판정 부분

파란 테두리의 if 구문에서 마우스 포인터가 칸 위에 있는지 판정합니다. 칸 위에 있다면 커서의 가로 방향 위치와 세로 방향 위치를 계산합니다.

빨간 테두리의 if 구문에서 마우스 버튼을 클릭했는지 판정하고 고양이를 놓습니다. 이때 mouse_c 값에 0을 대입하므로 클릭할 때마다 고양이를 놓습니다. 시험 삼아 'mouse_c = 0' 부분을 삭제하거나 주석 처리(→ 29페이지)한 뒤 프로그램을 실행합니다. 그러면 클릭했을 때 고양이가 계속 놓입니다.

고양이를 놓을 때 'mouse_c = 0'를 함으로써 클릭 시 들려 있던 플래그를 내리는 것이 핵심입니다. Lesson 9-2의 마우스 입력 프로그램 list0902_1.py에 있는 '마우스 버튼에서 손을 뗐을 때 실행하는 함수'를 넣을 필요는 없습니다. 이후 프로그램에서도 마우스 버튼에서 손을 뗐을 때의 처리는 하지 않습니다.

여기에서 설명한 if 구문 안에 또 다른 if 구문을 넣는 것은 소프트웨어 개발 시 매우 자주 사용하므로 이 구조를 잘 이해해 두도록 합니다.

파이썬에서 블록은 보통 공백 4칸을 들여쓴다고 앞에서 학습했어요. 그림 9-6-2는 if 구문 들여쓰기 안에 추가로 하나의 if 구문이 포함된 것으로 안쪽 if 구문의 블록은 공백 8칸을 들여쓴 것을 확인해 보세요.

블록 모임 판정 알고리즘

낙하 퍼즐에서 블록이 모였는지 판정하는 알고리즘이 필요합니다. 이를 어떻게 프로그래밍하면 좋을지 생각해 봅니다. 블록이 나란히 있는지 판정할 수 있는 방법은 여러가지가 있지만, 여기에서는 프로그래밍 초보자가 이해하기 쉬운 판정 방법을 설명합니다.

▶▶▶ 3개가 나란히 늘어선 상태 확인하기

가로로 3개가 나란히 늘어선 상태를 판정하는 방법을 생각해 봅니다. 다음 그림과 같이 가운데 위치한 고양이 neko[y][x]의 값이 왼쪽 고양이 neko[y][x-1], 오른쪽 고양이 neko[y][x+1]의 값과 일치한다면 가로로 3개가 늘어선 상태임을 알 수 있습니다.

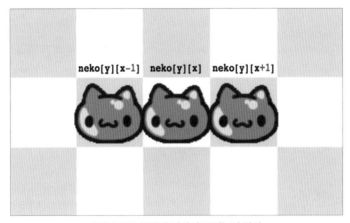

그림 9-7-1 블록이 나란히 모였는지 판정

이 판정을 2중 반복 for 구문으로 모든 칸에 적용하면 가로로 3개 이어진 장소를 판정할 수 있습니다. 이 방법으로 판정하는 프로그램을 확인합니다. 고양이를 낙하하는 처리는 생략하고 동작 확인이 쉽도록, 클릭한 위치에 분홍 혹은 하늘색 고양이 중 하나가 떨어지도록 했습니다. 풍선에 표시한 '테스트'라는 문자를 클릭해서 3개가 이어진 고양이가 있다면 발자국 이미지로 바뀝니다. 이 프로그램에서는 2차원 리스트 neko를 append() 명령으로 준비합니다. append() 명령에 대해서는 동작 확인 후 설명합니다.

그러면 다음 프로그램을 입력하고 파일 이름을 붙여 저장한 뒤 실행해 봅니다.

리스트 list0907_1.py(※ 고양이 낙하 관련 처리 굵게 표시)

1	`import tkinter`	tkinter 모듈 임포트
2	`import random`	random 모듈 임포트
3		
4	`cursor_x = 0`	커서 가로 방향 위치(왼쪽부터 몇 번째 칸인지)
5	`cursor_y = 0`	커서 세로 방향 위치(위쪽부터 몇 번째 칸인지)
6	`mouse_x = 0`	마우스 포인터 X 좌표
7	`mouse_y = 0`	마우스 포인터 Y 좌표
8	`mouse_c = 0`	마우스 포인터 클릭 판정 변수(플래그)
9		
10	`def mouse_move(e):`	마우스 포인터 이동 시 실행할 함수
11	`    global mouse_x, mouse_y`	mouse_x, mouse_y를 전역 변수로 선언
12	`    mouse_x = e.x`	mouse_x에 마우스 포인터의 X 좌표 대입
13	`    mouse_y = e.y`	mouse_y에 마우스 포인터의 Y 좌표 대입
14		
15	`def mouse_press(e):`	마우스 버튼 클릭 시 실행할 함수
16	`    global mouse_c`	mouse_c를 전역 변수로 선언
17	`    mouse_c = 1`	mouse_c에 1 대입
18		
19	`neko = []`	칸을 관리할 2차원 리스트
20	`for i in range(10):`	반복
21	`    neko.append([0, 0, 0, 0, 0, 0, 0, 0])`	append() 명령으로 리스트 초기화
22		
23	`def draw_neko():`	고양이 표시 함수
24	`    for y in range(10):`	반복: y는 0부터 9까지 1씩 증가
25	`        for x in range(8):`	반복: x는 0부터 7까지 1씩 증가
26	`            if neko[y][x] > 0:`	리스트 엘리먼트 값이 0보다 크면

27	`                cvs.create_image(x * 72 + 60,`
	`y * 72 + 60, image = img_neko[neko[y][x]],`
	`tag="NEKO")`
		고양이 이미지 표시

28		
29	**`def yoko_neko():`**	**고양이가 가로로 3개 놓였는지 확인하는 함수**
30	**`    for y in range(10):`**	**반복: y는 0부터 9까지 1씩 증가**
31	**`        for x in range(1, 7):`**	**반복: x는 1부터 6까지 1씩 증가**
32	**`            if neko[y][x] > 0:`**	**칸에 고양이가 놓여 있고**
33	**`                if neko[y][x - 1] == neko[y][x]`** **`and neko[y][x + 1] == neko[y][x]:`**	**좌우에 같은 고양이가 놓였다면**
34	**`                    neko[y][x - 1] = 7`**	**해당 칸을 발자국으로 변경**
35	**`                    neko[y][x] = 7`**	**"**
36	**`                    neko[y][x + 1] = 7`**	**"**
37		
38	**`def game_main():`**	메인 처리(실시간 처리) 수행 함수
39	**`    global cursor_x, cursor_y, mouse_c`**	**전역 변수 선언**
40	**`    if 660 <= mouse_x and mouse_x < 840 and 100`** **`<= mouse_y and mouse_y < 160 and mouse_c == 1:`**	풍선의 '테스트'라는 문자를 클릭하면
41	**`        mouse_c = 0`**	클릭 플래그 해제
42	**`        yoko_neko()`**	**가로 놓임 확인 함수 실행**

```
43    if 24 <= mouse_x and mouse_x < 24 + 72 * 8 and 24 <= mouse_y
      and mouse_y < 24 + 72 * 10:
44        cursor_x = int((mouse_x - 24) / 72)
45        cursor_y = int((mouse_y - 24) / 72)
46        if mouse_c == 1:
47            mouse_c = 0
48            neko[cursor_y][cursor_x] = random.
      randint(1, 2)
49    cvs.delete("CURSOR")
50    cvs.create_image(cursor_x * 72 + 60, cursor_y *
      72 + 60, image=cursor, tag="CURSOR")
51    cvs.delete("NEKO")
52    draw_neko()
53    root.after(100, game_main)
54
55 root = tkinter.Tk()
56 root.title("가로로 3개가 나란히 놓였는가?")
57 root.resizable(False, False)
58 root.bind("<Motion>", mouse_move)
59 root.bind("<ButtonPress>", mouse_press)
60 cvs = tkinter.Canvas(root, width=912, height=768)
61 cvs.pack()
62
63 bg = tkinter.PhotoImage(file="neko_bg.png")
64 cursor = tkinter.PhotoImage(file="neko_cursor.png")
65 img_neko = [
66     None,
67     tkinter.PhotoImage(file="neko1.png"),
68     tkinter.PhotoImage(file="neko2.png"),
69     tkinter.PhotoImage(file="neko3.png"),
70     tkinter.PhotoImage(file="neko4.png"),
71     tkinter.PhotoImage(file="neko5.png"),
72     tkinter.PhotoImage(file="neko6.png"),
73     tkinter.PhotoImage(file="neko_niku.png")
74 ]
75
76 cvs.create_image(456, 384, image=bg)
77 cvs.create_rectangle(660, 100, 840, 160,
   fill="white")
78 cvs.create_text(750, 130, text="테스트", fill="red",
   font=("Times New Roman", 30))
79 game_main()
80 root.mainloop()
```

마우스 포인터 좌표가 격자 위라면

포인터 X좌표에서 커서 가로 위치 계산
포인터 Y좌표에서 커서 세로 위치 계산
마우스 포인터를 클릭했다면
클릭 플래그 해제
커서 위치 칸에 무작위로 고양이 배치

커서 삭제
새로운 위치에 커서 표시

고양이 이미지 삭제
고양이 표시
0.1초 후 메인 함수 재호출

윈도우 객체 생성
윈도우 제목 지정
윈도우 크기 변경 불가 설정
마우스 이동 시 실행할 함수 지정
마우스 포인터 클릭 시 실행할 함수 지정
캔버스 컴포넌트 생성
캔버스 컴포넌트 배치

배경 이미지 로딩
커서 이미지 로딩
리스트로 여러 고양이 이미지 관리
img_neko[0]는 아무것도 없는 값임

캔버스에 배경 그리기
풍선 내 테두리 그리기

테스트 문자 표시

메인 처리 수행 함수 호출
윈도우 표시

이 프로그램을 실행하고 칸을 클릭해서 예를 들면, 다음과 같이 하늘색 고양이 3개를 나란히 놓습니다.

그림 9-7-2 하늘색 고양이 나란히 놓기

그리고 풍선 안의 테스트 문자를 클릭하면 하늘색 고양이가 발자국으로 바뀝니다.

그림 9-7-3 풍선 안 문자 클릭

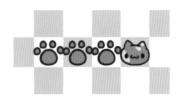

그림 9-7-4 고양이 이미지 변경

29~36번 행이 가로로 3개 연결된 것을 판정하는 yoko_neko() 함수입니다. 2중 반복 for 구문으로 칸 전체를 확인하고 같은 고양이가 가로로 3개 놓여 있으면, 해당 칸(리스트 엘리먼트)을 발자국 값인 7로 바꿉니다. 40~42번 행에서 테스트 문자를 클릭할 때 이 함수를 호출합니다.

yoko_neko() 함수의 2중 반복에서 x의 범위는 range(1, 7)로 지정해 1부터 6까지의 값을 사용합니다. 확인해야 할 리스트를 neko[y][x-1], neko[y][x], neko[y][x+1]으로 하기 때문입니다. 만약 range(0, 8)로 지정해 x 값 범위를 0부터 7까지로 하면 0과 7인 경우 범위를 벗어난 것(out of index, neko[y][-1], neko[y][8])을 확인하게 되므로 에러가 발생합니다.

⟫⟫ append() 명령

앞의 list0906_1.py에서는 2차원 리스트 neko를 [0, 0, 0, 0, 0, 0, 0, 0] 리스트 10개를 이어서 썼습니다. 보기에는 편하지만, 프로그램 입장에서는 약간 낭비라고 할 수 있습니다. 여기에서는 리스트에 엘리먼트를 추가하는 append() 명령을 사용해 간략하게 만들 수 있습니다. 19번 행에서 neko = []로 빈 리스트를 준비한 뒤, 20~21번 행에서 반복 for 구문과 append() 명령으로 [0, 0, 0, 0, 0, 0, 0, 0]을 10개 행만큼 추가합니다.

⟫⟫⟫ 이 판정 방법의 문제점

이 방법에서 가로로 3개가 나란히 놓인 것을 판정할 수 있음을 알았습니다. 동일하게 세로로 3개 나란히 놓인 것, 대각선으로 3개 나란히 놓인 것을 판정할 수 있으면 됩니다. 하지만 실은 예시로 든 방법에는 두 가지 문제점이 있습니다.

> **문제점 ❶**
> 4개, 5개, 7개, 8개가 나란히 놓인 상황에서는 판정할 수 없는 칸이 존재합니다.

예를 들어, 4개가 나란히 연결되었을 때 테스트 문자를 클릭해 봅니다. 다음 그림과 같이 가장 오른쪽 고양이 하나가 남게 됩니다.

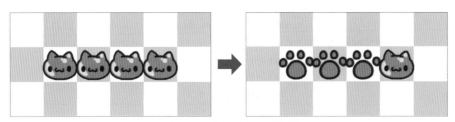

그림 9-7-5 **4개가 나란히 놓인 경우**

> **문제점 ❷**
> 가로로 나란히 놓였는지 판정한 후, 세로로 나란히 놓였는지 판정하면 올바르게 판정할 수 없습니다.

다음과 같이 프로그램을 입력한 뒤, 세로로 3개가 나란히 놓였는지도 판정해 보도록 합니다.

```
def yoko_neko():

    for y in range(10):
        for x in range(1, 7):
            if neko[y][x] > 0:
                if neko[y][x-1] == neko[y][x] and neko[y]
[x+1] == neko[y][x]:
                    neko[y][x-1] = 7
                    neko[y][x] = 7
                    neko[y][x+1] = 7

    for y in range(1, 9):
        for x in range(8):
            if neko[y][x] > 0:
                if neko[y-1][x] == neko[y][x] and neko[y+1]
[x] == neko[y][x]:
                    neko[y-1][x] = 7
                    neko[y][x] = 7
                    neko[y+1][x] = 7
```

가로로 3개가 나란히 놓였는가?

세로로 3개가 나란히 놓였는가?

그림 9-7-6 세로로 나란히 놓였는지 확인하기

이 프로그램에서는 다음 그림의 왼쪽과 같은 경우에는 판정할 수 있으나, 오른쪽과 같이 십자로 놓인 경우에는 가로 방향을 먼저 판정하므로 세로 방향은 판정하지 못합니다.

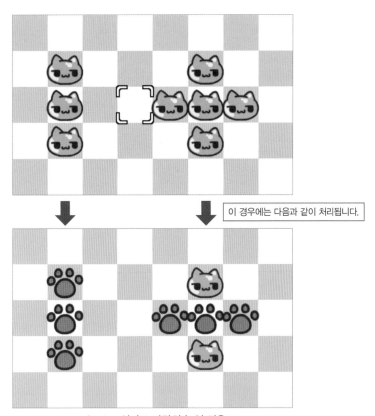

이 경우에는 다음과 같이 처리됩니다.

그림 9-7-7 **십자로 나란히 놓인 경우**

다음 Lesson 9-8에서는 고양이가 어떤 형태로 나란히 놓여 있더라도 올바르게 판정하도록 알고리즘을 개선합니다. list0907_1.py의 프로그램은 낭비였던 것이 아니라, 판정 방법을 개선한 알고리즘입니다.

올바른 알고리즘 조합하기

Lesson 9-7에서 찾아낸 문제점을 해결하고 가로, 세로, 대각선으로 3개 이상의 블록이 나란히 놓였는지 정확하게 판정하는 알고리즘을 완성합니다.

>>> 판정용 리스트 사용하기

Lesson 9-7에서 설명한 문제가 발생하지 않는 판정은 다음과 같이 수행합니다.

> ❶ 판정용 리스트를 준비하고, 해당 리스트에 칸별 데이터를 복사합니다.
>
> ⬇
>
> ❷ 판정용 리스트를 조사해서 같은 고양이가 3개 나란히 놓였는지 확인하고 나란히 놓였다면 게임용 리스트 값을 변경합니다.

❶을 이미지로 나타내면 다음과 같습니다. 판정용 리스트 명은 check로 합니다.

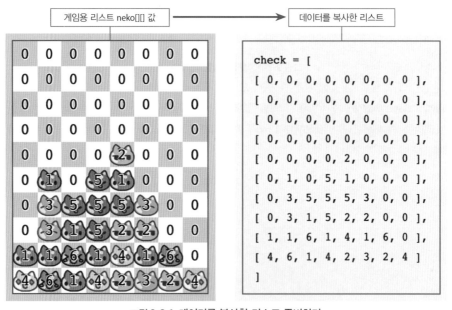

그림 9-8-1 데이터를 복사한 리스트 준비하기

어려운 내용이므로 동작 확인 후에 다시 설명합니다. 다음 프로그램을 입력하고 파일 이름을 붙여 저장한 뒤 실행해 봅니다.

리스트 list0908_1.py(※ 3개가 나란히 놓였는지 정확히 판정하는 처리 관련 처리는 굵게 표시)

1	`import tkinter`	tkinter 모듈 임포트
2	`import random`	random 모듈 임포트
3		
4	`cursor_x = 0`	커서 가로 방향 위치(왼쪽부터 몇 번째 칸인지)
5	`cursor_y = 0`	커서 세로 방향 위치(위쪽부터 몇 번째 칸인지)
6	`mouse_x = 0`	마우스 포인터 X 좌표
7	`mouse_y = 0`	마우스 포인터 Y 좌표
8	`mouse_c = 0`	마우스 포인터 클릭 판정 변수(플래그)
9		
10	`def mouse_move(e):`	마우스 포인터 이동 시 실행할 함수
11	`    global mouse_x, mouse_y`	mouse_x, mouse_y를 전역 변수로 선언
12	`    mouse_x = e.x`	mouse_x에 마우스 포인터의 X 좌표 대입
13	`    mouse_y = e.y`	mouse_y에 마우스 포인터의 Y 좌표 대입
14		
15	`def mouse_press(e):`	마우스 버튼 클릭 시 실행할 함수
16	`    global mouse_c`	mouse_c를 전역 변수로 선언
17	`    mouse_c = 1`	mouse_c에 1 대입
18		
19	`neko = []`	칸을 관리할 2차원 리스트
20	`check = []`	판정용 2차원 리스트
21	`for i in range(10):`	반복
22	`    neko.append([0, 0, 0, 0, 0, 0, 0, 0])`	append() 명령으로 리스트 초기화
23	`    check.append([0, 0, 0, 0, 0, 0, 0, 0])`	
24		
25	`def draw_neko():`	고양이 표시 함수
26	`    for y in range(10):`	반복: y는 0부터 9까지 1씩 증가
27	`        for x in range(8):`	반복: x는 0부터 7까지 1씩 증가
28	`            if neko[y][x] > 0:`	리스트 엘리먼트 값이 0보다 크면
29	`                cvs.create_image(x * 72 + 60, y * 72 + 60, image=img_neko[neko[y][x]], tag="NEKO")`	고양이 이미지 표시
30		
31	`def check_neko():`	고양이가 가로, 세로, 대각선 3개인지 확인하는 함수
32	`    for y in range(10):`	반복: y는 0부터 9까지 1씩 증가
33	`        for x in range(8):`	반복: x는 0부터 7까지 1씩 증가
34	`            check[y][x] = neko[y][x]`	판정용 리스트에 고양이 값 복사
35		
36	`    for y in range(1, 9):`	반복: y는 1부터 8까지 1씩 증가
37	`        for x in range(8):`	반복: x는 0부터 7까지 1씩 증가
38	`            if check[y][x] > 0:`	칸에 고양이가 놓여 있고
39	`                if check[y - 1][x] == check[y][x] and check[y + 1][x] == check[y][x]:`	위아래가 같은 고양이라면

40	`            neko[y - 1][x] = 7`	해당 칸을 발자국으로 변경
41	`            neko[y][x] = 7`	"
42	`            neko[y + 1][x] = 7`	"
43		
44	`    for y in range(10):`	반복: y는 0부터 9까지 1씩 증가
45	`        for x in range(1, 7):`	반복: x는 1부터 6까지 1씩 증가
46	`            if check[y][x] > 0:`	칸에 고양이가 놓여 있고
47	`                if check[y][x - 1] == check[y][x] and check[y][x + 1] == check[y][x]:`	좌우가 같은 고양이라면
48	`                    neko[y][x - 1] = 7`	해당 칸을 발자국으로 변경
49	`                    neko[y][x] = 7`	"
50	`                    neko[y][x + 1] = 7`	"
51		
52	`    for y in range(1, 9):`	반복: y는 1부터 8까지 1씩 증가
53	`        for x in range(1, 7):`	반복: x는 1부터 6까지 1씩 증가
54	`            if check[y][x] > 0:`	칸에 고양이가 놓여 있고
55	`                if check[y - 1][x - 1] == check[y][x] and check[y + 1][x + 1] == check[y][x]:`	왼쪽 위, 오른쪽 아래가 같은 고양이라면
56	`                    neko[y - 1][x - 1] = 7`	해당 칸을 발자국으로 변경
57	`                    neko[y][x] = 7`	"
58	`                    neko[y + 1][x + 1] = 7`	"
59	`                if check[y + 1][x - 1] == check[y][x] and check[y - 1][x + 1] == check[y][x]:`	왼쪽 아래, 오른쪽 위가 같은 고양이라면
60	`                    neko[y + 1][x - 1] = 7`	해당 칸을 발자국으로 변경
61	`                    neko[y][x] = 7`	"
62	`                    neko[y - 1][x + 1] = 7`	"
63		
64	`def game_main():`	메인 처리(실시간 처리) 수행 함수
65	`    global cursor_x, cursor_y, mouse_c`	cursor_x, cursor_y, mouse_c 전역 변수 선언
66	`    if 660 <= mouse_x and mouse_x < 840 and 100 <= mouse_y and mouse_y < 160 and mouse_c == 1:`	풍선의 '테스트'라는 문자를 클릭하면
67	`        mouse_c = 0`	클릭 플래그 해제
68	`        check_neko()`	**고양이 연결 확인 함수 실행**
69	`    if 24 <= mouse_x and mouse_x < 24 + 72 * 8 and 24 <= mouse_y and mouse_y < 24 + 72 * 10:`	마우스 포인터 좌표가 격자 위라면
70	`        cursor_x = int((mouse_x - 24) / 72)`	포인터 X좌표에서 커서 가로 위치 계산
71	`        cursor_y = int((mouse_y - 24) / 72)`	포인터 Y좌표에서 커서 세로 위치 계산
72	`        if mouse_c == 1:`	마우스 포인터를 클릭했다면
73	`            mouse_c = 0`	클릭 플래그 해제
74	`            neko[cursor_y][cursor_x] = random.randint(1, 2)`	커서 위치 칸에 무작위로 고양이 배치
75	`    cvs.delete("CURSOR")`	커서 삭제
76	`    cvs.create_image(cursor_x * 72 + 60, cursor_y * 72 + 60, image=cursor, tag="CURSOR")`	새로운 위치에 커서 표시
77	`    cvs.delete("NEKO")`	고양이 이미지 삭제
78	`    draw_neko()`	고양이 이미지 표시
79	`    root.after(100, game_main)`	0.1초 후 메인 함수 재호출
80		

```
81   root = tkinter.Tk()                                          윈도우 객체 생성
82   root.title("세로, 가로, 대각선으로 3개가 나란히 놓였는       윈도우 제목 지정
     가?")
83   root.resizable(False, False)                                 윈도우 크기 변경 불가 설정
84   root.bind("<Motion>", mouse_move)                            마우스 이동 시 실행할 함수 지정
85   root.bind("<ButtonPress>", mouse_press)                      마우스 포인터 클릭 시 실행할 함수 지정
86   cvs = tkinter.Canvas(root, width=912, height=768)            캔버스 컴포넌트 생성
87   cvs.pack()                                                   캔버스 컴포넌트 배치
88
89   bg = tkinter.PhotoImage(file="neko_bg.png")                  배경 이미지 로딩
90   cursor = tkinter.PhotoImage(file="neko_cursor.png")          커서 이미지 로딩
91   img_neko = [                                                 리스트로 여러 고양이 이미지 관리
92       None,                                                      img_neko[0]는 아무것도 없는 값임
93       tkinter.PhotoImage(file="neko1.png"),
94       tkinter.PhotoImage(file="neko2.png"),
95       tkinter.PhotoImage(file="neko3.png"),
96       tkinter.PhotoImage(file="neko4.png"),
97       tkinter.PhotoImage(file="neko5.png"),
98       tkinter.PhotoImage(file="neko6.png"),
99       tkinter.PhotoImage(file="neko_niku.png")
100  ]
101
102  cvs.create_image(456, 384, image=bg)                         캔버스에 배경 그리기
103  cvs.create_rectangle(660, 100, 840, 160,                     풍선 내 테두리 그리기
     fill="white")
104  cvs.create_text(750, 130, text="테스트", fill="red",         테스트 문자 표시
     font=("Times New Roman", 30))
105  game_main()                                                  메인 처리 수행 함수 호출
106  root.mainloop()                                              윈도우 표시
```

31~62번 행에 정의한 check_neko() 함수에서 고양이가 가로, 세로, 대각선으로 연결되어
있는지 판정합니다. 우선 32~34번 행에서 판정용 리스트 ckeck에 neko의 데이터를 복사
합니다. 36~42번 행에서 세로로 나란히 3개가 연결되어 있는지 확인하고, 연결되어 있다
면 발자국 모양으로 바꿉니다. 확인하는 리스트는 check[][], 발자국으로 바꾸는(즉, 7을 대
입하는) 리스트는 neko[][]라는 점이 핵심입니다. 이 방법으로 세로로 3개가 나란히 놓였는
지 빠짐없이 확인할 수 있습니다. 예를 들어, 다음 그림과 같이 5칸에 나란히 놓인 경우에
는 ❶, ❷, ❸의 순서대로 판정이 수행됩니다. ❶~❸ 각각을 판정할 시, neko[][]의 값이 7
이 되므로 모든 고양이가 발자국으로 바뀝니다.

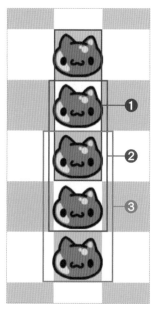

그림 9-8-2 5개가 나란히 늘어선 경우의 판정

44~50번 행에서는 가로 방향, 52~62번 행에서는 대각선 방향으로 같은 처리를 수행합니다. 고양이를 다양한 형태로 늘어 놓은 후 테스트 문자를 클릭하고 이 알고리즘이 고양이가 연결되어 놓인 곳을 올바르게 판정하는지 확인해 봅니다.

리스트는 다양한 방법으로 복사할 수 있어요. 예를 들면, copy 모듈을 사용하기 위해 import copy한 뒤 'check = copy.deepcopy(neko)'라고 입력하면 neko의 값을 복사해서 check를 만들 수 있어요. 파이썬에서 리스트를 복사할 때 주의할 점은 '복사된 리스트 = 복사할 리스트' 명령으로는 리스트를 복사할 수 없다는 것이예요. 예를 들어, 이번 프로그램에서 'check = neko'로 입력해도 데이터를 복사한 새로운 리스트가 만들어지지 않고 결과적으로 올바르게 판정할 수도 없어요.

타이틀 화면과 게임 오버 화면

Lesson 9-2부터 9-8까지에서 블록 낙하 퍼즐의 뼈대가 되는 프로그램을 만들었습니다. 타이틀 화면과 게임 오버 화면을 표시하는 처리 등을 추가해서 게임다운 하나의 흐름을 완성합니다.

⟫⟫⟫ 인덱스로 처리 구분하기

앞 장의 가장 마지막 부분에서 타이틀 화면과 게임 화면을 구분하는 방법을 설명했습니다 (→ 171페이지). 실제로 그 구조를 만들어 봅니다. index라는 변수를 준비하고, 그 값이 1인 경우에는 타이틀 화면 처리, 2~5인 경우에는 게임 중 각각의 처리, 6인 경우에는 게임 오버 화면 처리를 수행합니다. 게임 중인 경우는 다양한 동작이 필요하므로 4개의 인덱스로 구분해 처리합니다.

표 9-9-1 **변수 index 값으로 처리 구분하기**

index 값	처리 내용
0	타이틀 화면 문자를 표시하고 index 1 처리로 이동한다.
1	게임 시작을 위한 입력을 기다린다. 화면을 클릭하면 가장 먼저 떨어질 고양이를 세트한 뒤 index 2 처리로 이동한다.
2	[게임 중 처리 1] 고양이를 떨어뜨린다. 모든 고양이가 떨어지면 index 3 처리로 이동한다.
3	[게임 중 처리 2] 고양이가 3개 이상 나란히 놓였는지 확인하고 나란히 놓인 고양이가 있다면 발자국으로 변경한다. index 4 처리로 이동한다.
4	[게임 중 처리 3] 발자국으로 변한 칸이 있으면 삭제하고 점수를 더한 뒤, 다시 index 2의 블록 낙하 처리로 이동한다(사라진 칸의 위에 있는 고양이를 아래로 떨어뜨린다). 발자국으로 변한 칸이 없는 경우, 가장 위쪽 칸까지 쌓여 있지 않으면 index 5의 입력 처리 대기로 이동한다. 가장 위쪽 칸까지 쌓였다면 index 6의 게임 오버로 이동한다.

표 9-9-1 변수 index 값으로 처리 구분하기(계속)

index 값	처리 내용
5	[게임 중 처리 4] 플레이어의 입력을 기다린다. 마우스로 커서를 이동하고 클릭해 고양이를 놓으면 index 2의 고양이를 떨어뜨리는 처리로 이동한다.
6	게임 오버 화면. 변수로 시간을 카운트하고 5초 후에 index 0 처리로 이동한다.

게임 오버가 되지 않는 동안에는 index 2~5 처리를 반복합니다.

위와 같이 처리를 구분하기 위해서는 실시간 처리를 수행하는 game_main() 함수 안에서 다음과 같이 입력해야 합니다.

```
if index == 0:
    처리 0
elif index == 1:
    처리 1
elif index == 2:
    처리 2
 :
```

이 처리 외에도 새로운 함수를 몇 가지 추가합니다. 추가한 함수들은 동작 확인 후 설명합니다. 다음 프로그램을 입력하고 파일 이름을 붙여 저장한 뒤 실행해 봅니다. 지금까지 구현한 프로그램 중 가장 길이가 긴 약 200행 가까운 프로그램이므로 깃헙 페이지에서 다운로드해도 좋습니다. 프로그래밍을 몸에 익히기 위해서는 손으로 직접 입력해 보는 것이 가장 좋으므로 가급적 직접 입력하는 것을 추천합니다.

리스트 list0909_1.py(※ 게임 진행 관리 부분 굵게 표기)

1	`import tkinter`	tkinter 모듈 임포트
2	`import random`	random 모듈 임포트
3		
4	`index = 0`	게임 진행 관리 변수
5	`timer = 0`	시간 관리 변수
6	`score = 0`	점수용 변수
7	`tsugi = 0`	다음에 놓을 고양이 값 대입 변수
8		
9	`cursor_x = 0`	커서 가로 방향 위치(왼쪽부터 몇 번째 칸인지)
10	`cursor_y = 0`	커서 세로 방향 위치(위쪽부터 몇 번째 칸인지)

| ```python
11  mouse_x = 0
12  mouse_y = 0
13  mouse_c = 0
14
15  def mouse_move(e):
16      global mouse_x, mouse_y
17      mouse_x = e.x
18      mouse_y = e.y
19
20  def mouse_press(e):
21      global mouse_c
22      mouse_c = 1
23
24  neko = []
25  check = []
26  for i in range(10):
27      neko.append([0, 0, 0, 0, 0, 0, 0, 0])
28      check.append([0, 0, 0, 0, 0, 0, 0, 0])
29
30  def draw_neko():
31      cvs.delete("NEKO")
32      for y in range(10):
33          for x in range(8):
34              if neko[y][x] > 0:
35                  cvs.create_image(x * 72 +
    60, y * 72 + 60, image=img_neko[neko[y][x]],
    tag="NEKO")
36
37  def check_neko():
38      for y in range(10):
39          for x in range(8):
40              check[y][x] = neko[y][x]
41
42      for y in range(1, 9):
43          for x in range(8):
44              if check[y][x] > 0:
45                  if check[y - 1][x] == check[y]
    [x] and check[y + 1][x] == check[y][x]:
46                      neko[y - 1][x] = 7
47                      neko[y][x] = 7
48                      neko[y + 1][x] = 7
49
50      for y in range(10):
51          for x in range(1, 7):
52              if check[y][x] > 0:
53                  if check[y][x - 1] == check[y]
    [x] and check[y][x + 1] == check[y][x]:
54                      neko[y][x - 1] = 7
``` | 마우스 포인터 X 좌표<br>마우스 포인터 Y 좌표<br>마우스 포인터 클릭 판정 변수(플래그)<br><br>마우스 포인터 이동 시 실행할 함수<br>　mouse_x, mouse_y를 전역 변수로 선언<br>　mouse_x에 마우스 포인터의 X 좌표 대입<br>　mouse_y에 마우스 포인터의 Y 좌표 대입<br><br>마우스 버튼 클릭 시 실행할 함수<br>　mouse_c를 전역 변수로 선언<br>　mouse_c에 1 대입<br><br>칸을 관리할 2차원 리스트<br>판정용 2차원 리스트<br>반복<br>　append() 명령으로 리스트 초기화<br><br><br>고양이 표시 함수<br>　먼저, 고양이 삭제<br>　반복: y는 0부터 9까지 1씩 증가<br>　　반복: x는 0부터 7까지 1씩 증가<br>　　　리스트 엘리먼트 값이 0보다 크면<br>　　　고양이 이미지 표시<br><br><br>고양이가 가로, 세로, 대각선 3개인지 확인하는<br>함수　반복: y는 0부터 9까지 1씩 증가<br>　　반복: x는 1부터 7까지 1씩 증가<br>　　　판정용 리스트에 고양이 값 복사<br><br>　반복: y는 0부터 9까지 1씩 증가<br>　　반복: x는 1부터 7까지 1씩 증가<br>　　　칸에 고양이가 놓여 있고<br>　　　위아래가 같은 고양이라면<br><br>　　　　해당 칸을 발자국으로 변경<br>　　　　"<br>　　　　"<br><br>　반복: y는 0부터 9까지 1씩 증가<br>　　반복: x는 1부터 7까지 1씩 증가<br>　　　칸에 고양이가 놓여 있고<br>　　　좌우가 같은 고양이라면<br><br>　　　　해당 칸을 발자국으로 변경 |
```

```
55                        neko[y][x] = 7
56                        neko[y][x + 1] = 7
57
58        for y in range(1, 9):
59            for x in range(1, 7):
60                if check[y][x] > 0:
61                    if check[y - 1][x - 1] == check[y]
     [x] and check[y + 1][x + 1] == check[y][x]:
62                        neko[y - 1][x - 1] = 7
63                        neko[y][x] = 7
64                        neko[y + 1][x + 1] = 7
65                    if check[y + 1][x - 1] == check[y]
     [x] and check[y - 1][x + 1] == check[y][x]:
66                        neko[y + 1][x - 1] = 7
67                        neko[y][x] = 7
68                        neko[y - 1][x + 1] = 7
69
70  def sweep_neko():
71      num = 0
72      for y in range(10):
73          for x in range(8):
74              if neko[y][x] == 7:
75                  neko[y][x] = 0
76                  num = num + 1
77      return num
78
79  def drop_neko():
80      flg = False
81      for y in range(8, -1, -1):
82          for x in range(8):
83              if neko[y][x] != 0 and neko[y + 1][x]
     == 0:
84                  neko[y + 1][x] = neko[y][x]
85                  neko[y][x] = 0
86                  flg = True
87      return flg
88
89  def over_neko():
90      for x in range(8):
91          if neko[0][x] > 0:
92              return True
93      return False
94
95  def set_neko():
96      for x in range(8):
97          neko[0][x] = random.randint(0, 6)
98
99  def draw_txt(txt, x, y, siz, col, tg):
```

	"
	"
	반복: y는 1부터 8까지 1씩 증가
	반복: x는 1부터 6까지 1씩 증가
	칸에 고양이가 놓여 있고
	왼쪽 위, 오른쪽 아래가 같은 고양이라면
	해당 칸을 발자국으로 변경
	"
	"
	왼쪽 아래, 오른쪽 위가 같은 고양이라면
	해당 칸을 발자국으로 변경
	"
	"
	나란히 놓인 고양이(발자국) 삭제 함수
	지운 수 카운트 변수
	반복: y는 0부터 9까지 1씩 증가
	반복: x는 0부터 7까지 1씩 증가
	칸이 발자국이면
	발자국 삭제
	지운 수 1 증가
	지운 수 반환
	고양이 낙하 함수
	낙하 여부 플래그(False = 낙하하지 않았음)
	반복: y는 8부터 0까지 1씩 감소
	반복: x는 0부터 7까지 1씩 증가
	고양이가 있는 칸 아래가 빈 칸이라면
	빈 칸에 고양이 이동
	원래 고양이 위치 칸을 빈 칸으로
	낙하 여부 플래그를 세움
	플래그 값 반환
	가장 윗줄 도달 여부 확인 함수
	반복: x는 0부터 7까지 1씩 증가
	가장 윗줄에 고양이가 있다면
	True 반환
	False 반환
	가장 윗줄에 고양이를 놓는 함수
	반복: x는 0부터 7까지 1씩 증가
	가장 윗줄에 무작위로 고양이 배치
	그림자 문자열 표시 함수

```
100    fnt = ("Times New Roman", siz, "bold")                          폰트 지정
101    cvs.create_text(x + 2, y + 2, text=txt, fill="black",            대각선으로 2픽셀 이동, 검은 문자열 표시
font=fnt, tag=tg)                                                        (그림자)
102    cvs.create_text(x, y, text=txt, fill=col, font=fnt,              지정한 색으로 문자열 표시
tag=tg)
103
104 def game_main():                                                    메인 처리(실시간 처리) 수행 함수
105    global index, timer, score, tsugi                                index, timer, score, tsugi 전역 변수 선언
106    global cursor_x, cursor_y, mouse_c                               cursor_x, cursor_y, mouse_c 전역 변수 선언
107    if index == 0:  # 타이틀 로고                                     index 0 처리
108        draw_txt("야옹야옹", 312, 240, 100, "violet",                    타이틀 로고 표시
"TITLE")
109        draw_txt("Click to start.", 312, 560, 50,                       Click to start 표시
"orange", "TITLE")
110        index = 1                                                       index에 1 대입
111        mouse_c = 0                                                      클릭 플래그 해제
112    elif index == 1:  # 타이틀 화면 / 시작 대기                        index 1 처리
113        if mouse_c == 1:                                                 마우스 포인터를 클릭했다면
114            for y in range(10):                                             반복: y는 0부터 9까지 1씩 증가
115                for x in range(8):                                              반복: x는 0부터 7까지 1씩 증가
116                    neko[y][x] = 0                                                  칸 클리어
117            mouse_c = 0                                                      클릭 플래그 해제
118            score = 0                                                        점수 0점 대입
119            tsugi = 0                                                        다음에 배치할 고양이 우선 지움
120            cursor_x = 0                                                     커서 위치를 왼쪽 위로 이동
121            cursor_y = 0
122            set_neko()                                                       가장 윗줄에 고양이 배치
123            draw_neko()                                                      고양이 표시
124            cvs.delete("TITLE")                                              타이틀 화면 문자 삭제
125            index = 2                                                        index에 2 대입
126    elif index == 2:  # 낙하                                          index 2 처리
127        if drop_neko() == False:                                         고양이 낙하, 낙하할 고양이가 없다면
128            index = 3                                                        index 3 처리
129        draw_neko()                                                      고양이 표시
130    elif index == 3:  # 나란히 놓였는가?                               index 3 처리
131        check_neko()                                                     같은 고양이가 나란히 놓였는지 확인
132        draw_neko()                                                      고양이 표시
133        index = 4                                                        index에 4 대입
134    elif index == 4:  # 나란히 놓인 고양이가 있다면 삭제              index 4 처리
135        sc = sweep_neko()                                                발자국 삭제, 삭제한 수를 sc에 대입
136        score = score + sc * 10                                          점수 추가
137        if sc > 0:                                                       삭제한 발자국(고양이)이 있다면
138            index = 2                                                        index 2 처리로 이동(다시 낙하)
139        else:                                                            그렇지 않으면
140            if over_neko() == False:                                         가장 윗줄에 도달하지 않았다면
141                tsugi = random.randint(1, 6)                                     다음에 배치할 고양이 랜덤 결정
142                index = 5                                                        index에 5 대입
```

143 `else:`	그렇지 않으면(가장 윗줄에 도달)
144 `index = 6`	index에 6 대입
145 `timer = 0`	timer에 0 대입
146 `draw_neko()`	고양이 표시
147 `elif index == 5:` `# 마우스 입력 대기`	index 5 처리
148 `if 24 <= mouse_x and mouse_x < 24 + 72 * 8 and 24 <= mouse_y and mouse_y < 24 + 72 * 10:`	마우스 포인터 좌표가 칸 위에 있다면
149 `cursor_x = int((mouse_x - 24) / 72)`	포인터 X 좌표에서 커서 가로 위치 계산
150 `cursor_y = int((mouse_y - 24) / 72)`	포인터 Y 좌표에서 커서 세로 위치 계산
151 `if mouse_c == 1:`	마우스 버튼을 클릭했다면
152 `mouse_c = 0`	클릭 플래그 해제
153 `set_neko()`	가장 윗줄 고양이 설정
154 `neko[cursor_y][cursor_x] = tsugi`	커서 칸에 고양이 배치
155 `tsugi = 0`	다음에 배치할 고양이(풍선) 삭제
156 `index = 2`	index에 2 대입
157 `cvs.delete("CURSOR")`	커서 삭제
158 `cvs.create_image(cursor_x * 72 + 60, cursor_y * 72 + 60, image=cursor, tag="CURSOR")`	새로운 위치에 커서 표시
159 `draw_neko()`	고양이 표시
160 `elif index == 6:` `# 게임 오버`	index 6 처리
161 `timer = timer + 1`	timer 값 1 증가
162 `if timer == 1:`	timer 값이 1이라면
163 `draw_txt("GAME OVER", 312, 348, 60, "red", "OVER")`	'GAME OVER' 문자 표시
164 `if timer == 50:`	timer 값이 50이라면
165 `cvs.delete("OVER")`	Game Over 문자열 삭제
166 `index = 0`	index에 0 대입
167 `cvs.delete("INFO")`	점수 표시 삭제
168 `draw_txt("SCORE " + str(score), 160, 60, 32, "blue", "INFO")`	점수 표시
169 `if tsugi > 0:`	다음에 배치할 고양이 값이 설정되어 있다면
170 `cvs.create_image(752, 128, image=img_neko[tsugi], tag="INFO")`	해당 고양이 표시
171 `root.after(100, game_main)`	0.1초 후 메인 처리 수행 함수 재호출
172	
173 `root = tkinter.Tk()`	윈도우 객체 생성
174 `root.title("낙하 퍼즐 '야옹야옹'")`	윈도우 제목 지정
175 `root.resizable(False, False)`	윈도우 크기 변경 불가 설정
176 `root.bind("<Motion>", mouse_move)`	마우스 이동 시 실행할 함수 지정
177 `root.bind("<ButtonPress>", mouse_press)`	마우스 포인터 클릭 시 실행할 함수 지정
178 `cvs = tkinter.Canvas(root, width=912, height=768)`	캔버스 컴포넌트 생성
179 `cvs.pack()`	캔버스 컴포넌트 배치
180	
181 `bg = tkinter.PhotoImage(file="neko_bg.png")`	배경 이미지 로딩
182 `cursor = tkinter.PhotoImage(file="neko_cursor.png")`	커서 이미지 로딩
183 `img_neko = [`	리스트로 여러 고양이 이미지 관리
184 `None,`	img_neko[0]는 아무것도 없는 값임

```
185        tkinter.PhotoImage(file="neko1.png"),
186        tkinter.PhotoImage(file="neko2.png"),
187        tkinter.PhotoImage(file="neko3.png"),
188        tkinter.PhotoImage(file="neko4.png"),
189        tkinter.PhotoImage(file="neko5.png"),
190        tkinter.PhotoImage(file="neko6.png"),
191        tkinter.PhotoImage(file="neko_niku.png")
192    ]
193
194    cvs.create_image(456, 384, image=bg)          캔버스에 배경 그리기
195    game_main()                                    메인 처리 수행 함수 호출
196    root.mainloop()                                윈도우 표시
```

이 단계로 게임으로서 모든 처리를 조합했습니다. 이 프로그램을 실행하면 다음과 같은 게임을 플레이할 수 있습니다.

칸을 클릭하면 풍선 안에 표시된 고양이가 해당 칸에 놓입니다. 이미 고양이가 있는 칸에 놓는 것도 가능합니다. 고양이를 매칭하면 가장 위층부터 고양이가 떨어집니다. 3개 이상 나란히 놓인 고양이는 사라집니다.

그림 9-9-1 list0909_1.py 실행 결과

〉〉〉 추가한 함수들

다음 함수들이 추가되었습니다.

표 9-9-2 list0909_1.py에 추가한 함수

함수	내용
sweep_neko() 70~77번 행	발자국을 제거하는 함수 삭제한 고양이 블록 수를 세어 해당 값 반환 반환값을 사용해 점수 계산
over_neko() 89~98번 행	가장 윗줄까지 쌓였는지 확인하는 함수 가장 윗줄까지 쌓인 경우 True 반환
set_neko() 95~97번 행	가장 윗줄에 무작위로 고양이를 배치하는 함수
draw_text(txt, x, y, siz, col, tg) 99~102번 행	그림자가 있는 문자열을 표시하는 함수 인수는 문자열, XY 좌표, 문자 크기, 색, 태그

draw_txt()는 캔버스에 문자열을 그리는 명령을 입력한 함수입니다. 문자가 배경과 겹쳐도 읽기 쉽도록 그림자가 있는 문자열을 표시하기 위해 준비했습니다. 문자 표시는 프로그램 내 여러 곳에서 수행합니다. 또한, 수행하는 처리를 함수로 정의해 두면 깔끔하게 프로그램을 작성할 수 있습니다.

〉〉〉 함수 호출 방법

함수를 호출해 조금 어렵게 입력한 부분을 설명합니다.

- **127번 행 if drop_neko() == False:**
  이 if 구문은 고양이를 낙하시키는 함수를 호출하고 낙하했는지 판정합니다(낙하하지 않은 경우 False 반환). 이와 같이 **반환값이 있는 함수를 정의하고 if 구문의 조건식 입력 시 호출**할 수 있습니다.

- **135번 행 sc = sweep_neko()**
  발자국을 지우는 함수를 호출해 그 반환값(지운 칸 숫자)을 변수 sc에 대입합니다.

⟫⟫⟫ 게임 개선

게임을 플레이해 보면 꽤 어려워서 가장 윗줄까지 금방 가득 차는 것을 알 수 있습니다. 따라서 난이도를 조정해야 할 필요가 있습니다. 고득점을 다투는 게임이므로 최고 점수도 표시하면 좋을 것입니다. 난이도 선택과 최고 점수를 저장하는 처리를 넣은 게임을 완성해 봅니다.

게임 제작사에서 개발하는 게임이 거의 완성된 상태에서 여러 차례 테스트 플레이하면서 다양한 부분을 조정합니다. 게임이 재미있는지는 이 조정 작업에 달려 있습니다.

블록 낙하 게임 완성

일단 동작하는 게임에 난이도 선택과 최고 점수 처리를 넣어 블록 낙하 게임을 완성합니다.

>>> 난이도에 관해

앞의 list0909_1.py에서는 6종류의 고양이(블록)가 무작위로 낙하했습니다. 블록의 색이나 모양을 연결하는 게임은 블록 종류가 많을수록 어렵습니다. 즉, 고양이 종류를 Easy 모드에서는 4개, Normal 모드에서는 5개, Hard 모드에서는 6개가 되도록 합니다. 또한, 최고 점수를 저장하는 변수를 사용해 현재 점수가 기존 최고 점수를 넘으면 최고 점수를 갱신하는 처리를 추가합니다.

다음 프로그램을 입력하고 파일 이름을 붙여 저장한 뒤 실행해 봅니다. 이번 파일로 게임이 완성되므로 파일명은 neko_pzl.py로 합니다. 이것은 다른 프로그램에 비해 무척 길기 때문에 깃헙 페이지에서 다운로드한 프로그램을 확인해도 좋습니다. 학습을 위해 꼭 입력해 보는 것을 권장합니다.

리스트 neko_pzl.py(※ list0909_1.py에서 추가, 변경한 부분 마커 표기)

1	`import tkinter`	tkinter 모듈 임포트
2	`import random`	random 모듈 임포트
3		
4	`index = 0`	게임 진행 관리 변수
5	`timer = 0`	시간 관리 변수
6	`score = 0`	점수용 변수
7	`hisc = 1000`	최고 점수용 변수
8	`difficulty = 0`	난이도 관리 변수
9	`tsugi = 0`	다음에 놓을 고양이 값 대입 변수
10		
11	`cursor_x = 0`	커서 가로 방향 위치(왼쪽부터 몇 번째 칸인지)
12	`cursor_y = 0`	커서 세로 방향 위치(위쪽부터 몇 번째 칸인지)
13	`mouse_x = 0`	마우스 포인터 X 좌표
14	`mouse_y = 0`	마우스 포인터 Y 좌표
15	`mouse_c = 0`	마우스 포인터 클릭 판정 변수(플래그)
16		
17	`def mouse_move(e):`	마우스 포인터 이동 시 실행할 함수
18	`    global mouse_x, mouse_y`	mouse_x, mouse_y를 전역 변수로 선언
19	`    mouse_x = e.x`	mouse_x에 마우스 포인터의 X 좌표 대입
20	`    mouse_y = e.y`	mouse_y에 마우스 포인터의 Y 좌표 대입

```
21
22  def mouse_press(e):
23      global mouse_c
24      mouse_c = 1
25
26  neko = []
27  check = []
28  for i in range(10):
29      neko.append([0, 0, 0, 0, 0, 0, 0, 0])
30      check.append([0, 0, 0, 0, 0, 0, 0, 0])
31
32  def draw_neko():
33      cvs.delete("NEKO")
34      for y in range(10):
35          for x in range(8):
36              if neko[y][x] > 0:
37                  cvs.create_image(x * 72 +
60, y * 72 + 60, image=img_neko[neko[y][x]],
tag="NEKO")
38
39  def check_neko():
40      for y in range(10):
41          for x in range(8):
42              check[y][x] = neko[y][x]
43
44      for y in range(1, 9):
45          for x in range(8):
46              if check[y][x] > 0:
47                  if check[y - 1][x] ==
check[y][x] and check[y + 1][x] == check[y]
[x]:
48                      neko[y - 1][x] = 7
49                      neko[y][x] = 7
50                      neko[y + 1][x] = 7
51
52      for y in range(10):
53          for x in range(1, 7):
54              if check[y][x] > 0:
55                  if check[y][x - 1] ==
check[y][x] and check[y][x + 1] == check[y]
[x]:
56                      neko[y][x - 1] = 7
57                      neko[y][x] = 7
58                      neko[y][x + 1] = 7
59
```

마우스 버튼 클릭 시 실행할 함수
    mouse_c를 전역 변수로 선언
    mouse_c에 1 대입

칸을 관리할 2차원 리스트
판정용 2차원 리스트
반복
    append() 명령으로 리스트 초기화

고양이 표시 함수
    먼저, 고양이 삭제
    반복: y는 0부터 9까지 1씩 증가
        반복: x는 0부터 7까지 1씩 증가
            리스트 엘리먼트 값이 0보다 크면
            고양이 이미지 표시

고양이의 가로, 세로, 대각선이 3개인지 확인하는 함수
    반복: y는 0부터 9까지 1씩 증가
        반복: x는 1부터 7까지 1씩 증가
            판정용 리스트에 고양이 값 복사

    반복: y는 0부터 9까지 1씩 증가
        반복: x는 0부터 7까지 1씩 증가
            칸에 고양이가 놓여 있고
                위아래가 같은 고양이라면

                    해당 칸을 발자국으로 변경
                    "
                    "

    반복: y는 0부터 9까지 1씩 증가
        반복: x는 1부터 6까지 1씩 증가
            칸에 고양이가 놓여 있고
                좌우가 같은 고양이라면

                    해당 칸을 발자국으로 변경
                    "
                    "

```
60      for y in range(1, 9):                              반복: y는 1부터 8까지 1씩 증가
61          for x in range(1, 7):                          반복: x는 1부터 6까지 1씩 증가
62              if check[y][x] > 0:                        칸에 고양이가 놓여 있고
63                  if check[y - 1][x - 1] ==              왼쪽 위, 오른쪽 아래가 같은 고양이라면
    check[y][x] and check[y + 1][x + 1] == check[y]
    [x]:
64                      neko[y - 1][x - 1] = 7             해당 칸을 발자국으로 변경
65                      neko[y][x] = 7                     "
66                      neko[y + 1][x + 1] = 7             "
67                  if check[y + 1][x - 1] ==              왼쪽 아래, 오른쪽 위가 같은 고양이라면
    check[y][x] and check[y - 1][x + 1] == check[y]
    [x]:
68                      neko[y + 1][x - 1] = 7             해당 칸을 발자국으로 변경
69                      neko[y][x] = 7                     "
70                      neko[y - 1][x + 1] = 7             "
71
72  def sweep_neko():                                      나란히 놓인 고양이(발자국) 삭제 함수
73      num = 0                                            지운 수 카운트 변수
74      for y in range(10):                                반복: y는 0부터 9까지 1씩 증가
75          for x in range(8):                             반복: x는 0부터 7까지 1씩 증가
76              if neko[y][x] == 7:                        칸이 발자국이면
77                  neko[y][x] = 0                         발자국 삭제
78                  num = num + 1                          지운 수 1 증가
79      return num                                         지운 수 반환
80
81  def drop_neko():                                       고양이 낙하 함수
82      flg = False                                        플래그(False = 낙하하지 않았음)
83      for y in range(8, -1, -1):                         반복: y는 8부터 0까지 1씩 감소
84          for x in range(8):                             반복: x는 0부터 7까지 1씩 증가
85              if neko[y][x] != 0 and neko[y + 1][x]      고양이가 있는 칸 아래가 빈칸이라면
86  == 0:
                    neko[y + 1][x] = neko[y][x]            빈칸에 고양이 이동
87                  neko[y][x] = 0                         원래 고양이 위치 칸을 빈칸으로
88                  flg = True                             낙하 여부 플래그 세움
89      return flg                                         플래그 값 반환
90
91  def over_neko():                                       가장 윗줄 도달 여부 확인 함수
92      for x in range(8):                                 반복: x는 0부터 7까지 1씩 증가
93          if neko[0][x] > 0:                             가장 윗줄에 고양이가 있다면
94              return True                                True 반환
95      return False                                       False 반환
96
97  def set_neko():                                        가장 윗줄에 고양이를 놓는 함수
98      for x in range(8):                                 반복: x는 0부터 7까지 1씩 증가
99          neko[0][x] = random.randint(0,                 가장 윗줄에 무작위로 고양이 배치
    difficulty)
100
```

```python
101  def draw_txt(txt, x, y, siz, col, tg):              # 그림자 문자열 표시 함수
102      fnt = ("Times New Roman", siz, "bold")          #   폰트 지정
103      cvs.create_text(x + 2, y + 2, text=txt,         #   대각선으로 2픽셀 이동, 검은 문자열 표시(그림자)
fill="black", font=fnt, tag=tg)
104      cvs.create_text(x, y, text=txt, fill=col,       #   지정한 색으로 문자열 표시
font=fnt, tag=tg)
105
106  def game_main():                                    # 메인 처리(실시간 처리) 수행 함수
107      global index, timer, score, hisc, difficulty,   #   index, timer, score, tsugi 전역 변수 선언
tsugi
108      global cursor_x, cursor_y, mouse_c              #   cursor_x, cursor_y, mouse_c 전역 변수 선언
109      if index == 0:  # 타이틀 로고                    #   index 0 처리
110          draw_txt("야옹야옹", 312, 240, 100,          #       타이틀 로고 표시
"violet", "TITLE")
111          cvs.create_rectangle(168, 384, 456, 456,    #       Easy 문자를 하늘색으로 칠함
fill="skyblue", width=0, tag="TITLE")
112          draw_txt("Easy", 312, 420, 40, "white",     #       Easy 문자 표시
"TITLE")
113          cvs.create_rectangle(168, 528, 456, 600,    #       Normal 문자를 연두색으로 칠함
fill="lightgreen", width=0, tag="TITLE")
114          draw_txt("Normal", 312, 564, 40,            #       Normal 문자 표시
"white", "TITLE")
115          cvs.create_rectangle(168, 672, 456, 744,    #       Hard 문자를 주황색으로 칠함
fill="orange", width=0, tag="TITLE")
116          draw_txt("Hard", 312, 708, 40, "white",     #       Hard 문자 표시
"TITLE")
117          index = 1                                   #       index에 1 대입
118          mouse_c = 0                                 #       클릭 플래그 해제
119      elif index == 1:  # 타이틀 화면, 시작 대기        #   index 1 처리
120          difficulty = 0                              #       difficulty에 0 대입
121          if mouse_c == 1:                            #       마우스 포인터를 클릭했다면
122              if 168 < mouse_x and mouse_x < 456      #           Easy 문자를 클릭했다면
and 384 < mouse_y and mouse_y < 456:
123                  difficulty = 4                      #               difficulty에 4 대입
124              if 168 < mouse_x and mouse_x < 456      #           Normal 문자를 클릭했다면
and 528 < mouse_y and mouse_y < 600:
125                  difficulty = 5                      #               difficulty에 5 대입
126              if 168 < mouse_x and mouse_x < 456      #           Hard 문자를 클릭했다면
and 672 < mouse_y and mouse_y < 744:
127                  difficulty = 6                      #               difficulty에 6 대입
128          if difficulty > 0:                          #       difficulty 값이 설정되었다면
129              for y in range(10):                     #           반복: y는 0~9 사이 1씩 증가
130                  for x in range(8):                  #               반복: x는 0~7 사이 1씩 증가
131                      neko[y][x] = 0                  #                   칸 클리어
132              mouse_c = 0                             #           클릭 플래그 해제
133              score = 0                               #           점수 0점 대입
134              tsugi = 0                               #           다음 배치할 고양이를 우선 지움
```

135	`            cursor_x = 0`	커서 위치를 왼쪽 위로 이동
136	`            cursor_y = 0`	
137	`            set_neko()`	가장 윗줄에 고양이 배치
138	`            draw_neko()`	고양이 표시
139	`            cvs.delete("TITLE")`	타이틀 화면 문자 삭제
140	`            index = 2`	index에 2 대입
141	`        elif index == 2:  # 블록 낙하`	index 2 처리
142	`            if drop_neko() == False:`	고양이 낙하, 낙하할 고양이가 없다면
143	`                index = 3`	index 3 처리
144	`            draw_neko()`	고양이 표시
145	`        elif index == 3:  # 나란히 놓인 블록 확인`	index 3 처리
146	`            check_neko()`	같은 고양이가 나란히 놓였는지 확인
147	`            draw_neko()`	고양이 표시
148	`            index = 4`	index에 4 대입
149	`        elif index == 4:  # 나란히 놓인 고양이 블록이 있다면 삭제`	index 4 처리
150	`            sc = sweep_neko()`	발자국 삭제, 삭제한 수를 sc에 대입
151	`            score = score + sc * difficulty * 2`	점수 추가
152	`            if score > hisc:`	점수가 최고 점수를 넘었다면
153	`                hisc = score`	최고 점수 업데이트
154	`            if sc > 0:`	삭제한 발자국(고양이)이 있다면
155	`                index = 2`	index 2 처리로 이동(다시 낙하)
156	`            else:`	그렇지 않으면
157	`                if over_neko() == False:`	가장 윗줄에 도달하지 않았다면
158	`                    tsugi = random.randint(1, difficulty)`	다음에 배치할 고양이를 랜덤 결정
159	`                    index = 5`	index에 5 대입
160	`                else:`	그렇지 않으면(가장 윗줄에 도달)
161	`                    index = 6`	index에 6 대입
162	`                    timer = 0`	timer에 0 대입
163	`            draw_neko()`	고양이 표시
164	`        elif index == 5:  # 마우스 입력 대기`	index 5 처리
165	`            if 24 <= mouse_x and mouse_x < 24 + 72 * 8 and 24 <= mouse_y and mouse_y < 24 + 72 * 10:`	마우스 포인터 좌표가 칸 위에 있다면
166	`                cursor_x = int((mouse_x - 24) / 72)`	포인터 X 좌표에서 커서 가로 위치 계산
167	`                cursor_y = int((mouse_y - 24) / 72)`	포인터 Y 좌표에서 커서 세로 위치 계산
168	`                if mouse_c == 1:`	마우스 버튼을 클릭했다면
169	`                    mouse_c = 0`	클릭 플래그 해제
170	`                    set_neko()`	가장 윗줄 고양이 설정
171	`                    neko[cursor_y][cursor_x] = tsugi`	커서 칸에 고양이 배치
172	`                    tsugi = 0`	다음에 배치할 고양이(풍선) 삭제
173	`                    index = 2`	index에 2 대입
174	`            cvs.delete("CURSOR")`	커서 삭제
175	`            cvs.create_image(cursor_x * 72 + 60, cursor_y * 72 + 60, image=cursor, tag="CURSOR")`	새로운 위치에 커서 표시
	`            draw_neko()`	고양이 표시
176	`        elif index == 6:  # 게임 오버`	index 6 처리
177		

```
178        timer = timer + 1
179        if timer == 1:
180            draw_txt("GAME OVER", 312, 348, 60,
    "red", "OVER")
181        if timer == 50:
182            cvs.delete("OVER")
183            index = 0
184    cvs.delete("INFO")
185    draw_txt("SCORE " + str(score), 160, 60, 32,
    "blue", "INFO")
186    draw_txt("HISC " + str(hisc), 450, 60, 32,
    "yellow", "INFO")
187    if tsugi > 0:
188        cvs.create_image(752, 128, image=img_
    neko[tsugi], tag="INFO")
189    root.after(100, game_main)
190
191 root = tkinter.Tk()
192 root.title("낙하 퍼즐 '야옹야옹'")
193 root.resizable(False, False)
194 root.bind("<Motion>", mouse_move)
195 root.bind("<ButtonPress>", mouse_press)
196 cvs = tkinter.Canvas(root, width=912,
    height=768)
197 cvs.pack()
198
199 bg = tkinter.PhotoImage(file="neko_bg.png")
200 cursor = tkinter.PhotoImage(file="neko_cursor.
    png")
201 img_neko = [
202    None,
203    tkinter.PhotoImage(file="neko1.png"),
204    tkinter.PhotoImage(file="neko2.png"),
205    tkinter.PhotoImage(file="neko3.png"),
206    tkinter.PhotoImage(file="neko4.png"),
207    tkinter.PhotoImage(file="neko5.png"),
208    tkinter.PhotoImage(file="neko6.png"),
209    tkinter.PhotoImage(file="neko_niku.png")
210 ]
211
212 cvs.create_image(456, 384, image=bg)
213 game_main()
214 root.mainloop()
```

timer 값 1 증가	
timer 값이 1이라면	
'GAME OVER' 문자 표시	
timer 값이 50이라면	
Game Over 문자열 삭제	
index에 0 대입	
점수 표시 삭제	
점수 표시	
최고 점수 표시	
다음에 배치할 고양이 값이 설정되어 있다면	
해당 고양이 표시	
0.1초 후 메인 처리 수행 함수 재호출	
윈도우 객체 생성	
윈도우 제목 지정	
윈도우 크기 변경 불가 설정	
마우스 이동 시 실행할 함수 지정	
마우스 포인터 클릭 시 실행할 함수 지정	
캔버스 컴포넌트 생성	
캔버스 컴포넌트 배치	
배경 이미지 로딩	
커서 이미지 로딩	
리스트로 여러 고양이 이미지 관리	
img_neko[0]은 아무것도 없는 값	

캔버스에 배경 그리기
메인 처리 수행 함수 호출
윈도우 표시

이 프로그램을 실행한 타이틀 화면은 그림 9-10-1과 같습니다.

Easy, Normal, Hard에서 난이도를 선택합니다. 111~116번 행에서 Easy, Normal, Hard 문자를 표시하고 121~127번 행에서 어떤 문자열을 클릭했는지 판단합니다. 클릭했다면 변수 difficulty에 지정된 값을 대입합니다. difficulty 값은 낙하하는 고양이 종류를 의미하며, Easy는 4, Normal은 5, Hard는 6입니다. 128번 행 if 구문에서 difficulty에 값이 입력되었는지 확인한 후, 입력되었다면 게임을 시작합니다.

151번 행의 점수를 더하는 계산식은 'score = score + sc * difficulty * 2'로 난이도가 높을수록 고양이를 지웠을 때 더 많은 점수를 얻도록 했습니다. 구체적으로 Easy에서는 고양이 블록 1개에 8점(3개를 지운 경우 24점), Normal에서는 1개에 10점(3개를 지운 경우 30점), Hard에서는 1개에 12점(3개를 지운 경우 36점)이 됩니다.

7번 행 초깃값을 1,000으로 선언한 hisc라는 변수로 최고 점수를 관리합니다. 152~153번 행에서 score가 hisc 값을 넘었다면 hisc에 score 값을 대입합니다. 이를 통해 프로그램 종료 시점까지 최고 점수를 저장할 수 있습니다.

그림 9-10-1 게임 완성

> 표준 모듈인 tkinter만으로도 게임을 만들 수 있어요. 다음 장부터 학습할 Pygame을 사용하면 훨씬 더 본격적으로 게임을 개발할 수 있어요.

winsound 모듈로 사운드 출력하기

파이썬 기본 모듈만 사용해 게임을 개발하는 경우 게임 중 배경음(BGM)을 재생할 수 없습니다. 하지만 윈도우 PC에서는 winsound 모듈을 사용해 간단한 사운드를 재생할 수 있습니다. winsound 사용 방법을 소개합니다.

리스트 column09.py

1	`import winsound`	winsound 모듈 임포트
2	`print('사운드 시작')`	
3	`winsound.Beep(261,1000)`	'도' 주파수 1초(1,000밀리초) 재생
4	`winsound.Beep(293,1000)`	'레' 주파수 1초(1,000밀리초) 재생
5	`winsound.Beep(329,1000)`	'미' 주파수 1초(1,000밀리초) 재생
6	`winsound.Beep(349,1000)`	'파' 주파수 1초(1,000밀리초) 재생
7	`winsound.Beep(392,1000)`	'솔' 주파수 1초(1,000밀리초) 재생
8	`winsound.Beep(440,1000)`	'라' 주파수 1초(1,000밀리초) 재생
9	`winsound.Beep(493,1000)`	'시' 주파수 1초(1,000밀리초) 재생
10	`winsound.Beep(523,1000)`	'도' 주파수 1초(1,000밀리초) 재생
11	`print('사운드 종료')`	

이 프로그램을 실행하면 '도레미파솔라시도' 음을 재생합니다. winsound.Beep(frequency, duration)으로 주파수와 재생 시간을 밀리초 단위로 지정합니다. winsound는 간단한 사운드를 출력하는 기능이므로 PC에 따라 재생음이 다소 이상한 경우도 있습니다만, 간단한 연출에는 사용할 수 있습니다.

winsound는 모듈 이름 그대로 윈도우 PC 전용 명령어로 아쉽지만 맥에서는 동작하지 않습니다. 10장 이후 사용할 확장 모듈인 Pygame에는 사운드 재생 기능이 있어서 맥에서도 BGM과 효과음을 재생할 수 있습니다.

> 주파수를 지정해 음을 내는 프로그램을 소개했지만, winsound.PlaySound(파일명, winsound.SND_FILENAME)라는 명령을 사용하면 wav 파일을 재생할 수도 있어요.

파이썬은 기업용 시스템 개발, 통계 분석이나 연구 등의 분야에 사용하는 언어라는 생각을 가지는 분도 있을 거예요. 하지만 게임 개발도 확실하게 할 수 있는 언어라는 것을 알아 두었으면 해요.

파이썬을 학습해서 게임 크리에이터가 되어 보세요!

Pygame은 파이썬에서 게임 개발을 지원하는 확장 모듈이예요. Pygame은 이미지를 확대, 축소하거나 회전하는 명령, 사운드를 출력하는 명령 등을 제공하고 간단한 코드로 이런 기능을 사용할 수 있어요. Pygame을 사용하면 한층 높은 입력의 게임을 개발할 수 있어요. 이번 장에서는 Pygame의 설치 및 사용 방법을 설명할게요.

Chapter

10

Pygame 사용법

Lesson 10-1 Pygame 설치

윈도우 PC와 맥에서의 Pygame 설치 방법을 설명합니다. Pygame을 설치한 후 Lesson 10-2에서 10-7까지 다양한 Pygame 사용 방법을 학습합니다.

⟫⟫⟫ Pygame 설치하기

Pygame을 설치합니다. 맥 사용자는 229페이지를 참고합니다.

▌윈도우 PC에서 설치하기

❶ 명령 프롬프트를 열고 다음과 같이 'pip3 install pygame'을 입력한 후, Enter 키를 누릅니다. 명령 프롬프트 실행 방법을 모르는 분은 227페이지를 참고합니다.

> **명령 프롬프트**
>
> Microsoft Windows [Version 10. 0. 18362. 657]
> (c) 2019 Microsoft Corporation. All rights reserved.
>
> C:\Users\yeonsoo>pip3 install pygame
>
> 명령어를 입력합니다.

※ 윈도우 10 이전 운영체제 혹은 일부 PC에서 pip3가 동작하지 않는 경우의 대응 방법은 228페이지를 참고합니다. 'pip3 install pygame Enter' 실행 시 에러가 발생하는 경우에도 228페이지를 참고합니다.

그림 10-1-1 커맨드 입력으로 설치하기

❷ 다음과 같은 화면이 나타나며 설치가 진행됩니다. pip의 버전이 오래된 경우 노란색 메시지가 표시되지만, Pygame 설치에는 영향이 없습니다. 이것으로 Pygame 설치가 완료됩니다. Lesson 10-2에서 계속 진행합니다.

> **명령 프롬프트**
>
> Microsoft Windows [Version 10. 0. 18362. 657]
> (c) 2019 Microsoft Corporation. All rights reserved.
>
> C:\Users\yeonsoo>pip3 install pygame
> Collecting pygame
>   Downloading https://files.pythonhosted.org/packages/d2/ba/8e4f8fae51bd9d5766f1f20c9ce451e93
> /pygame-1.9.6-cp38-cp38-win32.whl (4.4MB)
> | | 4.4MB 6.4MB/s
> Installing collected packages: pygame
> Successfully installed pygame-1.9.6
> WARNING: You are using pip version 19.2.3, however version 20.0.2 is available.
> You should consider upgrading via the 'python -m pip install --upgrade pip' command.
>
> C:\Users\yeonsoo>
>
> 이 표시가 나타나면 완료입니다.

그림 10-1-2 설치 종료

명령 프롬프트 실행 방법

- **방법 1**

  시작 메뉴에서 'Windows 시스템 도구'에 있는 '명령 프롬프트'를 선택합니다.

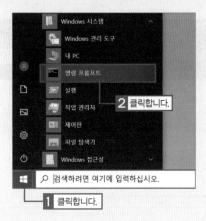

- **방법 2**

  명령 실행 창에 'cmd'를 입력하면 명령 프롬프트가 나타납니다. 이를 실행합니다.

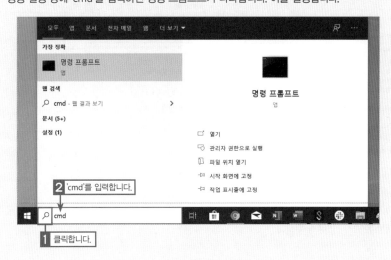

- **방법 3**

  C 드라이브 → Windows → System32 폴더에 'cmd.exe' 파일이 있습니다. 이 파일을 더블클릭해서 실행합니다.

pip3 명령어 실행 시 에러가 발생하는 경우

다음과 같은 경고가 표시되고 설치할 수 없는 경우의 대응 방법을 설명합니다.

파이썬을 설치한 폴더 안에 'Scripts'라는 이름의 폴더가 있습니다. 이 폴더 안에 pip3.exe가 있는지 확인합니다. pip3.exe 파일에서 마우스 오른쪽 버튼을 클릭하고 '속성'을 열어 '위치' 안에 표시된 주소를 확인합니다.

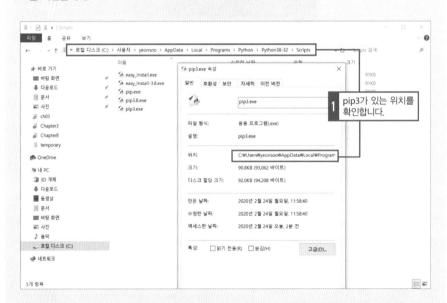

명령 프롬프트 상에서 cd 명령어를 사용해 pip3가 있는 위치로 이동합니다. 예를 들어, 다음과 같이 입력한 뒤 Enter 키를 누릅니다.

```
cd C:\Users\{username}\AppData\Local\Programs\Python\Python37-32\Scripts
```

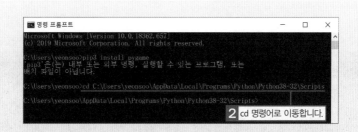

pip3.exe가 있는 위치로 이동한 것을 확인한 뒤, 'pip3 install pygame'을 입력하고 Enter 키를 누릅니다. 다음 그림과 같이 설치를 완료하면 성공입니다.

맥에서 설치하기

1 폴더 터미널을 실행합니다.

그림 10-1-3 **터미널 실행**

2 'pip3 install pygame'을 입력하고 Enter 키를 누릅니다.

그림 10-1-4 설치 시작

3 다음과 같은 화면이 나타나며 설치를 진행합니다. pip의 버전이 오래된 경우 노란색 메시지가 표시되지만, Pygame 설치에는 영향이 없습니다. 이것으로 Pygame 설치가 완료됩니다. Lesson 10-2에서 계속 진행합니다.

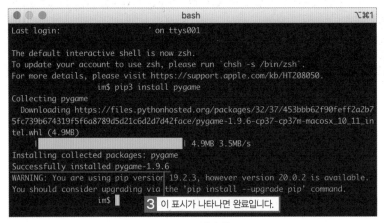

그림 10-1-5 설치 완료

이것으로 Pygame 설치가 완료됩니다.

10-2 Pygame 시스템

Pygame의 기본적인 사용 방법을 설명합니다.

⟩⟩⟩ 실시간 처리와 화면 업데이트

9장의 블록 낙하 퍼즐에서는 tkinter 모듈을 사용해 윈도우를 표시했습니다. 이때 실시간 처리는 after() 명령에서 실행했으며, 게임 화면은 Canvas 위에 그렸습니다. Pygame에서는 실시간 처리와 게임 화면 그리기를 after()나 Canvas와는 다른 명령으로 수행합니다. 이 프로그램을 확인합니다.

다음 프로그램을 입력하고 파일 이름을 붙여 저장한 뒤 실행해 봅니다. 이 장에서의 프로그램명은 어떤 샘플인지 알기 쉽도록 list**.py가 아닌 pygame_**.py를 사용합니다.

리스트 **pygame_system.py**

```
1  import pygame
2  import sys
3
4  WHITE = (255, 255, 255)
5  BLACK = (0, 0, 0)
6
7  def main():
8      pygame.init()
9      pygame.display.set_caption("첫번째 Pygame")
10     screen = pygame.display.set_mode((800, 600))
11     clock = pygame.time.Clock()
12     font = pygame.font.Font(None, 80)
13     tmr = 0
14
15     while True:
16         tmr = tmr + 1
17         for event in pygame.event.get():
18             if event.type == pygame.QUIT:
19                 pygame.quit()
20                 sys.exit()
21
22         txt = font.render(str(tmr), True, WHITE)
23         screen.fill(BLACK)
24         screen.blit(txt, [300, 200])
```

	pygame 모듈 임포트
	sys 모듈 임포트
	색 정의: 하양
	색 정의: 검정
	메인 처리 수행 함수 정의
	pygame 모듈 초기화
	윈도우에 표시할 타이틀 지정
	그릴 화면(스크린) 초기화
	clock 오브젝트 초기화
	font 오브젝트 초기화
	시간 관리 변수 tmr 선언
	무한 반복
	tmr 값 1 증가
	pygame 이벤트 반복 처리
	윈도우의 'X' 버튼을 누른 경우
	pygame 모듈 초기화 해제
	프로그램 종료
	Surface에 문자열 표시
	지정한 색으로 스크린 전체 채움
	문자열 표시한 Surface를 스크린으로 전송

```
25        pygame.display.update()          화면 업데이트
26        clock.tick(10)                   Framerate 지정
27
28 if __name__ == '__main__':             이 프로그램 직접 실행 시
29     main()                             main() 함수 호출
```

이 프로그램을 실행하면 다음과 같은 숫자가 표시되고 카운트됩니다.

그림 10-2-1 pygame_system.py 실행 결과

이것이 Pygame을 사용해 게임을 만드는 기본적인 프로그램입니다. 프로그램의 각 부분을 설명합니다.

❶ Pygame 초기화하기

Pygame을 사용하기 위해서는 1번 행과 같이 pygame 모듈을 임포트하고 8번 행과 같이 pygame.init()으로 pygame 모듈을 초기화합니다.

❷ Pygame 색 지정하기

Pygame에서 색을 지정할 때는 10진수 RGB 값을 사용합니다. 4~5번 행에서 색을 지정합니다. 자주 사용하는 색은 코드와 같이 상수로 정의해 두면 편리하게 사용할 수 있습니다.

❸ 윈도우 표시 준비하기

Pygame에서 내용을 표시하는 화면을 **Surface**라고 부릅니다. 10번 행의 'screen = pygame.display.set_mode((폭, 높이))'로 윈도우를 초기화합니다. 이처럼 준비한 screen이 문자나 그림을 표시하는 Surface가 됩니다. 윈도우에 표시하는 타이틀은 9번 행과 같이 'pygame.display.set_caption()'으로 지정합니다.

❹ 프레임 레이트 설정하기

1초 동안 처리하는 수행 횟수를 프레임 레이트(frame rate)라고 부릅니다. Pygame에서는 11번 행과 같이 clock 오브젝트를 만들고 26번 행과 같이 메인 루프 안에서 tick() 명령을 입력한 뒤, 그 인수로 프레임 레이트를 지정합니다. 앞의 프로그램에서는 10으로 설정했으며, 1초에 약 10회 처리합니다. 얼마나 빠르게 처리하는지는 만드는 게임 내용이나 PC 사양에 따라 다릅니다.

❺ 메인 루프

7번 행에서 main() 함수를 선언합니다. 이 함수 안에 입력한 15~26번 행에서 실시간 처리를 수행합니다. Pygame()에서는 while True를 사용한 무한 반복 안에서 주요한 처리를 수행하고 25번 행에서 화면을 업데이트하는 명령인 pygame.display.update(), 그리고 ❹에서 설명한 clock.tick()을 입력합니다. 즉, 이 프로그램은 1초에 화면을 10번 그립니다.

❻ 문자열 그리기

Pygame의 문자 표시는 폰트 및 크기 지정 ➡ Surface에 문자 표시 ➡ Surface를 윈도우로 전송하는 순서로 수행합니다. 코드에서는 12번 행, 22번 행, 24번 행이 이에 해당합니다. 이 3개 행을 좀 더 자세히 살펴봅니다.

표 10-2-1 **문자 표시 처리**

행 번호	해당 코드	처리 내용
12	font = pygame.font.Font(None, 80)	pygame 폰트 지정. tkinter 폰트 지정과는 다릅니다.
22	txt = font.render(str(tmr), True, WHITE)	render() 명령으로 문자열과 색을 지정한 후, 문자열을 그릴 Surface를 만듭니다. 2번째 인수를 True로 설정하면 문자 테두리가 부드러워집니다.
24	screen.blit(txt, [300, 200])	blit() 명령으로 화면을 전송합니다.

Pygame에서는 한국어를 표기하기 어렵습니다. 이 프로그램에서 수행한 폰트 지정 방법에서는 한국어를 표시할 수 없습니다. 이 장의 칼럼에서 한국어를 표시하는 방법을 설명합니다.

문자를 표시하기 위해 만드는 Surface는 셀로판 종이 혹은 투명한 포스트잇과 같은 것이라고 생각하면 이해하기 쉬워요. Pygame에서는 문자를 직접 화면에 표시하지 않고, 먼저 (투명한) 종이 위에 쓴 뒤, 이를 화면에 붙여서 표시해요.

❼ Pygame 프로그램 종료하기

17~20번 행을 확인합니다. Pygame에서 발생하는 이벤트는 이와 같이 for 구문으로 처리합니다. 윈도우 오른쪽 상단의 '닫기' 버튼을 누르는 것도 이벤트로 이를 'if event.type == pygame.QUIT'로 판정합니다. 프로그램을 종료할 때는 19, 20번 행과 같이 pygame.quit()와 sys.exit() 두 가지 명령을 실행합니다. 2번 행에서 sys 모듈을 임포트한 것은 sys.exit()를 사용하기 위해서입니다.

⟫⟫⟫ if __name__ == '__main__': 구문

28번 행의 'if __name__ == '__main__':' 구문은 **해당 프로그램을 직접 실행한 경우에만 실행되기 위한** 코드입니다. 파이썬 프로그램을 실행하면 '__name__'이라는 변수가 생성되고, 실행한 프로그램 모듈 명을 해당 변수에 대입합니다. 프로그램을 직접 실행한 경우에는 '__name__'에 '__main__'이라는 값이 입력됩니다. IDLE에서 실행하거나 프로그램 파일을 더블클릭해서 실행하는 경우, 이 if 구문의 조건을 만족하게 되고 29번 행에서 입력한 main() 함수가 호출됩니다.

파이썬으로 만든 프로그램은 다른 파이썬 프로그램에 임포트해서 사용할 수 있습니다. 이 방법으로 프로그램을 사용하는 경우, 이 절의 if 구문을 넣어 두면 임포트한 프로그램은 실행되지 않습니다. 이처럼 이 if 구문은 해당 프로그램이 임포트된 경우에 임의로 실행되지 않도록 방지하는 의미를 갖습니다.

'if __name__ == '__main__':'의 의미가 어렵게 느껴지는 분들도 많을 거예요. 지금 당장 이해하지 못해도 괜찮아요.

Pygame 이미지 그리기

Pygame에서 이미지를 그리는 방법을 설명합니다.

〉〉〉 이미지 로딩과 그리기

이미지 로딩과 그리기를 수행하는 프로그램을 확인합니다. 다음 이미지를 사용하므로 깃 허브 페이지에서 이미지를 다운로드한 후, 예제 코드와 같은 폴더에 넣어 주십시오.

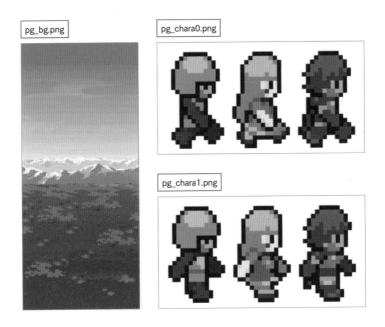

pg_bg.png

pg_chara0.png

pg_chara1.png

다음 프로그램을 입력하고 파일 이름을 붙여 저장한 뒤 실행해 봅니다.

리스트 **pygame_image.py**(※ 이미지 로딩과 그리기, 전체 화면 전환 처리 부분 굵게 표시)

```
1    import pygame                                            pygame 모듈 임포트
2    import sys                                               sys 모듈 임포트
3
4    def main():                                              메인 처리 수행 함수 정의
5        pygame.init()                                        pygame 모듈 초기화
6        pygame.display.set_caption("첫번째 Pygame: 이미지 표시")   윈도우 타이틀 지정
```

```python
screen = pygame.display.set_mode((640, 360))
clock = pygame.time.Clock()
img_bg = pygame.image.load("pg_bg.png")
img_chara = [
    pygame.image.load("pg_chara0.png"),
    pygame.image.load("pg_chara1.png")
]
tmr = 0

while True:
    tmr = tmr + 1
    for event in pygame.event.get():
        if event.type == pygame.QUIT:
            pygame.quit()
            sys.exit()
        if event.type == pygame.KEYDOWN:
            if event.key == pygame.K_F1:
                screen = pygame.display.set_
mode((640, 360), pygame.FULLSCREEN)
            if event.key == pygame.K_F2 or
event.key == pygame.K_ESCAPE:
                screen = pygame.display.set_
mode((640, 360))

    x = tmr % 160
    for i in range(5):
        screen.blit(img_bg, [i * 160 - x, 0])
    screen.blit(img_chara[tmr % 2], [224, 160])
    pygame.display.update()
    clock.tick(5)

if __name__ == '__main__':
    main()
```

행	주석
7	그릴 화면(스크린) 초기화
8	clock 오브젝트 초기화
9	배경 이미지 로딩
10	캐릭터 이미지 로딩
14	시간 관리 변수 tmr 선언
16	무한 반복
17	tmr 값 1 증가
18	pygame 이벤트 반복 처리
19	윈도우의 'X' 버튼을 누른 경우
20	pygame 모듈 초기화 해제
21	프로그램 종료
22	키를 누르는 이벤트 발생 처리
23	F1 키라면
24	풀 스크린 모드로 전환
25	F2 키 혹은 ESC 키라면
26	일반 스크린 모드로 전환
28	tmr 값을 배경 스크롤 값으로부터 계산
29	반복해서 옆으로 5장만큼
30	배경 이미지 표시
31	캐릭터를 애니메이션해서 표시
32	화면 업데이트
33	프레임 레이트 지정
35	이 프로그램 직접 실행 시
36	main() 함수 호출

이 프로그램을 실행하면 용사 일행이 걸어가는 애니메이션을 표시할 수 있습니다. F1 키로 풀 스크린 모드로 전환할 수 있습니다. F2 키 또는 Esc 키를 누르면 일반 화면 모드로 돌아옵니다.

그림 10-3-1 pygame_image.py 실행 결과

9번 행 pygame.image.load()에 파일명을 지정해 이미지를 로딩합니다. 캐릭터 이미지는 두 가지 패턴으로 애니메이션화 하므로 10~13번 행과 같이 리스트로 정의합니다. 이미지를 화면에 표시하는 명령은 다음과 같습니다.

이미지 표시

```
screen.blit(이미지를 로딩할 변수, [x 좌표, y 좌표])
```

Pygame의 좌표는 tkinter에서와 달리 왼쪽 위 모서리를 기준으로 합니다. 이 프로그램의 화면 구성을 그림으로 표시하면 다음과 같습니다.

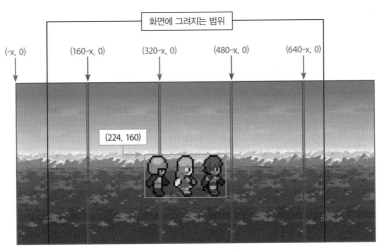

그림 10-3-2 화면 구성

배경 스크롤과 캐릭터 애니메이션 구조를 설명합니다. 배경은 가로 방향으로 5회 반복해서 표시합니다. 28번 행 'x = tmr % 160'으로 배경을 그릴 위치를 계산합니다. **%는 나머지를 계산하는 연산자**입니다. 예를 들어, 8 % 3은 2(8을 3으로 나눈 나머지), 10 % 5는 0(10을 5로 나눈 나머지)이 됩니다.

17번 행에서 tmr 값을 1씩 증가시키므로 tmr % 160은 0~159가 반환되므로 x 값은 '0 ➡ 1 ➡ 2 ➡ ⋯ ➡ 158 ➡ 159 ➡ 0 ➡ 1 ➡ 2 ➡ ⋯'와 같이 변화합니다(159가 된 후 0으로 돌아갑니다). 이 x 값을 사용해 배경을 1픽셀씩 슬라이드해서 표시함으로써 화면을 스크롤합니다.

표시하는 애니메이션 이미지는 31번 행에서 'img_chara[tmr % 2]'로 입력합니다. tmr % 2는 0 또는 1을 반환하므로 2개의 이미지를 교대로 지정하게 되어 캐릭터가 움직이는 것과 같이 표시됩니다.

≫≫≫ Pygame 화면 전환

22~26번 행에서 `F1` 키와 `F2` 키 혹은 `Esc` 키로 풀 스크린과 일반 스크린 화면 크기를 전환하는 처리를 수행합니다. 풀 스크린 모드를 사용하기 위해서는 다음과 같이 pygame.display.set_mode()의 인수로 pygame.FULLSCREEN을 입력합니다.

표 10-3-1 화면 크기 전환

화면 사이즈	코드
풀 스크린	screen = pygame.display.set_mode((폭, 높이), pygame.FULLSCREEN)
일반 스크린	screen = pygame.display.set_mode((폭, 높이))

Pygame을 사용하면 이와 같이 간단하게 풀 스크린 모드를 사용할 수 있습니다.

≫≫≫ Pygame 이미지 확대, 축소 및 회전

이번 프로그램에서는 사용하지 않았지만, 다음 명령으로 이미지를 확대, 축소, 회전할 수 있습니다.

표 10-3-2 **이미지 확대, 축소 및 회전**

이미지 동작	코드
확대/축소	img_s = pygame.transform.scale(img, [폭, 높이])
회전	img_r = pygame.transform.rotate(img, 회전각)
회전 + 확대/축소	img_rz = pygame.transform.rotozoom(img, 회전각, 확대 비율)

img는 원래 이미지를 로딩한 변수, img_s는 이를 확대, 축소한 이미지, img_r이 회전시킨 이미지, img_rz가 회전 + 확대한 이미지입니다. 각 변수명은 자유롭게 붙여도 관계없습니다. 이 명령을 사용해 확대/축소나 회전한 이미지를 만든 뒤, 이를 blit() 명령으로 표시합니다.

예

```
screen.blit(img_s, [x, y])
```

회전각은 도(degree)로 지정합니다. 확대 비율은 1.0이 원래 이미지와 동일한 크기를 의미하며, 폭, 높이를 2배로 하고 싶은 경우에는 2.0으로 지정합니다.

scale()과 rotate()는 표시 속도를 우선하기 때문에 확대/축소 또는 회전 후 이미지가 거칠게 보일 수 있습니다. 이러한 경우에는 rotozoom() 명령을 사용하면 이미지를 부드럽게 표시할 수 있습니다.

참고로 이 명령을 확인할 수 있는 프로그램인 pygame_image2.py를 제공하므로 깃헙 페이지에서 다운로드해서 확인해 보기 바랍니다.

Pygame에서는 bmp, png, jpeg, gif와 같은 파일 형식의 이미지를 로딩할 수 있어요.

Pygame에서 다양한 도형을 표시하는 방법을 설명합니다.

>>> 도형 표시 명령

다음 프로그램을 입력하고 파일 이름을 붙여 저장한 뒤 실행해 봅니다.

리스트 **pygame_draw.py**

1	`import pygame`	pygame 모듈 임포트
2	`import sys`	sys 모듈 임포트
3	`import math`	math 모듈 임포트
4		
5	`WHITE = (255, 255, 255)`	색 정의: 흰색
6	`BLACK = (0, 0, 0)`	색 정의: 검정색
7	`RED = (255, 0, 0)`	색 정의: 빨강색
8	`GREEN = (0, 255, 0)`	색 정의: 초록색
9	`BLUE = (0, 0, 255)`	색 정의: 파랑색
10	`GOLD = (255, 216, 0)`	색 정의: 금색
11	`SILVER = (192, 192, 192)`	색 정의: 은색
12	`COPPER = (192, 112, 48)`	색 정의: 동색
13		
14	`def main():`	메인 처리 수행 함수 정의
15	`    pygame.init()`	pygame 모듈 초기화
16	`    pygame.display.set_caption("첫번째 Pygame: 도형")`	윈도우 타이틀 지정
17	`    screen = pygame.display.set_mode((800, 600))`	그릴 화면(스크린) 초기화
18	`    clock = pygame.time.Clock()`	dock 오브젝트 초기화
19	`    tmr = 0`	시간 관리 변수 tmr 선언
20		
21	`    while True:`	무한 반복
22	`        tmr = tmr + 1`	tmr 값 1 증가
23	`        for event in pygame.event.get():`	pygame 이벤트 반복 처리
24	`            if event.type == pygame.QUIT:`	윈도우의 'X' 버튼을 누른 경우
25	`                pygame.quit()`	pygame 모듈 초기화 해제
26	`                sys.exit()`	프로그램 종료
27		
28	`        screen.fill(BLACK)`	지정한 색으로 스크린 전체 클리어
29		
30	`        pygame.draw.line(screen, RED, [0, 0], [100, 200], 10)`	선 표시
31	`        pygame.draw.lines(screen, BLUE, False, [[50, 300], [150, 400], [50, 500]])`	선 표시

32		
33	`        pygame.draw.rect(screen, RED, [200, 50, 120, 80])`	사각형 표시
34	`        pygame.draw.rect(screen, GREEN, [200, 200, 60, 180], 5)`	사각형 표시
35	`        pygame.draw.polygon(screen, BLUE, [[250, 400], [200, 500], [300, 500]], 10)`	다각형 표시
36		
37	`        pygame.draw.circle(screen, GOLD, [400, 100], 60)`	원 표시
38	`        pygame.draw.ellipse(screen, SILVER, [400 - 80, 300 - 40, 160, 80])`	타원 표시
39	`        pygame.draw.ellipse(screen, COPPER, [400 - 40, 500 - 80, 80, 160], 20)`	타원 표시
40		
41	`        ang = math.pi * tmr / 36`	원호 각도 계산
42	`        pygame.draw.arc(screen, BLUE, [600 - 100, 300 - 200, 200, 400], 0, math.pi * 2)`	원호 표시
43	`        pygame.draw.arc(screen, WHITE, [600 - 100, 300 - 200, 200, 400], ang, ang + math.pi / 2, 8)`	원호 표시
44		
45	`        pygame.display.update()`	화면 업데이트
46	`        clock.tick(10)`	프레임 레이트 지정
47		
48	`if __name__ == '__main__':`	이 프로그램 직접 실행 시
49	`    main()`	main() 함수 호출

이 프로그램을 실행하면 다음과 같은 도형이 표시됩니다.

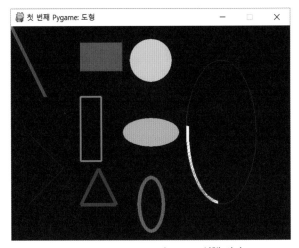

그림 10-4-1 pygame_draw.py 실행 결과

지금부터는 도형 표시 명령에 관해 설명합니다.

표 10-4-1 도형 표시 명령

도형	코드
선	pygame.draw.line(Surface, color, start_pos, end_pos, width=1)
선(좌표 연속 지정)	pygame.draw.lines(Surface, color, closed, pointlist, width=1)
사각형	pygame.draw.rect(Surface, color, Rect, width=0)
다각형	pygame.draw.polygon(Surface, color, pointlist, width=0)
원	pygame.draw.circle(Surface, color, pos, radius, width=0)
타원	pygame.draw.ellipse(Surface, color, Rect, width=0)
원호	pygame.draw.arc(Surface, color, Rect, start_angle, stop_angle, width=1)

※ 인수 지정은 Pygame 공식 문서(https://www.pygame.org/docs/)에서 발췌하였다.

포인트를 정리하면 다음과 같습니다.

- Surface는 도형을 표시할 화면입니다.

- color는 10진수 RGB 값으로 지정합니다.

- Rect는 사각형의 왼쪽 위 모서리 좌표와 크기, 즉 [x, y, 폭, 높이]를 지정합니다.

- pointlist는 [[x0, y0], [x1, y1], [x2, y2], …]와 같이 여러 좌표를 지정합니다.

- width는 선의 굵기입니다. width=0으로 설정한 것, 아무것도 지정하지 않으면 도형 내부를 칠합니다.

- 원호의 start_angle(시작 각)과 stop_angle(종료 각)은 라디안(radian)으로 지정합니다.

- lines로 시작점과 완료점을 연결하려면 closed를 True로 합니다.

》》》 라디안

Pygame에서 원호의 각도는 라디안(radian)이라는 단위로 지정합니다. 우리가 일반적으로 '도'라고 부르는 단위를 라디안 값으로 변경하면 다음과 같습니다.

표 10-4-2 **라디안**

도	라디안	파이썬(Pygame)에서 표기
0도	0	0
90도	$\pi \div 2$	math.pi / 2
180도	π	math.pi
270도	$\pi \times 1.5$	math.pi * 1.5
360도	$\pi \times 2$	math.pi * 2

math.pi는 수학에서의 π 값(3.141592653589793)입니다. 이 프로그램에서는 math.pi를 사용하므로 math 모듈을 임포트했습니다.

MEMO

이 프로그램에서는 []를 사용해 도형 좌표를 지정했습니다. 좌표는 ()를 사용한 튜플로도 지정할 수 있습니다. 튜플은 값을 변경할 수 없는 리스트입니다(80페이지). 이 책에서는 좌표 값을 변경할 가능성이 있다는 관점에서 리스트를 사용해 좌표를 지정합니다. 색을 정의하는 경우에는 BLACK = (0, 0, 0)과 같이 그 값을 이후에 변경하지 않으므로 튜플을 사용해 정의합니다.

Pygame의 도형 표시 명령과 표준 모듈인 tkinter의 도형 표시 명령은 서로 다르니 혼동하지 않도록 주의하세요.

Pygame에서 키를 입력하는 방법을 설명합니다.

>>> 키 동시 입력

방향키로 캐릭터를 움직이면서 Space 키로 점프를 하는 게임을 만든다면, 여러 키를 동시에 입력받고 방향키와 Space 키를 각각 판정해야 합니다. Pygame에서는 키 동시 입력을 간단한 명령으로 판정할 수 있습니다. 그렇다면 그 프로그램을 확인해 봅니다. 또한, 다음 프로그램을 입력하고 파일 이름을 붙여 저장한 뒤 실행해 봅니다.

리스트 **pygame_key.py**

```
1   import pygame                                              pygame 모듈 임포트
2   import sys                                                 sys 모듈 임포트
3
4   WHITE = (255, 255, 255)                                    색 정의: 흰색
5   BLACK = (0, 0, 0)                                          색 정의: 검정색
6   RED = (255, 0, 0)                                          색 정의: 빨강색
7   GREEN = (0, 255, 0)                                        색 정의: 초록색
8   BLUE = (0, 0, 255)                                         색 정의: 파랑색
9
10  def main():                                                메인 처리 수행 함수 정의
11      pygame.init()                                          pygame 모듈 초기화
12      pygame.display.set_caption("첫번째 Pygame: 키          윈도우 타이틀 지정
    입력 ")
13      screen = pygame.display.set_mode((800, 600))           그릴 화면(스크린) 초기화
14      clock = pygame.time.Clock()                            clock 오브젝트 초기화
15      font = pygame.font.Font(None, 60)                      font 오브젝트 초기화
16
17      while True:                                            무한 반복
18          for event in pygame.event.get():                   pygame 이벤트 반복 처리
19              if event.type == pygame.QUIT:                  윈도우의 'X' 버튼을 누른 경우
20                  pygame.quit()                              pygame 모듈 초기화 해제
21                  sys.exit()                                 프로그램 종료
22
23          key = pygame.key.get_pressed()                     리스트 key에 모든 키 상태 입력
24          txt1 = font.render("UP" + str(key[pygame.          방향키 상/하 리스트 값을 표시할 Surface
    K_UP]) + " DOWN" + str(key[pygame.K_DOWN]), True,
    WHITE, GREEN)
```

코드	설명

25 `       txt2 = font.render("LEFT" +`
`str(key[pygame.K_LEFT]) + " RIGHT" +`
`str(key[pygame.K_RIGHT]), True, WHITE, BLUE)`
	방향키 좌/우 리스트 값을 표시할 Surface

26 `       txt3 = font.render("SPACE" +`
`str(key[pygame.K_SPACE]) + " ENTER" +`
`str(key[pygame.K_RETURN]), True, WHITE, RED)`
	스페이스/엔터 리스트 값을 표시할 Surface

27	
28 `       screen.fill(BLACK)`	지정한 색으로 스크린 전체 클리어
29 `       screen.blit(txt1, [100, 100])`	문자열을 표시한 Surface를 스크린에 전송
30 `       screen.blit(txt2, [100, 200])`	〃
31 `       screen.blit(txt3, [100, 300])`	〃
32 `       pygame.display.update()`	화면 업데이트
33 `       clock.tick(10)`	프레임 레이트 지정
34	
35 `if __name__ == '__main__':`	이 프로그램 직접 실행 시
36 `    main()`	main() 함수 호출

이 프로그램을 실행하면 방향키, Space 키, Enter 키를 눌렀을 때 1을 표시합니다. 키의 조합은 물론 2개 이상의 키 동시 입력도 판정할 수 있습니다.

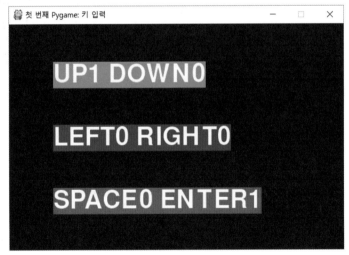

그림 10-5-1 pygame_key.py 실행 결과

Pygame에서는 23번 행 'key = pygame.key.get_pressed()'과 같이 코드 한 줄로 모든 키 상태를 얻을 수 있습니다. 키를 누른 상태인 경우에는 'key[pygame.{키보드 상수}' 값이 1이됩니다.

주요 키보드 상수 값은 다음과 같습니다.

표 10-5-1 **주요 키보드 상수**

키	상수
방향키	K_UP, K_DOWN, K_LEFT, K_RIGHT
Space 키	K_SPACE
Enter / return 키	K_RETURN
Esc 키	K_ESCAPE
알파벳 키 A ~ Z	K_a ~ K_z
숫자 키 0 ~ 9	K_0 ~ K_9
Shift 키	K_RSHIFT, K_LSHIFT
Function 키	K_F*. *는 숫자

Lesson 10-3에서 스크린 모드로 전환하는 프로그램에서는 Pygame 이벤트로
Function 키를 판정했어요. Pygame에서는 이벤트 처리에 따른 키 입력 이외에도,
여기에서 설명한 pygame.key.get_pressed() 명령으로 키 입력을 판정할 수 있어요.

Pygame 마우스 입력

Pygame에서 마우스 입력을 처리하는 방법을 설명합니다.

>>> 마우스 입력하기

Pygame에서 마우스 입력을 처리하는 프로그램을 확인합니다. 다음 프로그램을 입력하고
파일 이름을 붙여 저장한 뒤 실행해 봅니다.

리스트 **pygame_mouse.py**

	코드	설명
1	`import pygame`	pygame 모듈 임포트
2	`import sys`	sys 모듈 임포트
3		
4	`BLACK = (0, 0, 0)`	색 정의: 검정색
5	`LBLUE = (0, 192, 255)`	색 정의: 하늘색
6	`PINK = (255, 0, 224)`	색 정의: 분홍색
7		
8	`def main():`	메인 처리 수행 함수 정의
9	`    pygame.init()`	pygame 모듈 초기화
10	`    pygame.display.set_caption("첫번째 Pygame:`	윈도우 타이틀 지정
	`마우스 입력")`	
11	`    screen = pygame.display.set_mode((800, 600))`	그릴 화면(스크린) 초기화
12	`    clock = pygame.time.Clock()`	clock 오브젝트 초기화
13	`    font = pygame.font.Font(None, 60)`	font 오브젝트 초기화
14		
15	`    while True:`	무한 반복
16	`        for event in pygame.event.get():`	pygame 이벤트 반복 처리
17	`            if event.type == pygame.QUIT:`	윈도우의 'X' 버튼을 누른 경우
18	`                pygame.quit()`	pygame 모듈 초기화 해제
19	`                sys.exit()`	프로그램 종료
20		
21	`        mouseX, mouseY = pygame.mouse.get_pos()`	변수에 마우스 포인터 좌표 대입
22	`        txt1 = font.render("{},{}".`	좌표 값을 표시할 Surface
	`format(mouseX, mouseY), True, LBLUE)`	
23		
24	`        mBtn1, mBtn2, mBtn3 = pygame.mouse.get_`	변수에 마우스 버튼 상태 대입
	`pressed()`	
25	`        txt2 = font.render("{}:{}:{}".`	마우스 버튼 상태를 표시할 Surface
	`format(mBtn1, mBtn2, mBtn3), True, PINK)`	
26		
27	`        screen.fill(BLACK)`	지정한 색으로 스크린 전체 클리어

28	`        screen.blit(txt1, [100, 100])`	스크린에 문자열을 표시한 Surface 전송
29	`        screen.blit(txt2, [100, 200])`	〃
30	`        pygame.display.update()`	화면 업데이트
31	`        clock.tick(10)`	프레임 레이트 지정
32		
33	`if __name__ == '__main__':`	이 프로그램 직접 실행 시
34	`    main()`	main() 함수 호출

이 프로그램을 실행하면 마우스 포인터 좌표와 마우스 버튼을 눌렀을 때 1이라는 값을 표시합니다. 마우스 버튼은 왼쪽, 가운데, 오른쪽 3가지를 판정합니다. 포인터를 움직이거나 버튼을 누르면서 표시되는 값이 변화하는 것을 확인해 봅니다.

그림 10-6-1 pygame_mouse.py 실행 결과

21번 행 'mouseX, mouseY = pygame.mouse.get_pos()'로 마우스 포인터의 X, Y 좌표를 해당 변수에 각각 대입합니다. 24번 행 'mBtn1, mBtn2, mBtn3 = pygame.mouse.get_pressed()'로 3개 버튼의 상태(누른 경우 1, 그렇지 않은 경우 0)를 해당 변수에 각각 대입합니다. 변수명은 임의로 지정해도 관계없습니다.

> 다음 장에서 만들 롤플레잉 게임은 키로 조작하며, 마우스는 사용하지 않아요. 하지만 이후 마우스로 조작하는 소프트웨어를 개발할 때 이 프로그램을 참고해 주세요.

Pygame 사운드 출력

Pygame에서 사운드 출력을 처리하는 방법을 설명합니다.

〉〉〉 BGM과 SE 출력

Pygame은 BGM(Back Ground Music, 배경음)과 SE(Sound Effect, 효과음)를 출력하는 명령을 제공합니다. 이 명령어들을 사용해 사운드를 출력합니다. 이 절에서는 pygame_bgm.ogg 와 pygame_se.ogg라는 사운드 파일 2개를 사용하므로 깃헙 페이지에서 다운로드한 뒤, 예제 코드와 같은 폴더에 넣습니다.

스피커 등 오디오 기기가 연결되어 있지 않은 PC에서는 사운드 파일 로딩 시 에러가 발생합니다. 에러가 발생할 수 있는 곳에서는 **try** 명령어를 사용해 예외 처리를 할 수 있습니다. 동작을 확인한 뒤 **예외 처리**에 관해 설명합니다.

다음 프로그램을 입력하고 파일 이름을 붙여 저장한 뒤 실행해 봅니다.

리스트 **pygame_music.py**

```
1   import pygame                                          pygame 모듈 임포트
2   import sys                                             sys 모듈 임포트
3
4   WHITE = (255, 255, 255)                                색 정의: 흰색
5   BLACK = (0, 0, 0)                                      색 정의: 검정색
6   CYAN = (0, 255, 255)                                   색 정의: 하늘색
7
8   def main():                                            메인 처리 수행 함수 정의
9       pygame.init()                                      pygame 모듈 초기화
10      pygame.display.set_caption("첫번째 Pygame: 사        윈도우 타이틀 지정
    운드 출력")
11      screen = pygame.display.set_mode((800, 600))       그릴 화면(스크린) 초기화
12      clock = pygame.time.Clock()                        dock 오브젝트 초기화
13      font = pygame.font.Font(None, 40)                  font 오브젝트 초기화
14
15      try:                                               예외 처리
16          pygame.mixer.music.load("pygame_bgm.ogg")      BGM 로딩
17          se = pygame.mixer.Sound("pygame_se.ogg")       SE 로딩
18      except:                                            예외 발생 시
19          print("ogg 파일이 맞지 않거나, 오디오 기기        메시지 출력
    와 접속되어 있지 않습니다")
```

```
20
21      while True:                                        무한 반복
22          for event in pygame.event.get():               pygame 이벤트 반복 처리
23              if event.type == pygame.QUIT:                  윈도우의 'X' 버튼을 누른 경우
24                  pygame.quit()                              pygame 모듈 초기화 해제
25                  sys.exit()                                 프로그램 종료
26
27          key = pygame.key.get_pressed()                 리스트 key에 모든 키 상태 대입
28          if key[pygame.K_p] == 1:                       P 키를 눌렀다면
29              if pygame.mixer.music.get_busy() ==            BGM이 정지 중이라면
    False:
30                  pygame.mixer.music.play(-1)                BGM 재생
31          if key[pygame.K_s] == 1:                       S 키를 눌렀다면
32              if pygame.mixer.music.get_busy() ==            BGM이 재생 중이라면
    True:
33                  pygame.mixer.music.stop()                  BGM 정지
34          if key[pygame.K_SPACE] == 1:                   스페이스 키를 눌렀다면
35              se.play()                                      SE 재생
36
37          pos = pygame.mixer.music.get_pos()             변수에 BGM 재생 시간 대입
38          txt1 = font.render("BGM pos" + str(pos),       재생 시간을 표시할 Surface
    True, WHITE)
39          txt2 = font.render("[P]lay bgm : [S]top        조작 방법을 표시할 Surface
    bgm : [SPACE] se", True, CYAN)
40          screen.fill(BLACK)                             지정한 색으로 스크린 전체 클리어
41          screen.blit(txt1, [100, 100])                  스크린에 문자열을 표시한 Surface 전송
42          screen.blit(txt2, [100, 200])                  "
43          pygame.display.update()                        화면 업데이트
44          clock.tick(10)                                 프레임 레이트 지정
45
46  if __name__ == '__main__':                             이 프로그램 직접 실행 시
47      main()                                             main() 함수 호출
```

이 프로그램을 실행하고 [P] 키를 누르면 BGM이 재생되고, [S] 키를 누르면 BGM이 정지됩니다. 그리고 BGM 재생 시간을 화면에 표시합니다. [Space] 키를 누르면 효과음이 재생됩니다.

그림 10-7-1 pygame_music.py 실행 결과

Pygame에서는 mp3과 ogg 형식 사운드 파일을 사용할 수 있습니다만, mp3 형식의 파일은 반복 재생이 잘 되지 않거나 소프트웨어가 정지하는 현상이 발생하기도 합니다. 이 경우에는 **ogg 형식의 파일을 사용하는 것이 좋습니다.**

BGM을 다루는 명령은 다음과 같습니다.

표 10-7-1 **Pygame BGM 명령**

명령	코드	비고
파일 로딩	pygame.mixer.music.load(파일명)	
재생	pygame.mixer.music.play(인수)	인수에 –1을 입력하면 반복 재생되고, 0을 입력하면 1회 재생되며, 5를 입력하면 6회 반복 재생된다.
정지	pygame.mixer.music.stop()	
재생 시간 얻기	pygame.mixer.music.get_pos()	밀리초 값
재생 상태 확인	pygame.mixer.music.get_busy()	재생 중이면 True, 그렇지 않으면 False

SE는 17번 행과 같이 입력해서 로딩할 수 있습니다.

SE 로딩

```
변수 = pygame.mixer.sound(파일명)
```

SE는 35번 행과 같이 입력해서 재생할 수 있습니다.

SE 재생

```
변수.play()
```

>>> 예외 처리

15번 행에서는 **try ~ except**라는 명령을 사용했습니다. 이 명령으로 프로그램 실행 중 발생한 에러를 얻어 그에 따라 대응할 수 있습니다.

프로그램 실행 중 발생하는 에러를 예외(exception)라고 부릅니다. 이번 프로그램에서는 사운드 파일을 로딩할 때 예제 코드와 같은 폴더에 파일이 존재하지 않거나, PC에 스피커 혹은 이어폰 등이 연결되어 있지 않은 경우 에러가 발생합니다. 여기에서 try와 except를 사용해 사운드 파일 로딩 처리를 입력합니다. try와 except 구문을 입력하는 방법은 다음과 같습니다.

서식; try ~ except

```
try:
    예외가 발생할 가능성이 있는 처리
except:
    예외가 발생한 경우 수행할 처리
```

except라고만 입력하면 다양한 예외를 얻을 수 있습니다. 상용 소프트웨어를 개발하는 경우에는 'except 예외명:'과 같이 입력함으로써 발생한 예외 종류에 따라 처리해야 하지만, 이 책에서는 파이썬을 학습하는 과정이므로 그처럼 엄밀하게 예외를 처리할 필요는 없습니다.

여기에서는 try와 except를 사용해 프로그램 실행 중에 발생하는 예외를 확인하고 이에 대응할 수 있다는 것을 기억해 두도록 합니다.

파이썬에서 사용할 수 있는 또 다른 예외 처리 명령어로는 finally가 있어요. finally 블록에 입력한 처리는 예외 발생 여부와 관계없이 실행되요.

COLUMN

Pygame 한국어 사용하기

Pygame에서는 한국어를 표시하기 어렵습니다. 한국어를 표시하기 위해서는 'print(pygame.font.get_fonts())'라고 입력한 뒤 각 PC에서 사용할 수 있는 한국어를 확인하고 해당 폰트를 지정해야 하지만, Pygame에서 사용하는 한국어 폰트가 PC마다 다르기 때문에 그 종류는 제한적일 수 있습니다. 이 칼럼에서는 시스템 기본 한글 폰트를 사용하는 방법과 ttf 폰트를 지정해 한글을 표시하는 방법을 설명합니다.

윈도우에 설치된 시스템 폰트를 사용하는 경우('print(pygame.font.get_fonts())' 명령으로 확인한 폰트를 사용하는 경우)에는 pygame.font.SysFont() 명령을 사용합니다(12번 행). 별도의 폰트 파일을 지정해서 사용할 때는 pygame.font.Font() 명령을 사용합니다(13번 행). 별도 폰트를 사용할 때는 현재 실행하는 파이썬 파일의 위치를 기준으로 폰트 파일의 위치를 인수로 전달해야 합니다.

리스트 pygame_korean.py

```
1   import pygame
2   impimportort sys
3
4   WHITE = (255, 255, 255)
5   BLACK = (0, 0, 0)
6
7   def main():
8       pygame.init()
9       pygame.display.set_caption("Pygame에서 한국어 표시하기")
10      screen = pygame.display.set_mode((800, 600))
11      clock = pygame.time.Clock()
12      font = pygame.font.SysFont("malgungothic", 80)  # 시스템 폰트 사용 시
13      # font = pygame.font.Font("{font_path}/{font_name}.ttf", 80)  # 별도 폰트 사용 시
14      tmr = 0
15
16      while True:
17          tmr = tmr + 1
18          for event in pygame.event.get():
19              if event.type == pygame.QUIT:
20                  pygame.quit()
21                  sys.exit()
22
23          txt = font.render("한국어  표시 " + str(tmr), True, WHITE)
24          screen.fill(BLACK)
25          screen.blit(txt, [100, 200])
26          pygame.display.update()
27          clock.tick(10)
28
29  if __name__ == '__main__':
30      main()
```

이 프로그램을 실행하면 다음과 같이 한국어가 표시됩니다.

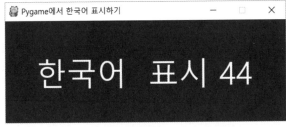

그림 10-A pygame_korean.py 실행 결과

무료로 이용할 수 있는 다양한 폰트들이 인터넷에서 배포되고 있으므로 이를 활용해 한국어를 표시할 수 있습니다. 폰트 파일 확장자는 ttf, ttc, otf 등입니다. 인터넷에서 다운로드한 폰트를 사용하거나 재배포할 경우에는 반드시 해당 폰트의 저작권과 관련된 내용을 확인하고, 저작권에 맞춰사용하기 바랍니다.

Pygame을 이용하면 키 동시 입력이나 BGM, SE 출력 등 본격적인 게임을 만드는 데 반드시 필요한 처리를 할 수 있어요.

그래요. 각 명령을 사용하는 데 약간 어려운 부분이 있을지 모르겠지만, 약속이라고 생각하고 쓰면 되겠죠.

저는 프로그래밍을 학습하면서 바로 이해되지 않은 어려운 처리라도 일단 '이렇게 쓰는 거구나'라는 감각으로 익힌 뒤, 나중에 복습하고 있어요.

현주 씨가 하는 그 방법이 실제로 올바른 학습 방법이예요. 여러분, 어려운 부분에서 멈추지 말고 즐기면서 학습하세요.

Chapter 11

본격 RPG 만들기!
-전편-

롤플레잉 게임이란?

프로그래밍을 시작하게 전에 롤플레잉 게임(Role Playing Game, RPG)이라는 게임 장르에 관해, 그리고 이 책에서 만들 롤플레잉 게임과 관련된 내용을 설명합니다.

>>> 롤플레잉 게임

주인공이나 그 동료들을 성장시키면서 모험하는 종류의 게임을 롤플레잉 게임이라고 부릅니다. 원래 컴퓨터 게임이 아니라, 여러 사람이 테이블에 둘러 앉아서 주사위나 종이, 연필을 사용해 일정한 규칙을 따라 즐기는 테이블 게임(테이블 토크 RPG, TRPG)을 가리키는 용어였지만, 일본에서는 롤플레잉 게임이라고 하면 일반적으로 컴퓨터 게임을 의미합니다.

1980년대 초, 해외에서 제작된 '위저드리(Wizadry)'나 '울티마(Ultima)'와 같은 PC용 롤플레잉 게임이 전 세계적인 인기를 끌었습니다. 일본에서도 많은 소프트웨어 제작 회사들이 PC 소프트나 가정용 게임기용 롤플레잉 게임을 개발하고 발표했습니다.

80년대에 초유의 인기를 끌었던 가정용 게임기인 패밀리 컴퓨터용 롤플레잉 게임으로 '드래곤 퀘스트(Dragon Quest)'와 '파이널 판타지(Final Fantasy)'가 발매되었고 인기 시리즈로 자리매김했습니다. 90년대에는 휴대용 게임기인 게임 보이(Game Boy)용 '포켓 몬스터(Pocket Monster)'가 큰 인기를 끌었습니다. 90년대 후반에는 인터넷에 연결된 PC로 많은 사람들이 참가해서 즐길 수 있는 롤플레잉 게임(MMORPG)도 등장했습니다. 스마트폰이 보급된 후 롤플레잉 게임은 스마트폰 앱으로도 큰 인기를 얻었습니다. 하지만, 스마트폰용 소셜 게임 중에서 RPG 카테고리로 분류되는 것들은 기본적으로 퍼즐이나 미니 게임과 같은 형태로 여기에 캐릭터를 성장시키는 요소를 가미한 것이 많습니다.

>>> 로그라이크 게임

롤플레잉 게임에는 다양한 종류가 있습니다. 그중에서 로그라이크 게임(Rogue-like Game)이라 불리는 것이 있습니다. '로그(Rogue)'란 1980년 무렵 만들어진 던전을 탐색하는 컴퓨터 게임입니다. 게임 내용은 단순하지만, 무작위로 지형이 만들어지는 던전을 탐색하고 게임 안에서 살아남기 위해 전술을 생각해 내는 상상력을 요구하는 내용으로, 몇 번을 플레이해도 싫증 나지 않는 시스템입니다. '로그' 오리지널 게임 화면은 다음과 같습니다.

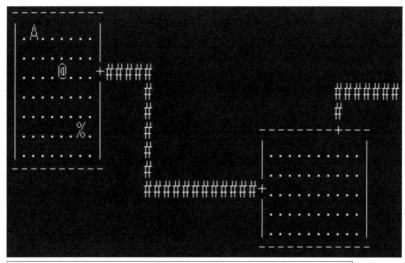

'-'와 '|'로 둘러싸인 부분이 방, #은 통로, 주인공은 @로 아스키 문자만을 사용해 화면을 구성했습니다.

그림 11-1-1 오리지널 '로그' 게임 이미지

이 '로그'의 규칙을 계승한 게임을 '로그라이크 게임'이라고 부릅니다. 필자가 아는 한 로그라이크 게임은 90년대 초까지 PC 애호가들이 좋아하던 게임이었습니다. 90년대 후반, 가정용 게임기용 '톨네코의 대모험 이상한 던전[1]'이나 '방랑자 시렌[2]'과 같은 로그라이크 게임이 발매되면서 일반 사용자들에게도 알려지게 되었습니다.

로그라이크 게임이 가진 '캐릭터를 성장시키면서 모험을 진행하는 시스템'은 롤플레잉 게임에 속합니다. 그러나 '드래곤 퀘스트'나 '포켓몬스터'와 같은 RPG와 결정적으로 다른 점은 주인공이 죽으면 게임 오버가 되어 처음부터 다시 시작한다는 점입니다. 로그라이크 게임은 '한 번이라도 죽으면 끝'이라는 스릴감이 있고, 짧은 시간 동안 즐길 수 있기 때문에 반복해서 플레이하게 됩니다. 처음 '로그'가 등장한 이후 오늘에 이르기까지, 전 세계의 수많은 게임 제작 회사들이 많은 로그라이크 게임을 발매하였습니다. 스마트폰에 와서도 여러 로그라이크 게임이 출시된 것으로 보아, 그 인기가 여전히 이어지고 있음을 알 수 있습니다.

---

1   옮긴이 https://en.wikipedia.org/wiki/Torneko_no_Daibōken:_Fushigi_no_Dungeon
2   옮긴이 https://namu.wiki/w/풍래의 시렌

⟫⟫⟫ 이후 제작할 RPG

이 책은 게임 개발 입문서입니다. 처음 프로그래밍을 하는 분이라도 롤플레잉 게임 프로그램을 이해할 수 있도록 구성했습니다. 게임 장르는 매우 다양하며, 그중에서도 롤플레잉 게임을 개발하기 위해서는 고도의 입력이 필요합니다. 또한, 고도의 입력을 필요로 하는 게임 프로그램을 이해하기 위해서는 가능한 짧은 코드로 프로그램을 만들어 프로그램 전체를 볼 수 있도록 해야만 합니다. 프로그램 자체가 간결하면서도, 재미 요소를 가져야 한다는 점을 고려해서 이 책에서는 다음과 같은 내용의 게임을 만들 예정입니다.

▌제작할 RPG의 특징

- ■ '로그'와 같이 자동 생성되는 던전을 탐색하고 도달한 최대 층 수로 경쟁
- ■ 전투 신은 명령어를 입력해 적과 싸우는 시스템으로 많은 플레이어에게 익숙한 화면으로 구성

먼저 완성된 게임 화면을 소개합니다.

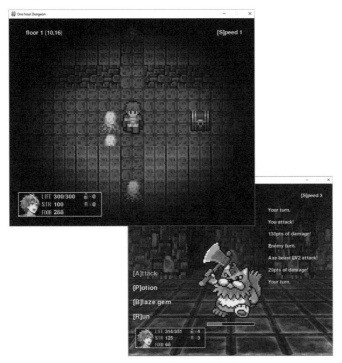

그림 11-1-2 이 책에서 제작할 게임

많은 롤플레잉 게임은 이동 신과 전투 신으로 구성되어 있습니다만, 로그라이크 게임은 이동 화면에 등장하는 몬스터와 직접 싸우고 전투 화면으로는 전환하지 않는 것이 대부분입니다. 이 책에서 만들 게임은 이동 신과 전투 신이 있는, 말하자면 **정통 RPG를 만드는 방법**을 알 수 있도록 두 개의 신을 전환하는 시스템으로 구현합니다.

>>> 규칙 설명

이 책에서 제작할 게임의 규칙을 설명합니다.

❶ 이동 신

◎ 자동으로 생성되는 던전 안을 방향키로 이동합니다.

- 이동 시 식량이 줄어들고 식량이 있는 동안에는 걸을 때마다 생명을 회복합니다.

- 식량이 0이 되면 걸을 때마다 생명이 줄어들고 생명이 0이 되면 게임 오버입니다.

- 던전에는 보물 상자와 누에고치가 있으며, 전투 중에 사용하는 아이템이나 몬스터가 들어 있습니다.

- 내려가는 계단에서 다음 층으로 이동하고 도달한 층 수로 경쟁합니다.

❷ 전투 신

◎ 플레이어와 적이 교대로 행동하는 턴 방식입니다.

- 플레이어는 명령어를 선택해 전투를 수행합니다.

- 적의 공격을 받아 생명이 0이 되면 게임 오버입니다.

11장에서는 ◎에 해당하는 항목을 프로그래밍합니다. 구체적으로 Lesson 11-2~4에서는 이동 신을 만드는 기본 입력에 관해 설명하고 Lesson 11-5~7에서는 전투 신을 만드는 기초 입력에 관해 설명합니다.

> 11장과 12장에서 많은 것들을 학습하겠지만, 당장 모든 내용을 이해하려고 할 필요는 없어요. 모르는 내용은 뒤에서 복습하는 것이 좋아요. 잘 이해가 되지 않는 부분에는 표시를 해두고 즐기면서 책을 읽어 주세요.

미로 자동 생성하기

롤플레잉 게임 프로그래밍을 시작합니다. Lesson 11-2부터 11-4까지 이동 화면을 만드는 방법을 3단계로 나누어 학습합니다. 먼저 미로를 자동으로 생성하는 알고리즘에 관해 설명합니다.

>>> 맵 데이터

시판 게임 소프트웨어에서의 필드나 마을 구조는 게임 크리에이터들이 3D CG 소프트웨어나 맵 에디터라고 부르는 도구를 사용해서 디자인합니다. 게임 내에서 방문할 수 있는 장소가 많은 소프트웨어에는 크리에이터가 만든 여러가지 맵 데이터들이 포함되어 있습니다.

이 책에서 만드는 롤플레잉 게임은 컴퓨터에 맵 데이터를 작성하도록 합니다. 로그라이크 게임의 재미 중 하나는 플레이할 때마다 지형이 변화하기 때문에 새로운 공략법을 생각해야 한다는 점입니다. 맵을 무작위로 생성함으로써 도구를 사용해 맵 데이터를 준비하는 수고를 줄일 수 있는 장점이 있습니다.

컴퓨터에게 무작위로 미로를 만들도록 하려면 어떻게 해야 할까요? 미로를 생성하는 알고리즘은 과거부터 다양하게 고안되어 왔습니다. 이 책에서는 그중에서도 가장 잘 알려진 **기둥 쓰러뜨리기 법**을 사용합니다.

>>> 미로 생성 알고리즘

기둥 쓰러뜨리기 법을 활용한 미로 생성 알고리즘은 다음과 같습니다. 이해하기 쉽도록 7 × 7칸을 기준으로 설명합니다.

❶ 테두리를 벽으로 둘러쌉니다. 검은 위치가 벽, 흰 위치가 길입니다. 내부는 모두 통로입니다.

❷ 다음으로 내부에 1칸씩 기둥을 놓습니다. 기둥이라고 표현했으나, 벽과 동일한 의미입니다.

❸ 각 기둥에서 상하좌우 중 하나의 방향(무작위)으로 벽을 만듭니다. 이 그림에서는 그 벽을 붉은 색으로 표시했습니다.

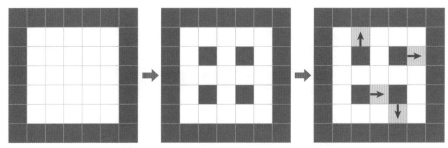

그림 11-2-1 **기둥 쓰러뜨리기 알고리즘**

모든 기둥에서부터 벽을 만들면 미로가 완성됩니다.

7 × 7칸을 기준으로 설명했지만, 칸의 수를 늘리면 보다 미로처럼 보입니다. 예를 들어, 위 방법으로 만든 가로 15칸, 세로 11칸의 미로는 다음과 같습니다.

그림 11-2-2 **15 × 11칸에서 만든 미로**

〉〉〉 기둥 쓰러뜨리기 법의 주의점

기둥 쓰러뜨리기 법에는 주의할 점이 있습니다. 무작위로 4개 방향으로 벽을 만들면 들어 갈 수 없는 칸이 생길 가능성이 있습니다. 예를 들어, 다음 그림과 같이 벽이 만들어진 경우 중앙에는 들어갈 수 없습니다.

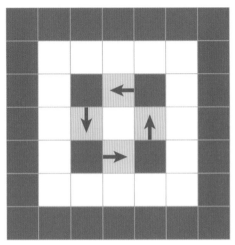

그림 11-2-3 **들어갈 수 없는 장소가 생깁니다**

만약 이 상태에서 이동할 수 없는 장소(즉, 한가운데)에 계단을 놓아버리면 더 이상 진행할 수 없는 던전이 됩니다. 이를 막기 위해 다음과 같은 방법을 사용합니다.

❹ 가장 왼쪽 열의 기둥에서부터 4방향 중 하나에 벽을 만들고 그다음 열에서부터는 상, 하, 우 3방향 중 하나에 벽을 만듭니다.

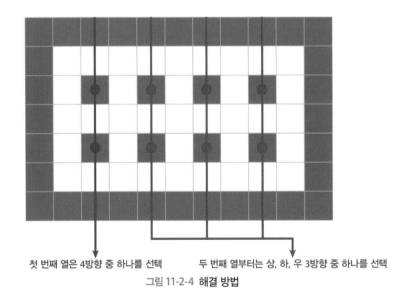

첫 번째 열은 4방향 중 하나를 선택   두 번째 열부터는 상, 하, 우 3방향 중 하나를 선택

그림 11-2-4 **해결 방법**

이 방법으로 미로를 만들면 들어가지 못하는 칸이 만들어지지 않습니다.

>>> 미로 생성 프로그램

기둥 쓰러뜨리기 법으로 미로를 생성하는 프로그램을 확인합니다. 다음 프로그램을 입력하고 파일 이름을 붙여 저장한 뒤 실행해 봅니다. 이 장의 프로그램 파일은 list**.py라는 이름이 아니라 각 프로그램 내용을 알기 쉽도록 파일명을 붙였습니다.

리스트 **maze_maker.py**

1	`import pygame`	pygame 모듈 임포트
2	`import sys`	sys 모듈 임포트
3	`import random`	random 모듈 임포트
4		
5	`CYAN = (0, 255, 255)`	색 정의: 하늘색
6	`GRAY = (96, 96, 96)`	색 정의: 회색
7		
8	`MAZE_W = 11`	미로 가로 방향 길이(가로 칸 수)
9	`MAZE_H = 9`	미로 세로 방향 길이(세로 칸 수)
10	`maze = []`	미로 데이터 관리 리스트
11	`for y in range(MAZE_H):`	반복
12	`    maze.append([0] * MAZE_W)`	append() 명령으로 리스트 초기화
13		
14	`def make_maze():`	미로 생성 함수
15	`    XP = [0, 1, 0, -1]`	기둥에서 벽을 그리기 위한 값 정의
16	`    YP = [-1, 0, 1, 0]`	"
17		
18	`    # 주변 벽`	
19	`    for x in range(MAZE_W):`	그림으로 설명한 미로 생성 알고리즘 ❶
20	`        maze[0][x] = 1`	
21	`        maze[MAZE_H - 1][x] = 1`	
22	`    for y in range(1, MAZE_H - 1):`	
23	`        maze[y][0] = 1`	
24	`        maze[y][MAZE_W - 1] = 1`	
25		
26	`    # 안을 아무것도 없는 상태로`	
27	`    for y in range(1, MAZE_H - 1):`	그림으로 설명한 미로 생성 알고리즘 ❶
28	`        for x in range(1, MAZE_W - 1):`	
29	`            maze[y][x] = 0`	
30		
31	`    # 기둥`	
32	`    for y in range(2, MAZE_H - 2, 2):`	그림으로 설명한 미로 생성 알고리즘 ❷
33	`        for x in range(2, MAZE_W - 2, 2):`	
34	`            maze[y][x] = 1`	
35		

```python
36        # 기둥에서 상하좌우로 벽 생성
37        for y in range(2, MAZE_H - 2, 2):
38            for x in range(2, MAZE_W - 2, 2):
39                d = random.randint(0, 3)
40                if x > 2:  # 2번째 열부터 왼쪽으로는 벽
   을 만들지 않음
41                    d = random.randint(0, 2)
42                maze[y + YP[d]][x + XP[d]] = 1
43
44 def main():
45     pygame.init()
46     pygame.display.set_caption("미로 생성")
47     screen = pygame.display.set_mode((528, 432))
48     clock = pygame.time.Clock()
49
50     make_maze()
51
52     while True:
53         for event in pygame.event.get():
54             if event.type == pygame.QUIT:
55                 pygame.quit()
56                 sys.exit()
57             if event.type == pygame.KEYDOWN:
58                 if event.key == pygame.K_SPACE:
59                     make_maze()
60
61         for y in range(MAZE_H):
62             for x in range(MAZE_W):
63                 W = 48
64                 H = 48
65                 X = x * W
66                 Y = y * H
67                 if maze[y][x] == 0:  # 미로
68                     pygame.draw.rect(screen, CYAN,
   [X, Y, W, H])
69                 if maze[y][x] == 1:  # 벽
70                     pygame.draw.rect(screen, GRAY,
   [X, Y, W, H])
71
72         pygame.display.update()
73         clock.tick(2)
74
75 if __name__ == '__main__':
76     main()
```

37	그림으로 설명한 미로 생성 알고리즘 ❸
40	그림으로 설명한 미로 생성 알고리즘 ❹
44	메인 처리 수행 함수 정의
45	pygame 모듈 초기화
46	윈도우 타이틀 지정
47	그릴 화면(스크린) 초기화
48	clock 객체 초기화
50	미로 생성 함수 호출
52	무한 반복
53	pygame 이벤트 반복 처리
54	윈도우의 X 버튼을 누른 경우
55	pygame 모듈 초기화 해제
56	프로그램 종료
57	키를 누른 이벤트 발생 처리
58	스페이스 키라면
59	미로 생성 함수 호출
61	2중 반복
62	반복해서 미로 표시
63	1칸의 폭
64	1칸의 높이
65	표시할 X 좌표 계산
66	표시할 Y 좌표 계산
67	길이라면
68	하늘색으로 칸 채움
69	벽이라면
70	회색으로 칸 채움
72	화면 업데이트
73	프레임 레이트 지정
75	이 프로그램 직접 실행 시
76	main() 함수 호출

이 프로그램을 실행하면 미로를 생성해서 표시합니다. 또한, Space 키를 누르면 새로운 미로를 생성합니다.

그림 11-2-5 maze_make.py 실행 결과

가로 방향과 세로 방향으로 미로가 몇 칸인지를 8~9번 행의 MAZE_W, MAZE_H라는 변수로 정의합니다. 이와 같이 한 번 정해진 값을 업데이트하지 않는 변수를 **상수**라고 부릅니다. 상수는 일반적으로 변수와 구분하기 위해 모두 대문자로 표기합니다.

14~42번 행에 정의한 make_maze() 함수로 미로를 생성합니다. 이 함수는 maze라는 리스트에 길을 0, 벽을 1로 데이터를 설정합니다. 그림에서 기둥 쓰러뜨리기 법 알고리즘과 make_maze()로 수행한 처리를 비교하며 확인해 봅니다. 그 처리 중 37~42번 행 기둥에서 무작위로 벽을 만드는 프로그램이 다소 어려우므로 이를 좀 더 풀어서 자세히 설명합니다.

```
for y in range(2, MAZE_H - 2, 2):
    for x in range(2, MAZE_W - 2, 2):
        d = random.randint(0, 3)
        if x > 2:  # 2번째 열부터 왼쪽으로는 벽을 만들지 않음
            d = random.randint(0, 2)
        maze[y + YP[d]][x + XP[d]] = 1
```

maze[2][2]가 가장 첫 번째 기둥 위치이므로, 2중 반복 변수 y와 x는 모두 2에서 시작합니다. 변수 d에 어떤 방향으로 벽을 만들 것인지를 난수로 대입합니다. YP와 XP는 15~16번 행에 정의한 4방향 좌표의 증감 값입니다. 'maze[y + YP[d]][x + XP[d]] = 1'로 4방향 중 한 방향에 벽을 만듭니다(리스트 엘리먼트에 값으로 1 대입). 이를 그림으로 설명하면 다음과 같습니다.

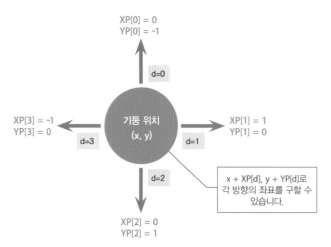

그림 11-2-6 난수를 사용해 벽 생성

난수를 발생시키는 명령을 복습하도록 해요. 'r = random.randint(최소값, 최대값)' 명령으로 최소값부터 최대값 사이의 정수를 무작위로 변수 r에 대입할 수 있어요. for 구문에서 사용한 range() 명령은 range(시작 값, 종료 값)으로 시작 값부터 종료 값 –1까지의 범위를 표시해요. randint()와 range() 범위의 차이에 주의하세요.

던전 만들기

Lesson 11-2에서 만든 미로는 던전을 만들기 위한 기반이 되는 데이터입니다. 이 데이터로 부터 이동 신에서 탐색하는 던전을 만드는 방법을 설명합니다.

⋙ 미로를 던전으로 바꾸기

이 책에서는 종이에 연필로 쓰는 것과 같은 간단한 통로는 미로라고 부르고 게임 안에서 탐색하는 지하 미궁을 던전이라고 부릅니다. 바로 앞 절에서 만든 미로 데이터를 그대로 던전 데이터로 사용할 수도 있지만, 그것만으로는 단지 통로가 이어지는 것뿐이므로 그다지 재미없는 형태가 됩니다. 그래서 여기에서는 단순한 미로가 아니라 게임적인 측면에서 재미있을 만한 던전을 만들어 봅니다.

그렇다면 그 방법을 구체적으로 설명합니다. 다음 그림에서 왼쪽은 앞 절의 프로그램을 통해 만든 미로입니다. 이 미로 데이터는 maze라는 리스트에 길인 경우 0, 벽인 경우 1이라는 값으로 표현합니다. 이 데이터로부터 오른쪽 그림과 같은 미로와 방을 만듭니다.

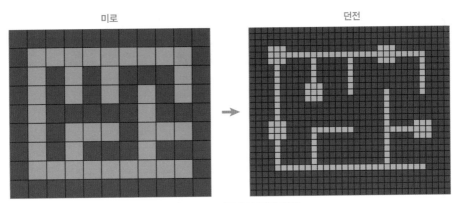

미로 던전

그림 11-3-1 미로에서 던전 생성

왼쪽과 오른쪽을 비교해 봅니다. 왼쪽 그림의 1칸은 오른쪽 그림의 3 × 3칸의 영역으로 바뀌었습니다. 왼쪽 그림의 통로 1칸을 오른쪽에서는 통로 혹은 방으로 만들어서 던전과 같은 분위기를 냅니다.

미로에서 던전을 생성하는 데이터 변환은 다음 순서로 수행합니다.

▌ 변환 순서

❶ 던전을 정의하기 위한 2차원 리스트 dungeon을 준비합니다.

❷ maze의 칸 상태를 조사하면서 dungeon에 값을 설정합니다.

❸의 경우

- dungeon의 내용(엘리먼트)을 먼저 모두 벽으로 바꿉니다.
- maze[y][x] 값을 확인한 수가 0(길)이면 무작위로 던전에 방을 만듭니다.
- 방을 만들지 않는 경우 maze[y][x]의 상하좌우 칸을 확인하고 0이면 그 방향으로 던전에 통로를 만듭니다.

〉〉〉 던전 생성 프로그램

미로에서 던전 데이터를 생성하는 프로그램을 확인합니다. 다음 이미지를 사용하므로 깃헙 페이지에서 이미지를 다운로드한 뒤, 예제 코드와 같은 폴더에 넣어 주십시오.

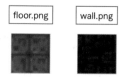

floor.png   wall.png

그림 11-3-2 이 프로그램에서 사용할 이미지 파일

다음 프로그램을 입력하고 파일 이름을 붙여 저장한 뒤 실행해 봅니다.

리스트 **dungeon_maker.py**

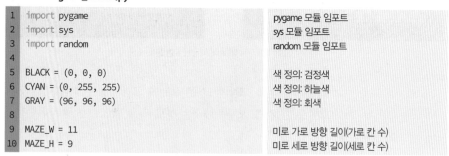

```
1   import pygame          pygame 모듈 임포트
2   import sys             sys 모듈 임포트
3   import random          random 모듈 임포트
4
5   BLACK = (0, 0, 0)      색 정의: 검정색
6   CYAN = (0, 255, 255)   색 정의: 하늘색
7   GRAY = (96, 96, 96)    색 정의: 회색
8
9   MAZE_W = 11            미로 가로 방향 길이(가로 칸 수)
10  MAZE_H = 9             미로 세로 방향 길이(세로 칸 수)
```

```
11  maze = []                                        미로 데이터 관리 리스트
12  for y in range(MAZE_H):                          반복
13      maze.append([0] * MAZE_W)                        append() 명령으로 리스트 초기화
14
15  DUNGEON_W = MAZE_W * 3                            던전 가로 방향 길이(가로 칸 수)
16  DUNGEON_H = MAZE_H * 3                            던전 세로 방향 길이(세로 칸 수)
17  dungeon = []                                     던전 데이터 관리 리스트
18  for y in range(DUNGEON_H):                       반복
19      dungeon.append([0] * DUNGEON_W)                  append() 명령으로 리스트 초기화
20
21  imgWall = pygame.image.load("wall.png")          던전 벽 이미지 로드
22  imgFloor = pygame.image.load("floor.png")        던전 통로 이미지 로드
23
24  def make_dungeon():  # 던전 자동 생성             던전 생성 함수
25      XP = [0, 1, 0, -1]                               기둥에서 벽을 그리기 위한 값 정의
26      YP = [-1, 0, 1, 0]                                  "
27      # 주변 벽                                     24~48번 행 앞 절의 프로그램과 동일한 미로 생성
28      for x in range(MAZE_W):                          그림으로 설명한 미로 생성 알고리즘❶
29          maze[0][x] = 1
30          maze[MAZE_H - 1][x] = 1
31      for y in range(1, MAZE_H - 1):
32          maze[y][0] = 1
33          maze[y][MAZE_W - 1] = 1
34      # 내부를 아무것도 없는 상태로
35      for y in range(1, MAZE_H - 1):                   그림으로 설명한 미로 생성 알고리즘❶
36          for x in range(1, MAZE_W - 1):
37              maze[y][x] = 0
38      # 기둥
39      for y in range(2, MAZE_H - 2, 2):                그림으로 설명한 미로 생성 알고리즘❷
40          for x in range(2, MAZE_W - 2, 2):
41              maze[y][x] = 1
42      # 기둥으로부터 상하좌우로 벽 생성
43      for y in range(2, MAZE_H - 2, 2):                그림으로 설명한 미로 생성 알고리즘❸
44          for x in range(2, MAZE_W - 2, 2):
45              d = random.randint(0, 3)
46              if x > 2:  # 2번째 열부터 왼쪽으로는 벽    그림으로 설명한 미로 생성 알고리즘❹
    을 만들지 않음
47                  d = random.randint(0, 2)
48              maze[y + YP[d]][x + XP[d]] = 1
49
50      # 미로에서 던전 생성                           52~74번 행: 미로를 던전 데이터로 변환
51      # 전체를 벽으로 만듦
52      for y in range(DUNGEON_H):                       2중 반복
53          for x in range(DUNGEON_W):                       반복
54              dungeon[y][x] = 9                               dungeon 값을 모두 9(벽)로
    설정
55      # 방과 미로 배치
56      for y in range(1, MAZE_H - 1):                   2중 반복
57          for x in range(1, MAZE_W - 1):                   반복
```

```
58              dx = x * 3 + 1
59              dy = y * 3 + 1
60              if maze[y][x] == 0:
61                  if random.randint(0, 99) < 20:  # 방 생성
62                      for ry in range(-1, 2):
63                          for rx in range(-1, 2):
64                              dungeon[dy + ry][dx + rx] = 0
65                  else:  # 통로 생성
66                      dungeon[dy][dx] = 0
67                      if maze[y - 1][x] == 0:
68                          dungeon[dy - 1][dx] = 0
69                      if maze[y + 1][x] == 0:
70                          dungeon[dy + 1][dx] = 0
71                      if maze[y][x - 1] == 0:
72                          dungeon[dy][dx - 1] = 0
73                      if maze[y][x + 1] == 0:
74                          dungeon[dy][dx + 1] = 0
75
76  def main():
77      pygame.init()
78      pygame.display.set_caption("던전 생성")
79      screen = pygame.display.set_mode((1056, 432))
80      clock = pygame.time.Clock()
81
82      make_dungeon()
83
84      while True:
85          for event in pygame.event.get():
86              if event.type == pygame.QUIT:
87                  pygame.quit()
88                  sys.exit()
89              if event.type == pygame.KEYDOWN:
90                  if event.key == pygame.K_SPACE:
91                      make_dungeon()
92
93          # 확인용 미로 표시
94          for y in range(MAZE_H):
95              for x in range(MAZE_W):
96                  X = x * 48
97                  Y = y * 48
98                  if maze[y][x] == 0:
99                      pygame.draw.rect(screen, CYAN, [X, Y,
     48, 48])
100                 if maze[y][x] == 1:
101                     pygame.draw.rect(screen, GRAY, [X, Y,
     48, 48])
102
```

	미로 데이터 확인. 칸이 길이라면
	방 생성 여부를 무작위로 결정
	2중 반복
	반복
	3 × 3칸을 방으로 만듦
	방을 만들지 않는 경우 통로 생성
	3 × 3칸 중앙을 통로로
	미로의 위 칸이 길이라면
	통로를 위로 연장
	미로 아래 칸이 길이라면
	통로를 아래로 연장
	미로 왼쪽 칸이 길이라면
	통로를 왼쪽으로 연장
	미로 오른쪽 칸이 길이라면
	통로를 오른쪽으로 연장
	메인 처리 수행 함수 정의
	pygame 모듈 초기화
	윈도우 타이틀 지정
	그릴 화면(스크린) 초기화
	dock 객체 초기화
	던전 행성 함수 호출
	무한 반복
	pygame 이벤트 반복 처리
	윈도우의 'X' 버튼을 누를 경우
	pygame 모듈 초기화 해제
	프로그램 종료
	키를 누르는 이벤트 발생 처리
	공백 키라면
	미로 생성 함수 호출
	2중 반복
	반복
	표시할 X 좌표 계산
	표시할 Y 좌표 계산
	통로라면
	하늘색으로 칸 채움
	벽이라면
	회색으로 칸 채움

```
103        # 던전 그리기                                          2중 반복
104        for y in range(DUNGEON_H):                           반복
105            for x in range(DUNGEON_W):                       표시할 X 좌표 계산
106                X = x * 16 + 528                             표시할 Y 좌표 계산
107                Y = y * 16                                   통로라면
108                if dungeon[y][x] == 0:                       통로 이미지 표시
109                    screen.blit(imgFloor, [X, Y])            벽이라면
110                if dungeon[y][x] == 9:                       벽 이미지 표시
111                    screen.blit(imgWall, [X, Y])
112
113        pygame.display.update()                              화면 업데이트
114        clock.tick(2)                                        프레임 레이트 지정
115
116 if __name__ == '__main__':                                  이 프로그램 직접 실행 시
117     main()                                                  main() 함수 호출
```

이 프로그램을 실행하면 다음과 같이 던전이 만들어집니다. Space 키를 누르면 던전이 무
작위로 바뀌므로 어떤 구조의 던전을 만드는지 확인해 봅니다.

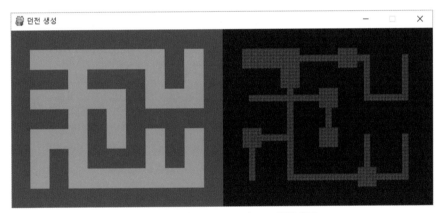

그림 11-3-3 dungeon_make.py 실행 화면

24~74번 행에 정의한 make_dungeon() 함수를 사용해 기둥 쓰러뜨리기 법에 따라 미로를
생성하고 그 데이터에서 던전을 생성합니다. 미로를 생성하는 부분은 앞 절과 동일한 프
로그램이며, 52~74번 행이 던전 데이터를 생성하기 위해 추가한 부분입니다. 미로 데이터
는 길이 0, 벽을 1로 했지만, 던전 데이터를 입력하는 리스트 dungeon에서는 길을 0, 벽을
9로 정의했습니다. 벽을 9로 만든 것은 다음 장에서 보물 상자(값 1) 혹은 누에고치(값 2)를
배치하기 위해서입니다.

별도로 던전을 생성하는 처리를 자세히 설명합니다.

```
for y in range(1, MAZE_H - 1):
    for x in range(1, MAZE_W - 1):
        dx = x * 3 + 1
        dy = y * 3 + 1
        if maze[y][x] == 0:
            if random.randint(0, 99) < 20:  # 방 생성
                for ry in range(-1, 2):
                    for rx in range(-1, 2):
                        dungeon[dy + ry][dx + rx] = 0
            else:  # 통로 생성
                dungeon[dy][dx] = 0
                if maze[y - 1][x] == 0:
                    dungeon[dy - 1][dx] = 0
                if maze[y + 1][x] == 0:
                    dungeon[dy + 1][dx] = 0
                if maze[y][x - 1] == 0:
                    dungeon[dy][dx - 1] = 0
                if maze[y][x + 1] == 0:
                    dungeon[dy][dx + 1] = 0
```

미로 1칸은 던전에서 3 × 3 칸에 해당합니다. 던전에 방이나 통로를 만들기 위해 'dx = x * 3 + 1', 'dy = y * 3 + 1'이라는 변수를 준비합니다. 각 변수에 +1을 한 것은 dx, dy를 3 × 3칸의 중앙 좌표 값으로 하기 위해서입니다.

maze[y][x] 값을 확인하고 0(길)이면 20% 확률로 방으로 만듭니다. 방을 만들지 않는다면 maze[y][x]의 상하좌우를 확인하고 길인 방향으로 통로를 만들어 나갑니다.

미로를 생성하는 알고리즘, 미로를 지하 미궁(던전)처럼 보이도록 변환하는 처리가 조금 어렵게 느껴지는 분들도 있을 거예요. 지금 바로 이해하지 못해도 괜찮아요. 어렵게 느껴지는 분들은 프로그램 전체를 보고 대략의 이미지만 그려 두는 것도 좋아요.

던전 내 이동하기

이 장에서 만드는 롤플레잉 게임은 캐릭터를 윈도우 중앙에 표시하고 방향키 입력에 따라 배경이 스크롤됩니다. 여기서는 화면 스크롤 방법에 대해 설명합니다.

⟫⟫⟫ 배경 스크롤하기

8장에서 고양이 캐릭터를 방향키로 이동하는 프로그램을 만들었습니다. 그 프로그램에서는 배경(미로 화면)을 고정한 상태로 캐릭터를 상하좌우로 이동했습니다. 한편, 롤플레잉 게임이나 액션 게임은 일반적으로 배경이 스크롤됩니다. 이 장에서 제작하는 게임도 던전 배경을 스크롤합니다.

우선 배경을 스크롤하는 프로그램을 확인합니다. 3개의 이미지를 사용합니다. 깃헙 페이지에서 다운로드한 뒤, 예제 코드와 같은 폴더에 넣어 주십시오. floor.png와 wall.png는 이전 프로그램에서 사용한 것과 동일합니다.

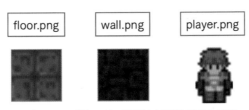

그림 11-4-1 **이번 프로그램에서 사용할 이미지 파일**

다음 프로그램을 입력하고 파일 이름을 붙여 저장한 뒤 실행해 봅니다.

리스트 **walk_in_dungeon.py**

```
1   import pygame              pygame 모듈 임포트
2   import sys                 sys 모듈 임포트
3   import random              random 모듈 임포트
4
5   BLACK = (0, 0, 0)          색 정의: 검정색
6
7   MAZE_W = 11                미로 가로 방향 길이(가로 칸 수)
8   MAZE_H = 9                 미로 세로 방향 길이(세로 칸 수)
9   maze = []                  미로 데이터 관리 리스트
10  for y in range(MAZE_H):    반복
```

11 maze.append([0] * MAZE_W)	append() 명령으로 리스트 초기화
12	
13 DUNGEON_W = MAZE_W * 3	던전 가로 방향 길이(가로 칸 수)
14 DUNGEON_H = MAZE_H * 3	던전 세로 방향 길이(세로 칸 수)
15 dungeon = []	던전 데이터 관리 리스트
16 for y in range(DUNGEON_H):	반복
17 dungeon.append([0] * DUNGEON_W)	append() 명령으로 리스트 초기화
18	
19 imgWall = pygame.image.load("wall.png")	던전 벽 이미지 로드
20 imgFloor = pygame.image.load("floor.png")	던전 통로 이미지 로드
21 imgPlayer = pygame.image.load("player.png")	주인공 이미지 로드
22	
23 pl_x = 4	주인공 X 좌표 ┐
24 pl_y = 4	주인공 Y 좌표 ├ 던전 상 위치
25	
26 def make_dungeon(): # 던전 자동 생성	던전 생성 함수
27 XP = [0, 1, 0, -1]	기둥에서 벽을 그리기 위한 값 정의
28 YP = [-1, 0, 1, 0]	"
29 # 주변 벽	
30 for x in range(MAZE_W):	그림으로 설명한 미로 생성 알고리즘 ❶
31 maze[0][x] = 1	
32 maze[MAZE_H - 1][x] = 1	
33 for y in range(1, MAZE_H - 1):	
34 maze[y][0] = 1	
35 maze[y][MAZE_W - 1] = 1	
36 # 안을 아무것도 없는 상태로	
37 for y in range(1, MAZE_H - 1):	그림으로 설명한 미로 생성 알고리즘 ❶
38 for x in range(1, MAZE_W - 1):	
39 maze[y][x] = 0	
40 # 기둥	
41 for y in range(2, MAZE_H - 2, 2):	그림으로 설명한 미로 생성 알고리즘 ❷
42 for x in range(2, MAZE_W - 2, 2):	
43 maze[y][x] = 1	
44 # 기둥에서 상하좌우로 벽 생성	
45 for y in range(2, MAZE_H - 2, 2):	그림으로 설명한 미로 생성 알고리즘 ❸
46 for x in range(2, MAZE_W - 2, 2):	
47 d = random.randint(0, 3)	
48 if x > 2: # 2번째 열부터 왼쪽으로 벽	그림으로 설명한 미로 생성 알고리즘 ❹
을 만들지 않음	
49 d = random.randint(0, 2)	
50 maze[y + YP[d]][x + XP[d]] = 1	
51	
52 # 미로에서 던전 생성	
53 # 전체를 벽으로	
54 for y in range(DUNGEON_H):	2중 반복
55 for x in range(DUNGEON_W):	반복
56 dungeon[y][x] = 9	dungeon 값을 모두 9(벽)로 설정

```
57          # 방과 미로 배치
58          for y in range(1, MAZE_H - 1):
59              for x in range(1, MAZE_W - 1):
60                  dx = x * 3 + 1
61                  dy = y * 3 + 1
62                  if maze[y][x] == 0:
63                      if random.randint(0, 99) < 20:  # 방 생성
64                          for ry in range(-1, 2):
65                              for rx in range(-1, 2):
66                                  dungeon[dy + ry][dx + rx] = 0
67                      else:  # 미로 생성
68                          dungeon[dy][dx] = 0
69                          if maze[y - 1][x] == 0:
70                              dungeon[dy - 1][dx] = 0
71                          if maze[y + 1][x] == 0:
72                              dungeon[dy + 1][dx] = 0
73                          if maze[y][x - 1] == 0:
74                              dungeon[dy][dx - 1] = 0
75                          if maze[y][x + 1] == 0:
76                              dungeon[dy][dx + 1] = 0
77
78  def draw_dungeon(bg):  # 던전 표시
79      bg.fill(BLACK)
80      for y in range(-5, 6):
81          for x in range(-5, 6):
82              X = (x + 5) * 16
83              Y = (y + 5) * 16
84              dx = pl_x + x
85              dy = pl_y + y
86              if 0 <= dx and dx < DUNGEON_W and 0 <= dy and
    dy < DUNGEON_H:
87                  if dungeon[dy][dx] == 0:
88                      bg.blit(imgFloor, [X, Y])
89                  if dungeon[dy][dx] == 9:
90                      bg.blit(imgWall, [X, Y])
91              if x == 0 and y == 0:  # 주인공 표시
92                  bg.blit(imgPlayer, [X, Y - 8])
93
94  def move_player():  # 주인공 이동
95      global pl_x, pl_y
96      key = pygame.key.get_pressed()
97      if key[pygame.K_UP] == 1:
98          if dungeon[pl_y - 1][pl_x] != 9: pl_y = pl_y - 1
99      if key[pygame.K_DOWN] == 1:
100         if dungeon[pl_y + 1][pl_x] != 9: pl_y = pl_y + 1
101     if key[pygame.K_LEFT] == 1:
102         if dungeon[pl_y][pl_x - 1] != 9: pl_x = pl_x - 1
```

	2중 반복
	반복
	미로 데이터 확인, 칸이 길이라면
	방 생성 여부를 무작위로 결정
	2중 반복
	반복
	3 × 3칸을 길로 만듦
	방을 만들지 않는 경우 통로 생성
	3 × 3칸 중앙을 통로로
	미로의 위 칸이 길이면
	통로를 위로 연장
	미로 아래 칸이 길이면
	통로를 아래로 연장
	미로 왼쪽 칸이 길이면
	통로를 왼쪽으로 연장
	미로 오른쪽 칸이 길이면
	통로를 오른쪽으로 연장
	던전 표시 함수 정의
	지정한 색으로 스크린 전체 클리어
	2중 반복
	반복
	화면 표시용 X 좌표 계산
	화면 표시용 Y 좌표 계산
	던전 칸 X 좌표 계산
	던전 칸 Y 좌표 계산
	던전 데이터가 정의된 범위 내에서
	길이면
	길 이미지 표시
	벽이면
	벽 이미지 표시
	윈도우 중앙에
	주인공 표시
	주인공 이동 함수 정의
	필요한 변수를 전역 변수로 선언
	리스트 key에 모든 키 상태 대입
	방향 키 상을 눌렀다면
	해당 방향이 벽이 아니면 Y 좌표 변경
	방향 키 하를 눌렀다면
	해당 방향이 벽이 아니면 Y 좌표 변경
	방향 키 좌를 눌렀다면
	해당 방향이 벽이 아니면 X 좌표 변경

```
103        if key[pygame.K_RIGHT] == 1:
104            if dungeon[pl_y][pl_x + 1] != 9: pl_x = pl_x + 1
105
106    def main():
107        pygame.init()
108        pygame.display.set_caption("던전 내 걷기")
109        screen = pygame.display.set_mode((176, 176))
110        clock = pygame.time.Clock()
111
112        make_dungeon()
113
114        while True:
115            for event in pygame.event.get():
116                if event.type == pygame.QUIT:
117                    pygame.quit()
118                    sys.exit()
119
120            move_player()
121            draw_dungeon(screen)
122            pygame.display.update()
123            clock.tick(5)
124
125    if __name__ == '__main__':
126        main()
```

방향 키 우를 눌렀다면
해당 방향이 벽이 아니면 X 좌표 변경

메인 처리 수행 함수 정의
pygame 모듈 초기화
윈도우 타이틀 지정
그릴 화면(스크린) 초기화
dock 객체 초기화

던전 행성 함수 호출

무한 반복
pygame 이벤트 반복 처리
윈도우의 'X' 버튼을 누른 경우
pygame 모듈 초기화 해제
프로그램 종료

주인공 이동 함수 호출
던전 표시 함수 호출
화면 업데이트
프레임 레이트 지정

이 프로그램 직접 실행 시
main() 함수 호출

이 프로그램을 실행하면 던전 내를 방향키로 이동할 수 있습니다. 확인용 프로그램이므로 화면 크기가 작지만, 다음 장에서 만들 롤플레잉 게임의 윈도우는 보다 크고 보기 쉽습니다.

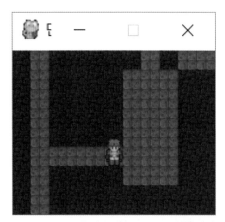

그림 11-4-2 walk_int_dungeon.py 실행 결과

23~34번 행에서 선언한 변수 pl_x, pl_y 를 사용해 주인공이 던전의 어느 위치에 있는지를 관리합니다. 94~104번 행에 입력한 move_player() 함수는 방향키 입력에 따라 pl_x, pl_y 값을 변화시킵니다. 이는 3장에서 학습한 미로 내 이동 처리와 동일합니다.

78~92번 행 draw_dungeon() 함수는 던전 배경과 주인공을 표시합니다. 이 부분의 처리를 좀 더 풀어서 자세히 설명합니다.

```python
def draw_dungeon(bg):  # 던전 표시
    bg.fill(BLACK)
    for y in range(-5, 6):
        for x in range(-5, 6):
            X = (x + 5) * 16
            Y = (y + 5) * 16
            dx = pl_x + x
            dy = pl_y + y
            if 0 <= dx and dx < DUNGEON_W and 0 <= dy and dy < DUNGEON_H:
                if dungeon[dy][dx] == 0:
                    bg.blit(imgFloor, [X, Y])
                if dungeon[dy][dx] == 9:
                    bg.blit(imgWall, [X, Y])
            if x == 0 and y == 0:  # 주인공 표시
                bg.blit(imgPlayer, [X, Y - 8])
```

2중 반복에서 사용하는 변수 x, y 모두 –5에서 5 사이에서 변화합니다. 이는 주인공 위치를 중심으로 다음의 범위를 표시하기 위해서입니다.

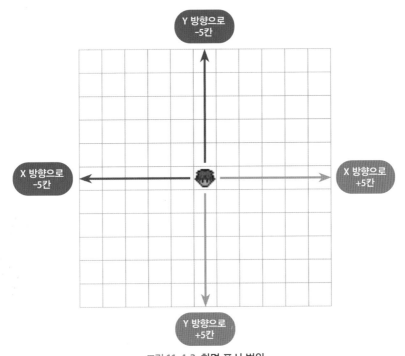

그림 11-4-3 화면 표시 범위

'dx = pl_x + x'와 'dy = pl_y + y'는 던전 리스트에 들어있는 값을 조사하기 위해 사용하는 변수입니다. 길이나 벽을 표시하는 좌표는 'X = (x + 5) * 16', 'Y = (y + 5) * 16'이며, 윈도우 왼쪽 위 모서리부터 그리기 시작합니다. 이와 같이 주인공 위치를 중심으로 왼쪽 위 5칸부터 오른쪽 아래 5칸까지 범위의 던전 배경을 그립니다. pl_x, pl_y 값이 변화하면 그리는 범위도 달라지므로 화면이 스크롤됩니다.

이 함수의 인수가 bg라는 점이 핵심입니다. 121번 행 draw_dungeon(screen)으로 표시할 화면인 screen을 인수로 전달하므로 draw_dungeon() 함수는 인수 bg에 그림을 그립니다. 이렇게 함으로써 메인 루프 바깥에서 정의한 함수로 화면을 그릴 수 있습니다. 이를 그림으로 나타내면 다음과 같습니다.

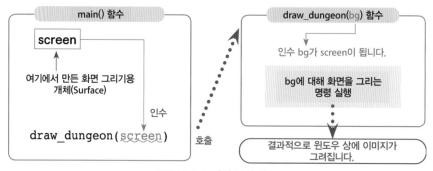

그림 11-4-4 화면 표시 처리

어느 정도 규모가 큰 소프트웨어 개발에서는 메인 루프 안에 모든 처리를 넣으면 어디에서 무엇을 수행하는지 알기 어려워집니다. **처리 프로세스를 함수로 정의한 뒤, 그 함수를 호출해서 사용하는 방법으로 프로그램을 깔끔하게 작성할 수 있습니다.**

던전을 자동으로 생성하고 주인공이 그 안을 걸어 다니도록 할 수 있었어요. 파이썬은 다른 프로그래밍 언어와 비교해 짧은 코드로 프로그램을 만들 수 있어요. 그런데도 이동 화면 프로그램이 126행이나 되었네요. 프로그램이 길다고 느끼는 분들도 있겠지만, 힘내서 다음 내용도 함께 읽어 봐요.

전투 신 만들기 1

Lesson 11-5에서 11-7까지는 세 부분으로 나눠 전투 신을 만드는 방법을 학습합니다.

》》》 이미지 로딩

9장에서 만든 블록 낙하 게임은 게임에서 사용하는 모든 이미지를 로딩했습니다. 이미지 수가 적은 프로그램에서는 문제가 없지만, 많은 이미지를 다루는 소프트웨어에서는 한 번에 모든 이미지를 로딩하면 사용하는 메모리 용량을 초과하거나, 소프트웨어가 동작하지 않는 오류가 발생합니다.

롤플레잉 게임은 일반적으로 많은 이미지를 사용해서 만듭니다. 예를 들어, 시판 게임에서는 캐릭터만 200~300종류 혹은 그 이상 등장합니다. 그런 게임 소프트는 각 하드웨어가 허용하는 메모리를 초과하지 않도록, 모든 이미지를 한 번에 로딩하지 않고 신 별로 필요한 이미지를 로딩하도록 구현합니다. 예를 들어, 전투 화면 배경과 적 캐릭터 이미지는 전투가 시작되기 직전에 로딩하는 방식입니다.

이 책에서 만드는 롤플레잉 게임도 여러 적 캐릭터 이미지를 사용하므로 적 이미지 파일은 전투에 돌입할 때 로딩하도록 합니다. 파이썬에서는 어떻게 프로그래밍하는지 확인해 봅니다.

》》》 배경과 적 캐릭터 표시

전투에 돌입할 때 적 캐릭터 이미지를 로딩하는 프로그램을 확인합니다. 다음 이미지를 사용하므로 깃헙 페이지에서 이미지를 다운로드해서 예제 코드와 같은 폴더에 넣습니다.

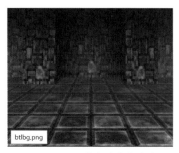

그림 11-5-1 **배경 이미지 파일**

그림 11-5-2 **적 이미지 파일**

학습용 프로그램이므로 적은 4종류 밖에 없지만, 다음 장에서 완성할 프로그램에서는 10
종류의 적 이미지를 사용합니다. 전투 배경 이미지는 1종류이므로 앞으로 구현할 프로그
램 및 다음 장에서의 프로그램 모두 배경 화면은 처음에 로딩합니다.

다음 프로그램을 입력하고 파일 이름을 붙여 저장한 뒤 실행해 봅니다.

리스트 **battle_start.py**

```
1   import pygame                                    pygame 모듈 임포트
2   import sys                                       sys 모듈 임포트
3
4   WHITE = (255, 255, 255)                          색 정의: 하얀색
5
6   imgBtlBG = pygame.image.load("btlbg.png")        전투 배경 이미지 로딩
7   imgEnemy = None                                  적 이미지를 로딩할 변수 준비
8
9   emy_num = 0                                      로딩할 이미지 번호 관리 변수
```

```
10    emy_x = 0                                               적 캐릭터 표시 위치 X 좌표
11    emy_y = 0                                               적 캐릭터 표시 위치 Y 좌표
12
13    def init_battle():                                      전투 개시 준비 함수
14        global imgEnemy, emy_num, emy_x, emy_y              전역 변수 선언
15        emy_num = emy_num + 1                               적 이미지 관리 번호 증가
16        if emy_num == 5:                                    관리 번호가 5이면
17            emy_num = 1                                     관리 번호를 1로 되돌림
18        imgEnemy = pygame.image.load("enemy" +             적 캐릭터 이미지 로딩
    str(emy_num) + ".png")
19        emy_x = 440 - imgEnemy.get_width() / 2              이미지 폭으로부터 표시 위치(X 좌표) 계산
20        emy_y = 560 - imgEnemy.get_height()                이미지 높이로부터 표시 위치(Y 좌표) 계산
21
22    def draw_battle(bg, fnt):                               전투 화면 표시 함수
23        bg.blit(imgBtlBG, [0, 0])                          배경 표시
24        bg.blit(imgEnemy, [emy_x, emy_y])                  적 캐릭터 표시
25        sur = fnt.render("enemy" + str(emy_num) +          파일명을 표시할 Surface
    ".png", True, WHITE)
26        bg.blit(sur, [360, 580])                           문자열을 표시한 Surface를 화면으로 전송
27
28    def main():                                             메인 처리 수행 함수 정의
29        pygame.init()                                       pygame 모듈 초기화
30        pygame.display.set_caption("전투 개시 처리")         윈도우 타이틀 지정
31        screen = pygame.display.set_mode((880, 720))        그릴 화면(스크린) 초기화
32        clock = pygame.time.Clock()                         clock 객체 초기화
33        font = pygame.font.Font(None, 40)                   font 객체 초기화
34
35        init_battle()                                       전투 개시 준비 함수 호출
36
37        while True:                                          무한 반복
38            for event in pygame.event.get():                pygame 이벤트 반복 처리
39                if event.type == pygame.QUIT:               윈도우의 'X' 버튼을 누른 경우
40                    pygame.quit()                           pygame 모듈 초기화 해제
41                    sys.exit()                              프로그램 종료
42                if event.type == pygame.KEYDOWN:            키를 누른 이벤트가 발생한 경우
43                    if event.key == pygame.K_SPACE:         스페이스 키라면
44                        init_battle()                       전투 개시 준비 함수 호출
45
46            draw_battle(screen, font)                        전투 화면 표시
47            pygame.display.update()                          화면 업데이트
48            clock.tick(5)                                    프레임 레이트 지정
49
50    if __name__ == '__main__':                               이 프로그램 직접 실행 시
51        main()                                               main() 함수 호출
```

이 프로그램을 실행하면 전투 화면이 표시됩니다. Space 키를 누를 때마다 새로운 캐릭터
이미지를 로딩해서 표시합니다.

그림 11-5-3 **battle_start.py 실행 결과**

13~20번 행의 init_battle() 함수에서 등장할 적 이미지를 로딩합니다. 이미지를 로딩할 변수를 7번 행과 같이 함수 외부에서 선언합니다. 선언한 시점에서는 이미지를 로딩하지 않으므로 그 값을 None으로 지정합니다. init_battle() 함수에서 그 변수를 global로 선언하고 18번 행과 같이 파일명을 지정해 이미지를 로딩합니다. 이번에는 init_battle() 함수를 실행할 때마다 emy_num이라는 변수값을 '1 ➡ 2 ➡ 3 ➡ 4 ➡ 1 ➡ 2 ➡ ⋯'로 바꾸고, 해당 번호로 지정한 파일을 로딩합니다.

적을 화면에 표시할 때 캐릭터 발 끝 위치(좌표)를 결정하기 위한 계산은 19~20번 행에서 수행합니다.

```
emy_x = 440 - imgEnemy.get_width() / 2
emy_y = 560 - imgEnemy.get_height()
```

이미지를 로딩한 변수명.get_width()로 이미지 폭, 변수명.get_height()로 이미지 높이를 얻을 수 있습니다. 각 수치는 이미지의 픽셀 수입니다. 이 계산식을 그림으로 나타내면 **그림 11-5-4**와 같습니다.

그림 11-5-4 **발 끝 좌표 계산**

이와 같이 이미지 크기로부터 캐릭터 표시 위치를 계산하면 뒤에서 다양한 크기의 적을 추가하더라도 프로그램으로 표시 위치를 조정하지 않아도 됩니다.

〉〉〉 사용하는 메모리에 관해

컴퓨터에서 사용할 수 있는 메모리 용량은 하드웨어 별로 제한이 있습니다. 큰 프로그램일수록 사용하는 변수나 리스트(배열) 수가 많을수록 메모리 사용량이 많습니다. 최근의 PC는 메모리 용량이 크기 때문에 프로그램 크기나 변수의 개수는 그리 문제가 되지 않습니다. 그것보다 이미지가 훨씬 많은 메모리를 사용합니다.

이미지 파일을 로딩하면 컴퓨터는 이미지를 표시할 준비로 데이터를 메모리에 배치합니다. 즉 이미지를 표시하지 않아도 로딩한 시점에서 메모리를 사용하는 것입니다. 때문에 이미지를 대량으로 로딩하면 메모리를 모두 사용해 버려 프로그램이 동작하지 않기도 합니다.

소프트웨어 개발에서는 메모리를 낭비해서는 안 된다는 철칙이 있습니다. 메모리 용량이 큰 컴퓨터 하드웨어의 소프트웨어 개발에서는 이전보다는 사용 메모리를 엄격하게 고려하지 않아도 되었지만, 그렇다고 메모리를 무한정 사용할 수 있는 것은 아닙니다. 특히, 전업으로 프로그래머를 준비하는 분들이라면 '하드웨어별로 메모리 용량이 다르다'는 점을 꼭 유념해야 합니다.

메모리에 관해 알기 위해 이 책에서 구현하는 롤플레잉 게임 프로그램은 적의 이미지를 사용할 때만 로딩하도록 만들었습니다. 실은 파이썬과 Pygame을 사용해 취미로 게임을 개발한다면 이미지를 로딩할 때 사용하는 메모리에 그다지 많이 신경쓸 필요는 없습니다.

필자가 확인해 본 바로는 꽤 많은 양의 이미지를 동시에 다루지 않는 한 문제가 일어나지 않는 것으로 알고 있습니다. 구체적으로는 윈도우 PC에서 큰 사이즈의 풀 컬러 이미지 100장을 로딩해서 테스트했습니다. 결과적으로는 이미지 로딩에 시간이 다소 걸리지만, 모든 이미지를 아무런 문제없이 표시할 수 있었습니다. 취미로 하는 프로그래밍이라면 충분한 양의 이미지를 다룰 수 있습니다.

다만 이것은 PC에서의 이야기입니다. 필자는 스마트폰 앱도 개발하고 있습니다. 스마트폰 프로그램에서 많은 이미지를 한 번에 처리하려고 하면 앱이 동작하지 않는 등의 오류가 발생합니다. 소프트웨어 개발에서는 필요한 자원을 필요한 때에 로딩해 만들어 두는 것이 중요합니다.

파이썬에서 여러 이미지를 다룰 때는 리스트로 정의하면 편리하지만, 사용하는 이미지만을 로딩하는 방법도 있었네요. 큰 도움이 되었어요!

전투 신 만들기 2

전투 중에는 전투 상황을 메시지로 플레이어에게 알립니다. 이 절에서는 전투 화면에서의 효과적인 메시지 처리 방법을 설명합니다.

>>> 메시지 표시

이 책에서 만드는 롤플레잉 게임은 플레이어와 적이 교대로 행동하는 '턴 방식'이라는 규칙을 따릅니다. 전투 중에는 누가 공격했는지, 얼마나 피해를 입었는지를 메시지로 표시합니다.

메시지를 반복해서 표시하는 게임에서는 문자열을 설정하면 이를 자동으로 표시해 주는 프로그램을 만들어 두면 편리합니다. 여기서 그 프로그램을 설명합니다. 이미지는 앞 절에서 만든 프로그램과 동일한 것을 사용합니다. Lesson 11-5에서 만든 전투 개시 준비 함수는 여기에서는 필요하지 않으므로 넣지 않습니다.

다음 프로그램을 입력하고 파일 이름을 붙여 저장한 뒤 실행해 봅니다.

리스트 **battle_message.py**

```
1   import pygame
2   import sys
3
4   WHITE = (255, 255, 255)
5   BLACK = (0, 0, 0)
6
7   imgBtlBG = pygame.image.load("btlbg.png")
8   imgEnemy = pygame.image.load("enemy1.png")
9   emy_x = 440 - imgEnemy.get_width() / 2
10  emy_y = 560 - imgEnemy.get_height()
11
12  message = [""] * 10
13  def init_message():
14      for i in range(10):
15          message[i] = ""
16
17  def set_message(msg):
18      for i in range(10):
19          if message[i] == "":
20              message[i] = msg
21              return
```

pygame 모듈 임포트	
sys 모듈 임포트	
색 정의: 하얀색	
색 정의: 검정색	
전투 배경 이미지 로딩	
적 이미지 로딩	
적 캐릭터 표시 위치 X 좌표	
적 캐릭터 표시 위치 Y 좌표	
전투 메시지 입력 리스트	
메시지 초기화 함수	
반복	
리스트에 빈 문자열 대입	
메시지 설정 함수	
반복	
문자열이 설정되어 있지 않다면	
새로운 문자열 대입	
함수 처리 종료	

```
22      for i in range(9):                                      pygame 모듈 반복
23          message[i] = message[i + 1]                          메시지를 한 문자씩 슬라이드
24      message[9] = msg                                         마지막 행에 새로운 문자열 대입
25
26  def draw_text(bg, txt, x, y, fnt, col):                  문자열 그림자 처리 함수
27      sur = fnt.render(txt, True, BLACK)                       검은 색으로 문자열을 표시할 Surface
28      bg.blit(sur, [x + 1, y + 2])                             지정 좌표의 약간 오른쪽 아래에 문자열 전송
29      sur = fnt.render(txt, True, col)                         지정한 색으로 문자열을 표시할 Surface
30      bg.blit(sur, [x, y])                                     지정 좌표에 문자열 전송
31
32  def draw_battle(bg, fnt):                                전투 화면 표시 함수
33      bg.blit(imgBtlBG, [0, 0])                                배경 표시
34      bg.blit(imgEnemy, [emy_x, emy_y])                        적 캐릭터 표시
35      for i in range(10):                                      반복
36          draw_text(bg, message[i], 600, 100 + i *                전투 메시지 표시
50, fnt, WHITE)
37
38  def main():                                             메인 처리 수행 함수 정의
39      pygame.init()                                            pygame 모듈 초기화
40      pygame.display.set_caption("전투 중 메시지")              윈도우 타이틀 지정
41      screen = pygame.display.set_mode((880, 720))             그릴 화면(스크린) 초기화
42      clock = pygame.time.Clock()                              clock 객체 초기화
43      font = pygame.font.Font(None, 40)                        font 객체 초기화
44
45      init_message()                                           메시지 초기화 함수 호출
46
47      while True:                                              무한 반복
48          for event in pygame.event.get():                        pygame 이벤트 반복 처리
49              if event.type == pygame.QUIT:                           윈도우의 'X' 버튼을 누른 경우
50                  pygame.quit()                                       pygame 모듈 초기화 해제
51                  sys.exit()                                          프로그램 종료
52              if event.type == pygame.KEYDOWN:                        키를 누른 이벤트가 발생한 경우
53                  set_message("KEYDOWN " +                             키 값을 메시지에 추가
str(event.key))
54
55          draw_battle(screen, font)                            전투 화면 표시
56          pygame.display.update()                              화면 업데이트
57          clock.tick(5)                                        프레임 레이트 지정
58
59  if __name__ == '__main__':                              이 프로그램 직접 실행 시
60      main()                                                   main() 함수 호출
```

이 프로그램을 실행하면 전투 화면이 표시되고 키를 누르면 그 키 값이 메시지로 추가됩니다.

그림 11-6-1 battle_message.py 실행 결과

12번 행에서 메시지를 넣는 리스트를 준비합니다. 13~15번 행 init_message()는 그 리스트의 내용을 초기화합니다.

17~24번 행에 입력한 set_message() 함수를 사용해 메시지를 추가합니다. 이 함수는 리스트가 빈 엘리먼트에 문자열을 설정하고 비어 있지 않으면 message[1] 값을 message[0]로, message[2] 값을 message[1]으로 넣는 방법입니다. 이는 하나 앞의 엘리먼트로 문자열을 이동하고 message[9]에 새로운 문자열을 추가합니다. 이를 그림으로 나타내면 다음과 같습니다.

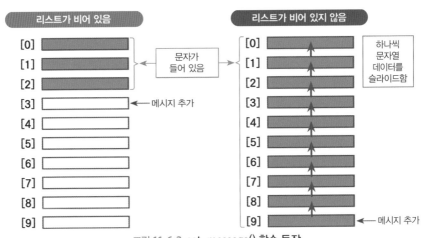

그림 11-6-2 set_message() 함수 동작

메시지 표시는 draw_battle() 함수의 35~36번 행에서 수행합니다.

- set_message() 함수에서 메시지를 추가할 때 리스트에 빈 공간이 있는 한 전투 화면에서는 위에서부터 순서대로 문자열이 표시됩니다.
- 리스트를 모두 채운 경우 set_message() 함수는 문자열 데이터를 하나씩 슬라이드하고 message[9]에 새로운 문자열을 넣습니다. 전투 화면에서는 문자열이 위로 스크롤됩니다.

> 표시할 메시지를 인수로 전달해서 set_message() 함수를 호출하면 자동으로 화면에 메시지가 표시되기 때문에 다양한 메시지를 표시하는 게임에서는 이러한 처리를 만들어 두면 편리하게 사용할 수 있어요.

전투 신 만들기 3

플레이어와 적이 교대로 행동하는 턴 방식 처리 방법을 설명합니다.

>>> 교대로 행동하기

플레이어와 적이 교대로 행동하도록 처리하는 것은 얼핏 어려워 보일 수 있지만, 실은 여러분이 이미 그 구현 방법을 학습했습니다. 9장 블록 낙하 퍼즐에서 index라는 변수를 사용해 타이틀 화면이나 게임 중 처리를 분리한 것을 기억할 것입니다. 플레이어와 적이 교대로 행동하는 처리 역시 그와 동일한 방법으로 구현할 수 있습니다.

구체적으로는 인덱스 값을 다음과 같이 정의하고 플레이어와 적의 행동을 조합합니다. 이번 프로그램에서는 index를 간략히 idx라는 변수명으로 사용합니다.

표 11-7-1 **인덱스 값과 그 처리**

idx 값	처리 내용
10	전투 개시 준비 수행 idx 값을 11로 변경하고 플레이어 입력 대기로 이동
11	플레이어 입력 대기. '싸우다', '도망치다' 등의 명령어 선택 '싸우다'를 선택한 경우 idx 12, '도망치다'를 선택한 경우 idx 14로 이동
12	주인공(플레이어)이 적 공격 적의 생명을 줄이고 0 이하가 되면 idx 16 전투 승리로 이동 그렇지 않으면 idx 13 적 턴으로 이동
13	적이 주인공 공격 주인공의 생명을 줄이고 0 이하가 되면 idx 15 전투 패배로 이동 그렇지 않으면 idx 11 플레이어 입력 대기로 이동
14	적으로부터 도망칠 수 있는지 난수 등을 사용해 결정 도망쳤다면 이동 화면으로 복귀 도망치지 못했다면 idx 13 적 공격으로 이동
15	전투 패배 처리
16	전투 승리 처리

※ 전투가 진행되는 동안에는 idx11~13 처리를 반복합니다.

턴 방식 프로그래밍은 시뮬레이션 게임이나 테이블 게임을 만들 때도 필요해요. 이 절에서 잘 학습해 두세요.

>>> 턴 방식 프로그래밍

턴 방식 처리를 수행하는 프로그램을 확인합니다. 이 프로그램은 학습을 위해 idx 10~13만을 조합해서 구현합니다.

이번 프로그램 4번 행에 다음과 같이 입력합니다.

```
from pygame.locals import *
```

위 코드를 추가하면 pygame.QUIT나 pygame.KEYDOWN처럼 작성했던 이벤트 종류 혹은 pygame.K_SPACE나 pygame.K_UP처럼 작성했던 키보드 상수 등을 'pygame.'을 생략하고 작성할 수 있습니다.

또한, 이번 프로그램에서는 idx 이외에도 tmr이라는 변수를 사용해 메시지를 표시하거나 다음 처리로 이동하는 타이밍을 관리합니다. 변수를 사용해 게임 진행을 관리하는 방법은 동작 확인 후 다시 설명합니다.

그럼 다음 프로그램을 입력하고 파일 이름을 붙여 저장한 뒤 실행해 봅니다.

리스트 **battle_turn.py**

1	`import pygame`	pygame 모듈 임포트
2	`import sys`	sys 모듈 임포트
3	`import random`	random 모듈 임포트
4	`from pygame.locals import *`	위 설명 참조
5		
6	`WHITE = (255, 255, 255)`	색 정의: 하얀색
7	`BLACK = (0, 0, 0)`	색 정의: 검정색
8		
9	`imgBtlBG = pygame.image.load("btlbg.png")`	전투 배경 이미지 로딩
10	`imgEffect = pygame.image.load("effect_a.png")`	공격 효과 이미지 로딩
11	`imgEnemy = pygame.image.load("enemy4.png")`	적 이미지 로딩
12	`emy_x = 440 - imgEnemy.get_width() / 2`	적 캐릭터 표시 위치: X 좌표
13	`emy_y = 560 - imgEnemy.get_height()`	적 캐릭터 표시 위치: Y 좌표
14	`emy_step = 0`	적 캐릭터 이동 관리 변수

#	Code	주석
15	`emy_blink = 0`	적 캐릭터 깜빡임 효과 관리 변수
16	`dmg_eff = 0`	화면 흔들림 효과 관리 변수
17	`COMMAND = ["[A]ttack", "[P]otion", "[B]laze` `gem", "[R]un"]`	전투 명령어 리스트 정의
18		
19	`message = [""] * 10`	전투 메시지 입력 리스트
20	`def init_message():`	메시지 초기화 함수
21	`    for i in range(10):`	반복
22	`        message[i] = ""`	리스트에 빈 문자열 대입
23		
24	`def set_message(msg):`	메시지 설정 함수
25	`    for i in range(10):`	반복
26	`        if message[i] == "":`	문자열이 설정되어 있지 않다면
27	`            message[i] = msg`	새로운 문자열 대입
28	`            return`	함수 처리 종료
29	`    for i in range(9):`	반복
30	`        message[i] = message[i + 1]`	메시지를 한 문자씩 슬라이드
31	`    message[9] = msg`	마지막 행에 새로운 문자열 대입
32		
33	`def draw_text(bg, txt, x, y, fnt, col):`	문자열 그림자 처리 함수
34	`    sur = fnt.render(txt, True, BLACK)`	검은 색으로 문자열을 표시할 Surface
35	`    bg.blit(sur, [x + 1, y + 2])`	지정 좌표의 약간 오른쪽 아래에 문자열 전송
36	`    sur = fnt.render(txt, True, col)`	지정한 색으로 문자열을 표시할 Surface
37	`    bg.blit(sur, [x, y])`	지정 좌표에 문자열 전송
38		
39	`def draw_battle(bg, fnt):`	전투 화면 표시 함수
40	`    global emy_blink, dmg_eff`	전역 변수 선언
41	`    bx = 0`	배경 표시 위치 X 좌표
42	`    by = 0`	배경 표시 위치 Y 좌표
43	`    if dmg_eff > 0:`	화면 흔들림 효과 변수가 설정되어 있다면
44	`        dmg_eff = dmg_eff - 1`	해당 변수값 1 감소
45	`        bx = random.randint(-20, 20)`	난수로 X 좌표 결정
46	`        by = random.randint(-10, 10)`	난수로 Y 좌표 결정
47	`    bg.blit(imgBtlBG, [bx, by])`	(bx, by) 위치에 배경 표시
48	`    if emy_blink % 2 == 0:`	적을 깜빡이기 위한 if 구문
49	`        bg.blit(imgEnemy, [emy_x, emy_y + emy_` `step])`	적 캐릭터 표시
50	`    if emy_blink > 0:`	적을 깜빡이기 위한 변수가 설정되어 있다면
51	`        emy_blink = emy_blink - 1`	해당 변수값 1 감소
52	`    for i in range(10):`	반복
53	`        draw_text(bg, message[i], 600, 100 + i` `* 50, fnt, WHITE)`	전투 메시지 표시
54		
55	`def battle_command(bg, fnt):`	전투 명령어 표시 함수
56	`    for i in range(4):`	반복
57	`        draw_text(bg, COMMAND[i], 20, 360 + 60` `* i, fnt, WHITE)`	전투 명령어 표시
58		

```
59   def main():                                          메인 처리 수행 함수 정의
60       global emy_step, emy_blink, dmg_eff               전역 변수 선언
61       idx = 10                                          게임 진행 관리 인덱스
62       tmr = 0                                           게임 진행 관리 타이머 변수
63
64       pygame.init()                                     pygame 모듈 초기화
65       pygame.display.set_caption("턴 처리")              윈도우 타이틀 지정
66       screen = pygame.display.set_mode((880, 720))      그릴 화면(스크린) 초기화
67       clock = pygame.time.Clock()                       clock 객체 초기화
68       font = pygame.font.Font(None, 30)                 font 객체 초기화
69
70       init_message()                                    메시지 초기화 함수 호출
71
72       while True:                                        무한 반복
73           for event in pygame.event.get():              pygame 이벤트 반복 처리
74               if event.type == QUIT:                    윈도우의 'X' 버튼을 누른 경우
75                   pygame.quit()                         pygame 모듈 초기화 해제
76                   sys.exit()                            프로그램 종료
77
78           draw_battle(screen, font)                     전투 화면 표시
79           tmr = tmr + 1                                 tmr 값 1 증가
80           key = pygame.key.get_pressed()                리스트 key에 모든 키 상태 대입
81
82           if idx == 10:  # 전투 개시                      idx 10 처리
83               if tmr == 1: set_message("Encounter!")    tmr 값이 1이면 메시지 설정
84               if tmr == 6:                              tmr 값이 6이면
85                   idx = 11                              플레이어 입력 대기로 이동
86                   tmr = 0
87
88           elif idx == 11:  # 플레이어 입력 대기            idx 11 처리
89               if tmr == 1: set_message("Your turn.")    tmr 값이 1이면 메시지 설정
90               battle_command(screen, font)              전투 명령어 표시 처리
91               if key[K_a] == 1 or key[K_SPACE] == 1:    [A] 키 또는 스페이스 키를 눌렀다면
92                   idx = 12                              플레이어 공격으로 이동
93                   tmr = 0
94
95           elif idx == 12:  # 플레이어 공격                idx 12 처리
96               if tmr == 1: set_message("You attack!")   tmr 값이 1이면 메시지 설정
97               if 2 <= tmr and tmr <= 4:                 tmr 값이 2에서 4 사이이면
98                   screen.blit(imgEffect, [700 - tmr *   공격 효과 표시
     120, -100 + tmr * 120])
99               if tmr == 5:                              tmr 값이 5이면
100                  emy_blink = 5                         적을 깜빡임 효과 변수 설정
101                  set_message("***pts of damage!")      메시지 설정
102              if tmr == 16:                             tmr 값이 16이면
103                  idx = 13                              적 턴으로 이동
104                  tmr = 0
105
```

```
106        elif idx == 13:   # 적 턴, 적 공격
107            if tmr == 1: set_message("Enemy turn.")
108            if tmr == 5:
109                set_message("Enemy attack!")
110                emy_step = 30
111            if tmr == 9:
112                set_message("***pts of damage!")
113                dmg_eff = 5
114                emy_step = 0
115            if tmr == 20:
116                idx = 11
117                tmr = 0
118
119        pygame.display.update()
120        clock.tick(5)
121
122 if __name__ == '__main__':
123     main()
```

idx 13 처리	
tmr 값이 10I면 메시지 설정	
tmr 값이 50I면	
메시지 설정	
적 이동 변수 설정	
tmr 값이 90I면	
메시지 설정	
화면 흔들림 변수 값 설정	
적을 원래 위치로 이동	
tmr 값이 200I면	
플레이어 입력 대기로 이동	

화면 업데이트
프레임 레이트 지정

이 프로그램 직접 실행 시
main() 함수 호출

이 프로그램을 실행하면 'Your turn.'이라는 메시지와 '[A]ttack'과 같은 명령어가 표시됩니다. A 키 혹은 Space 키를 누르면 주인공이 적을 공격하는 효과와 '***pts of damage!'라는 메시지가 표시됩니다.

이어서 적 턴이 되면 'Enemy turn. Enemy attack!'이라는 메시지가 표시되고 주인공이 데미지를 입는 효과(배경이 흔들림)가 나타나면서 '***pts of damage!'라는 메시지가 표시됩니다. 그리고 다시 플레이어 턴이 돌아옵니다.

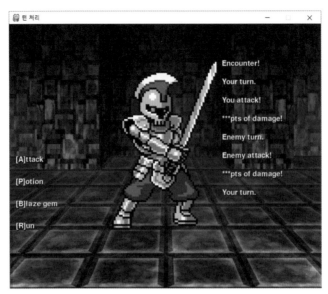

그림 11-7-1 battle_turn.py 실행 결과

앞서 설명한 것과 같이 idx라는 변수를 사용해 플레이어 턴, 적 턴 등의 처리를 나누어 작성한 것을 확인해 봅니다. 그리고 tmr이라는 변수를 79번 행과 같이 증가시키면서 각 처리 과정에서 tmr 값을 if 구문으로 확인해 메시지를 표시하거나 다음 처리로 이동하는 것도 확인해 봅니다. **인덱스와 타이머로 게임 진행을 관리하는 방법은 게임 개발의 기본이자 중요한 테크닉**이므로 이 방법을 이해할 수 있도록 합니다.

다음 변수들은 효과 연출을 관리하기 위해 사용합니다.

표 11-7-2 **효과 연출을 위한 변수**

변수	용도
emy_step	적 표시 위치의 Y 좌표에 더함으로써 적을 앞으로 이동시킴
emy_blink	적 깜빡임
dmg_eff	전투 배경 흔들기

이 프로그램은 확인을 위해 구현한 것이므로 플레이어 턴과 적 턴이 계속 반복됩니다. 게임으로서 완성시키기 위해서는 명령어 '[P]otion', '[B]laze gem', '[R]un'의 처리, 체력 계산, 상대를 쓰러뜨렸는지에 대한 판정 등을 추가합니다. 이 기능은 다음 장에서 추가합니다.

encounter는 적과 우연히 만나 전투를 한다는 의미예요. 턴 방식 게임으로 이제 정말 게임처럼 되었어요. 어려운 내용도 있었겠지만, 다음 장에서 RPG를 플레이할 수 있게 되니 조금만 더 힘내요!

COLUMN

게임 화면 연출

게임 소프트에는 다양한 화면 연출이 등장합니다. 예를 들면, 체력이 회복될 때 캐릭터가 푸른색으로 빛나거나, 충격을 입었을 때 화면이 빨갛게 깜빡입니다. 또한, 마법이나 스킬을 사용하면 화려한 효과가 표시되기도 합니다. 화면 연출과 관련해 Pygame에서 제공하는 반투명 화면, 그리고 명령과 화면 스크롤 명령을 사용한 연출을 소개합니다.

게임을 만드는 기본 스킬을 익히게 되면 다음은 화면 연출이 궁금할 것입니다. 이후 여러분이 게임을 개발할 때 참고가 되면 좋겠습니다.

리스트 **column11.py**

1	`import pygame`	pygame 모듈 임포트
2	`import sys`	sys 모듈 임포트
3	`import random`	random 모듈 임포트
4		
5	`WHITE = (255, 255, 255)`	색 정의: 하얀색
6	`BLACK = (0, 0, 0)`	색 정의: 검정색
7		
8	`def main():`	메인 처리 수행 함수 정의
9	`    pygame.init()`	pygame 모듈 초기화
10	`    pygame.display.set_caption("반투명과 스크롤")`	윈도우 타이틀 지정
11	`    screen = pygame.display.set_mode((800, 600))`	그릴 화면(스크린) 초기화
12	`    clock = pygame.time.Clock()`	clock 객체 초기화
13		
14	`    surface_a = pygame.Surface((800, 600))`	가로 800px, 세로 600px Surface 준비
15	`    surface_a.fill(BLACK)`	해당 Surface를 검정색으로 채움
16	`    surface_a.set_alpha(32)`	투명도 설정
17		
18	`    CHIP_MAX = 50`	광탄 수
19	`    cx = [0] * CHIP_MAX`	광탄 X 좌표
20	`    cy = [0] * CHIP_MAX`	광탄 Y 좌표
21	`    xp = [0] * CHIP_MAX`	광탄 X 방향 이동량
22	`    yp = [0] * CHIP_MAX`	광탄 Y 방향 이동량

23	`    for i in range(CHIP_MAX):`	반복
24	`        cx[i] = random.randint(0, 800)`	난수로 광탄 x 좌표 결정
25	`        cy[i] = random.randint(0, 600)`	난수로 광탄 y 좌표 결정
26		
27	`    while True:`	무한 반복
28	`        for event in pygame.event.get():`	pygame 이벤트 반복 처리
29	`            if event.type == pygame.QUIT:`	윈도우의 'X' 버튼 누른 경우
30	`                pygame.quit()`	pygame 모듈 초기화 해제
31	`                sys.exit()`	프로그램 종료
32		
33	`        screen.scroll(1, 4)`	화면에 그린 이미지 이동(스크롤)
34	`        screen.blit(surface_a, [0, 0])`	화면에 검은 반투명 Surface 겹침
35		
36	`        mx, my = pygame.mouse.get_pos()`	변수에 마우스 포인터 좌표 대입
37	`        pygame.draw.rect(screen, WHITE, [mx -`	마우스 포인터 좌표에 사각형 표시
	`4, my - 4, 8, 8])`	
38		
39	`        for i in range(CHIP_MAX):`	반복에서 광탄을 이동
40	`            if mx < cx[i] and xp[i] > -20:`	┬ 마우스 포인터 좌표와
	`xp[i] = xp[i] - 1`	│
41	`            if mx > cx[i] and xp[i] < 20:`	│ 광탄 좌표 비교
	`xp[i] = xp[i] + 1`	│
42	`            if my < cy[i] and yp[i] > -16:`	│ X 방향과 Y 방향 이동량
	`yp[i] = yp[i] - 1`	│
43	`            if my > cy[i] and yp[i] < 16:`	┴ 변경
	`yp[i] = yp[i] + 1`	
44	`            cx[i] = cx[i] + xp[i]`	X 좌표 변경
45	`            cy[i] = cy[i] + yp[i]`	Y 좌표 변경
46	`            pygame.draw.circle(screen, (0,`	광탄 표시
	`64, 192), [cx[i], cy[i]], 12)`	
47	`            pygame.draw.circle(screen, (0,`	〃
	`128, 224), [cx[i], cy[i]], 9)`	
48	`            pygame.draw.circle(screen, (192,`	〃
	`224, 255), [cx[i], cy[i]], 6)`	
49		
50	`        pygame.display.update()`	화면 업데이트
51	`        clock.tick(30)`	프레임 레이트 지정
52		
53	`if __name__ == '__main__':`	이 프로그램 직접 실행 시
54	`    main()`	main() 함수 호출

이 프로그램을 실행하면 광탄이 마우스 포인터를 쫓아가며 윈도우 안을 날아다닙니다.

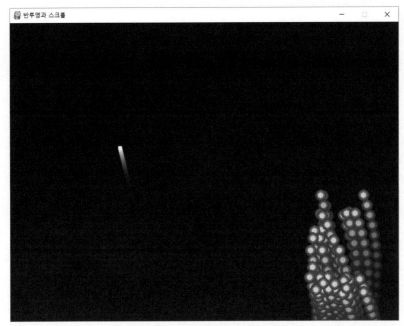

그림 11-A column11.py 실행 결과

광탄은 좌표를 관리하는 cx, cy와 이동량을 관리하는 xp, yp 리스트를 사용해 관성의 영향을 받는 움직임으로 표시합니다. 40~45번 행이 광탄의 이동량과 좌표를 계산합니다. 좌표에 이동량을 더하는 것이 포인트입니다.

14~16번 행에서 반투명 Surface를 만들었습니다. set_alpha() 명령은 인수로 Surface 전체의 투명도(알파값)를 지정합니다. 인수값이 0이면 완전 투명, 255이면 완전 불투명입니다. 예를 들어, 128이면 50% 투명입니다.

33번 행 scroll() 명령으로 윈도우 내에 그린 이미지를 스크롤합니다. scroll() 인수는 이미지를 이동할 X 방향 픽셀 수, Y 방향 픽셀 수입니다.

34번 행 blit() 명령으로 검은 반투명 Surface를 윈도우 전체에 겹쳤습니다. 이것을 예를 들면, 매 프레임 화면 전체에 엷은 검은 막을 덮어 둔 것과 같은 처리가 되며, 이전에 그려진 것들은 엷은 검은 막에 덮이다가 이윽고 완전히 사라집니다. 이것으로 광탄과 마우스 포인터를 표시하는 사각형이 번지는 것처럼 사라져 가는 효과를 나타냅니다.

전편에서 준비한 롤플레잉 게임의 뼈대가 되는 처리를 조합하고 새로운 처리들을 추가해 게임을 완성할 거예요. 완성한 게임을 플레이한 후, 프로그램의 세부적인 내용을 확인하고 롤플레잉 게임 프로그램을 읽으면서 이해해 보도록 해요.

Chapter

12

본격 RPG 만들기!
-후편-

롤플레잉 게임 전체 이미지

앞으로 만들 게임은 1시간 정도 가볍게 즐길 수 있는 게임으로 'One hour Dungeon'이라는 제목입니다. 가장 먼저 One hour Dungeon의 전체적인 이미지를 설명합니다.

One hour Dungeon의 세계

One hour Dungeon은 다음과 같은 모험 이야기입니다.

스토리

검과 마법이 지배하는 판타지 세계. 레이크롬 왕국 주위에 지하 미궁이 존재했습니다. 국왕이 소유한 오래된 석판에는 용사가 그곳에 있는 마왕과 싸웠다는 이야기가 고대 문자로 새겨져 있었습니다. 오랜 세월이 흘러 마왕은 힘을 잃고 소멸했지만, 사라지지 않고 남아있던 마왕의 혼은 여러 마물로 변화해서 미궁 간을 돌아다니고 있습니다.

언젠가부터 자신의 힘을 시험해 보고 싶은 용사들이 죽음과 나란히 선 그 장소로 내려가기 시작했습니다. 이제 막 전사가 된 당신 또한, 그런 모험가 중 하나입니다. 단 하나의 검을 손에 든 채, 무서운 마물들이 득실대는 위험천만한 미궁을 탐색하기 시작합니다...

⟫⟫⟫ One hour Dungeon 처리

One hour Dungeon을 완성하기 위해서는 전편에서 구현한 '던전 자동 생성', '던전 내 이동', '턴 방식 전투' 처리들을 한 프로그램으로 조합해야 합니다. 그리고 다음과 같은 처리를 추가합니다.

▌1. 이동 신

❶ 던전을 자동 생성할 때 길에 보물 상자, 누에고치, 계단을 배치합니다.

❷ 보물 상자에 닿으면 회복약(Potion), 화염석(Blaze gem)을 손에 넣을 수 있습니다. 일부 보물 상자에는 식량(food)을 빼앗는 함정이 들어있으므로 함정에 닿으면 food 값을 감소시킵니다.

❸ 누에고치에 닿으면 전투를 시작하거나 식량을 손에 넣을 수 있습니다.

❹ 계단에 닿으면 다음 층으로 이동합니다. 도달한 가장 높은 층수를 저장합니다.

❺ 걸을 때마다 식량과 생명을 계산하고 생명이 0이 되면 게임 오버입니다.

❻ 주인공 캐릭터는 상하좌우로 움직이는 이미지를 사용해, 방향키 입력에 따라 그 방향을 바꿉니다. 또한, 애니메이션을 사용해 걷는 모습을 표현합니다.

▌2. 전투 신

❶ 전투 시작 시점에 출현하는 적의 종류와 세기를 결정합니다.

❷ 전투를 위한 커맨드 입력을 받습니다.

- 커맨드는 Attack(공격), Potion(회복약), Blaze gem(화염석), Run(후퇴) 4가지입니다.
- Potion을 사용하면 생명이 회복됩니다.
- Blaze gem을 사용하면 화염 마법으로 적에게 큰 데미지를 입힙니다.
- Run을 선택하면 후퇴 가능 여부를 무작위로 결정하고 후퇴에 성공하면 이동 화면으로 돌아갑니다. 후퇴에 실패하면 적의 턴이 됩니다.

❸ 적을 물리치면 일정한 확률로 생명의 최대값과 공격력이 증가합니다.

❹ 적에게 공격을 당해 생명이 0이 되면 게임 오버가 됩니다.

▌ 3. 기타

❶ 이동 및 전투 중 Ⓢ 키를 눌러 게임 속도를 3단계로 조정할 수 있습니다.

❷ 사운드를 조합합니다.

롤플레잉 게임 캐릭터의 능력치는 데이터로 정의하는 방법도 있지만, One hour Dungeon 에서는 계산식을 활용해서 적 능력치를 결정합니다. 그리고 롤플레잉 게임은 게임 속도를 조정하면 쾌적하게 플레이할 수 있으므로 그 기능도 추가합니다.

앞에서 설명한 처리의 프로그래밍은 앞 장에서 학습한 던전 자동 생성, 턴 방식 전투 처리 에 비해 그리 복잡하지 않습니다. 이와 같은 처리를 어떻게 프로그램했는지는 먼저 독자 여러분이 게임을 플레이한 뒤, Lesson 12-3의 프로그램 리스트와 Lesson 12-4의 프로그램 상세 내용을 통해 확인합니다. 설명이 필요한 몇 가지 처리에 관한 내용은 Lesson 12-4에 서 설명합니다.

>>> 필요한 처리를 하나씩 조합

'혼자서 만든다면 이렇게 많은 처리를 조합할 수 있을까?'라고 불안해하는 분도 있을지 모 르겠습니다만, 걱정할 필요 없습니다. 게임을 만들 때는 뼈대가 되는 시스템을 가장 먼저 프로그래밍합니다. 롤플레잉 게임의 뼈대는 이동 화면, 그리고 전투 화면 처리입니다. 그 렇기 때문에 그와 관련된 기본 구현 방법을 앞 장에서 학습한 것입니다.

뼈대를 만들었다면 이제 원하는 처리를 하나씩 추가해 나가면 됩니다. 게임 제작 회사에서 일하는 프로 게임 프로그래머 역시, 모든 처리를 한 번에 조합하기는 어렵습니다. 기획자 등이 만든 게임 사양을 확인하고, 어떤 순서로 다양한 처리를 넣어야 좋을지 생각하고, 작 업 내용에 우선순위를 붙여 조합해 나갑니다. One hour Dungeon 프로그램을 개발한 필 자 또한, 그 처리들을 하나씩 조합하면서 동작 확인을 반복하고 프로그램을 완성했습니다.

또한, 모든 처리를 하나씩 조합하면서 설명하면 책의 분량이 너무 많아지기 때문에 Lesson 12-3에서 모든 처리를 조합한 프로그램을 소개하고 Lesson 12-4에서 세부적인 내용을 설명합니다.

필요한 처리를 추가해 나가면서 게임을 보다 풍부하게 만드는 거예요.

그렇다면 깃헙 페이지에서 다운로드한 파일을 확인합니다. 그래픽 데이터나 사운드 데이터를 리소스(resource) 파일이라고 부릅니다. One hour Dungeon에서는 어떤 리소스 파일을 사용하는지 설명합니다. 그리고 One hour Dungeon 프로그램을 실행한 뒤, 동작을 확인합니다.

⟩⟩⟩ One hour Dungeon 이미지

깃헙 페이지에서 다운로드한 zip 파일의 압축을 풀면 프로그램과 리소스 파일이 포함된 폴더가 만들어집니다. 이미지는 'image' 폴더, 사운드는 'sound' 폴더에 모여 있습니다.

리소스 파일을 배치한 위치(폴더)는 게임을 개발하는 환경이나 언어에 따라 차이가 있습니다만, 여러 이미지나 사운드 데이터를 사용하는 경우에는 일반적으로 다음과 같습니다.

- 그래픽 데이터를 하나의 폴더에 모읍니다.
- 사운드 데이터를 하나의 폴더에 모읍니다.
- 텍스트 데이터나 맵 데이터가 있다면 각 폴더에 모읍니다.
- 각 폴더 명은 무엇이 들어있는지 알기 쉽게 만듭니다.

One hour Dungeon은 다음과 같은 이미지 파일과 사운드 파일을 사용합니다.

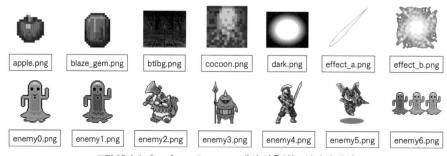

그림 12-1-1 One hour Dungeon에서 사용하는 이미지 파일

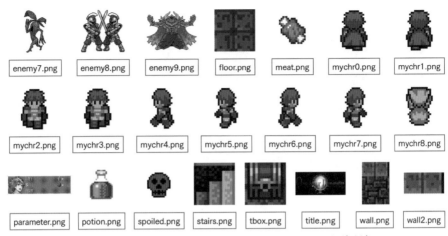

enemy7.png enemy8.png enemy9.png floor.png meat.png mychr0.png mychr1.png

mychr2.png mychr3.png mychr4.png mychr5.png mychr6.png mychr7.png mychr8.png

parameter.png potion.png spoiled.png stairs.png tbox.png title.png wall.png wall2.png

그림 12-1-1 **One hour Dungeon에서 사용하는 이미지 파일(계속)**

표 12-2-1 **One hour Dungeon에서 사용하는 사운드 파일**

파일명	사용 신
ohd_bgm_battle.ogg	전투 화면 BGM
ohd_bgm_field.ogg	이동 화면 BGM
ohd_bgm_title.ogg	타이틀 화면 BGM
ohd_jin_gameover.ogg	게임 오버 시 징글
ohd_jin_levup.ogg	레벨 업 시 징글
ohd_jin_win.ogg	전투 승리 시 징글
ohd_se_attack.ogg	상대 공격 시 효과음
ohd_se_blaze.ogg	화염석 사용 시 효과음
ohd_se_potion.ogg	회복약 사용 시 효과음

※ 연출을 목적으로 하는 수 초 정도의 사운드를 징글(jingle)이라고 합니다.

>>> 조작 방법과 게임 규칙

one_hour_dungeon.py를 실행하고 동작을 확인합니다. 조작 방법과 게임 규칙은 다음과 같습니다. Lesson 12-3에 프로그램을 수록했습니다. 프로그램이 길지만, 직접 입력하고 싶은 분은 꼭 해보기를 권합니다.

▌조작 방법

- 타이틀 화면에서 [Space] 키를 누르면 게임을 시작합니다.
- 이동 화면에서는 방향 키로 이동합니다.
- 전투 화면에서는 [↑] [↓] 키로 커맨드를 선택하고 [Space] 키 또는 [Enter] 키로 결정합니다.
- [A] [P] [B] [R] 키로 직접 커맨드를 선택할 수 있습니다.

▌게임 규칙

❶ 이동 화면

- 이동하면 식량이 감소하고 식량이 있는 동안에는 걸을 때마다 생명이 회복됩니다.
- 식량이 0이 되면 걸을 때마다 생명이 감소하고, 생명이 0이 되면 게임 오버가 됩니다.
- 던전에 있는 보물 상자에는 전투 중에 사용할 수 있는 아이템이 들어 있습니다.
- 보물 상자에는 식량을 빼앗는 함정이 들어있는 경우도 있습니다.
- 누에고치에는 몬스터 혹은 식량이 들어 있습니다. 몬스터에 닿으면 전투를 시작합니다.
- 내려가는 계단에서 다음 층으로 이동합니다.
- 몇 층까지 도달했는가를 경쟁합니다. 도달한 층 수를 타이틀 화면에 표시합니다.

❷ 전투 화면

- 플레이어와 적이 교대로 행동하는 턴 방식으로 커맨드를 선택해 전투를 수행합니다.
- 적을 물리치면 주인공의 능력치가 증가하는 경우도 있습니다.
- 적의 공격을 받아 생명이 0이 되면 게임 오버입니다.

※ 한국어 표시를 위한 별도의 설정을 하지 않아도 되도록 게임 중 표시되는 모든 메시지는 간단한 영어로 표현합니다.

로그라이크 게임을 처음 플레이하는 분은 식량값에 주의하세요. 로그라이크 게임에서는 식량이 없으면 목숨을 잃거든요.

>>> 실행 시 주의점

스피커나 이어폰이 연결되어 있지 않은 PC에서는 에러가 발생하며, 검은 화면인 상태에서 아무런 동작도 하지 않으므로 오디오 기기를 연결한 뒤 실행합니다.

그림 12-2-2 사운드 출력 기기가 없는 경우 에러 발생

프로그램 목록

먼저 One hour Dungeon 프로그램 전체를 확인합니다. 다음 Lesson 12-4에서 변수명과 그 용도, 인덱스 값과 처리 내용, 정의한 함수들에 관해 설명합니다. 해당 절의 해설과 비교해 가면서 내용을 이해하도록 합니다.

리스트 **One hour Dungeon 프로그램(one_hour_dungeon.py)**

```python
1   import pygame
2   import sys
3   import random
4   from pygame.locals import *
5
6   # 색 정의
7   WHITE = (255, 255, 255)
8   BLACK = (0, 0, 0)
9   RED = (255, 0, 0)
10  CYAN = (0, 255, 255)
11  BLINK = [(224, 255, 255), (192, 240, 255), (128, 224, 255), (64, 192, 255), (128, 224,
        255), (192, 240, 255)]
12
13  # 이미지 로딩
14  imgTitle = pygame.image.load("image/title.png")
15  imgWall = pygame.image.load("image/wall.png")
16  imgWall2 = pygame.image.load("image/wall2.png")
17  imgDark = pygame.image.load("image/dark.png")
18  imgPara = pygame.image.load("image/parameter.png")
19  imgBtlBG = pygame.image.load("image/btlbg.png")
20  imgEnemy = pygame.image.load("image/enemy0.png")
21  imgItem = [
22      pygame.image.load("image/potion.png"),
23      pygame.image.load("image/blaze_gem.png"),
24      pygame.image.load("image/spoiled.png"),
25      pygame.image.load("image/apple.png"),
26      pygame.image.load("image/meat.png")
27  ]
28  imgFloor = [
29      pygame.image.load("image/floor.png"),
30      pygame.image.load("image/tbox.png"),
31      pygame.image.load("image/cocoon.png"),
32      pygame.image.load("image/stairs.png")
33  ]
34  imgPlayer = [
35      pygame.image.load("image/mychr0.png"),
```

```
36      pygame.image.load("image/mychr1.png"),
37      pygame.image.load("image/mychr2.png"),
38      pygame.image.load("image/mychr3.png"),
39      pygame.image.load("image/mychr4.png"),
40      pygame.image.load("image/mychr5.png"),
41      pygame.image.load("image/mychr6.png"),
42      pygame.image.load("image/mychr7.png"),
43      pygame.image.load("image/mychr8.png")
44  ]
45  imgEffect = [
46      pygame.image.load("image/effect_a.png"),
47      pygame.image.load("image/effect_b.png")
48  ]
49
50  # 변수 선언
51  speed = 1
52  idx = 0
53  tmr = 0
54  floor = 0
55  fl_max = 1
56  welcome = 0
57
58  pl_x = 0
59  pl_y = 0
60  pl_d = 0
61  pl_a = 0
62  pl_lifemax = 0
63  pl_life = 0
64  pl_str = 0
65  food = 0
66  potion = 0
67  blazegem = 0
68  treasure = 0
69
70  emy_name = ""
71  emy_lifemax = 0
72  emy_life = 0
73  emy_str = 0
74  emy_x = 0
75  emy_y = 0
76  emy_step = 0
77  emy_blink = 0
78
79  dmg_eff = 0
80  btl_cmd = 0
81
82  COMMAND = ["[A]ttack", "[P]otion", "[B]laze gem", "[R]un"]
```

```
83  TRE_NAME = ["Potion", "Blaze gem", "Food spoiled.", "Food +20", "Food +100"]
84  EMY_NAME = [
85      "Green slime", "Red slime", "Axe beast", "Ogre", "Sword man",
86      "Death hornet", "Signal slime", "Devil plant", "Twin killer", "Hell"
87      ]
88
89  MAZE_W = 11
90  MAZE_H = 9
91  maze = []
92  for y in range(MAZE_H):
93      maze.append([0] * MAZE_W)
94
95  DUNGEON_W = MAZE_W * 3
96  DUNGEON_H = MAZE_H * 3
97  dungeon = []
98  for y in range(DUNGEON_H):
99      dungeon.append([0] * DUNGEON_W)
100
101 def make_dungeon():  # 던전 자동 생성
102     XP = [0, 1, 0, -1]
103     YP = [-1, 0, 1, 0]
104     # 테두리 벽
105     for x in range(MAZE_W):
106         maze[0][x] = 1
107         maze[MAZE_H - 1][x] = 1
108     for y in range(1, MAZE_H - 1):
109         maze[y][0] = 1
110         maze[y][MAZE_W - 1] = 1
111     # 가운데를 아무것도 없는 상태로 만듬
112     for y in range(1, MAZE_H - 1):
113         for x in range(1, MAZE_W - 1):
114             maze[y][x] = 0
115     # 기둥
116     for y in range(2, MAZE_H - 2, 2):
117         for x in range(2, MAZE_W - 2, 2):
118             maze[y][x] = 1
119     # 기둥에서 상하좌우로 벽 생성
120     for y in range(2, MAZE_H - 2, 2):
121         for x in range(2, MAZE_W - 2, 2):
122             d = random.randint(0, 3)
123             if x > 2:  # 2열부터 왼쪽에는 벽을 생성하지 않음
124                 d = random.randint(0, 2)
125             maze[y + YP[d]][x + XP[d]] = 1
126
127     # 미로에서 던전 생성
128     # 전체를 벽으로
129     for y in range(DUNGEON_H):
```

```
130         for x in range(DUNGEON_W):
131             dungeon[y][x] = 9
132     # 방과 통로 배치
133     for y in range(1, MAZE_H - 1):
134         for x in range(1, MAZE_W - 1):
135             dx = x * 3 + 1
136             dy = y * 3 + 1
137             if maze[y][x] == 0:
138                 if random.randint(0, 99) < 20:  # 방 생성
139                     for ry in range(-1, 2):
140                         for rx in range(-1, 2):
141                             dungeon[dy + ry][dx + rx] = 0
142                 else:  # 통로 생성
143                     dungeon[dy][dx] = 0
144                     if maze[y - 1][x] == 0: dungeon[dy - 1][dx] = 0
145                     if maze[y + 1][x] == 0: dungeon[dy + 1][dx] = 0
146                     if maze[y][x - 1] == 0: dungeon[dy][dx - 1] = 0
147                     if maze[y][x + 1] == 0: dungeon[dy][dx + 1] = 0
148
149 def draw_dungeon(bg, fnt):  # 던전 표시
150     bg.fill(BLACK)
151     for y in range(-4, 6):
152         for x in range(-5, 6):
153             X = (x + 5) * 80
154             Y = (y + 4) * 80
155             dx = pl_x + x
156             dy = pl_y + y
157             if 0 <= dx and dx < DUNGEON_W and 0 <= dy and dy < DUNGEON_H:
158                 if dungeon[dy][dx] <= 3:
159                     bg.blit(imgFloor[dungeon[dy][dx]], [X, Y])
160                 if dungeon[dy][dx] == 9:
161                     bg.blit(imgWall, [X, Y - 40])
162                     if dy >= 1 and dungeon[dy - 1][dx] == 9:
163                         bg.blit(imgWall2, [X, Y - 80])
164             if x == 0 and y == 0:  # 주인공 캐릭터 표시
165                 bg.blit(imgPlayer[pl_a], [X, Y - 40])
166     bg.blit(imgDark, [0, 0])  # 네 모서리가 어두운 이미지 겹침
167     draw_para(bg, fnt)  # 주인공 능력 표시
168
169 def put_event():  # 길에 이벤트 배치
170     global pl_x, pl_y, pl_d, pl_a
171     # 계단 배치
172     while True:
173         x = random.randint(3, DUNGEON_W - 4)
174         y = random.randint(3, DUNGEON_H - 4)
175         if (dungeon[y][x] == 0):
176             for ry in range(-1, 2):  # 계단 주변을 길로 만듦
```

```
177              for rx in range(-1, 2):
178                  dungeon[y + ry][x + rx] = 0
179          dungeon[y][x] = 3
180          break
181     # 보물 상자와 누에고치 배치
182     for i in range(60):
183         x = random.randint(3, DUNGEON_W - 4)
184         y = random.randint(3, DUNGEON_H - 4)
185         if (dungeon[y][x] == 0):
186             dungeon[y][x] = random.choice([1, 2, 2, 2, 2])
187     # 플레이어 초기 위치
188     while True:
189         pl_x = random.randint(3, DUNGEON_W - 4)
190         pl_y = random.randint(3, DUNGEON_H - 4)
191         if (dungeon[pl_y][pl_x] == 0):
192             break
193     pl_d = 1
194     pl_a = 2
195
196 def move_player(key):  # 주인공 이동
197     global idx, tmr, pl_x, pl_y, pl_d, pl_a, pl_life, food, potion, blazegem, treasure
198
199     if dungeon[pl_y][pl_x] == 1:  # 보물 상자에 닿음
200         dungeon[pl_y][pl_x] = 0
201         treasure = random.choice([0, 0, 0, 1, 1, 1, 1, 1, 1, 2])
202         if treasure == 0:
203             potion = potion + 1
204         if treasure == 1:
205             blazegem = blazegem + 1
206         if treasure == 2:
207             food = int(food / 2)
208         idx = 3
209         tmr = 0
210         return
211     if dungeon[pl_y][pl_x] == 2:  # 누에고치에 닿음
212         dungeon[pl_y][pl_x] = 0
213         r = random.randint(0, 99)
214         if r < 40:  # 식량
215             treasure = random.choice([3, 3, 3, 4])
216             if treasure == 3: food = food + 20
217             if treasure == 4: food = food + 100
218             idx = 3
219             tmr = 0
220         else:  # 적 출현
221             idx = 10
222             tmr = 0
223         return
```

```
224    if dungeon[pl_y][pl_x] == 3:  # 계단에 닿음
225        idx = 2
226        tmr = 0
227        return
228
229    # 방향 키로 상하좌우 이동
230    x = pl_x
231    y = pl_y
232    if key[K_UP] == 1:
233        pl_d = 0
234        if dungeon[pl_y - 1][pl_x] != 9:
235            pl_y = pl_y - 1
236    if key[K_DOWN] == 1:
237        pl_d = 1
238        if dungeon[pl_y + 1][pl_x] != 9:
239            pl_y = pl_y + 1
240    if key[K_LEFT] == 1:
241        pl_d = 2
242        if dungeon[pl_y][pl_x - 1] != 9:
243            pl_x = pl_x - 1
244    if key[K_RIGHT] == 1:
245        pl_d = 3
246        if dungeon[pl_y][pl_x + 1] != 9:
247            pl_x = pl_x + 1
248    pl_a = pl_d * 2
249    if pl_x != x or pl_y != y:  # 이동 시 식량 및 체력 계산
250        pl_a = pl_a + tmr % 2   # 이동 시 걷기 애니메이션
251        if food > 0:
252            food = food - 1
253            if pl_life < pl_lifemax:
254                pl_life = pl_life + 1
255        else:
256            pl_life = pl_life - 5
257            if pl_life <= 0:
258                pl_life = 0
259                pygame.mixer.music.stop()
260                idx = 9
261                tmr = 0
262
263 def draw_text(bg, txt, x, y, fnt, col):  # 그림자 포함한 문자 표시
264     sur = fnt.render(txt, True, BLACK)
265     bg.blit(sur, [x + 1, y + 2])
266     sur = fnt.render(txt, True, col)
267     bg.blit(sur, [x, y])
268
269 def draw_para(bg, fnt):  # 주인공 능력 표시
270     X = 30
```

```
271        Y = 600
272        bg.blit(imgPara, [X, Y])
273        col = WHITE
274        if pl_life < 10 and tmr % 2 == 0: col = RED
275        draw_text(bg, "{}/{}".format(pl_life, pl_lifemax), X + 128, Y + 6, fnt, col)
276        draw_text(bg, str(pl_str), X + 128, Y + 33, fnt, WHITE)
277        col = WHITE
278        if food == 0 and tmr % 2 == 0: col = RED
279        draw_text(bg, str(food), X + 128, Y + 60, fnt, col)
280        draw_text(bg, str(potion), X + 266, Y + 6, fnt, WHITE)
281        draw_text(bg, str(blazegem), X + 266, Y + 33, fnt, WHITE)
282
283    def init_battle():  # 전투 시작 준비
284        global imgEnemy, emy_name, emy_lifemax, emy_life, emy_str, emy_x, emy_y
285        typ = random.randint(0, floor)
286        if floor >= 10:
287            typ = random.randint(0, 9)
288        lev = random.randint(1, floor)
289        imgEnemy = pygame.image.load("image/enemy" + str(typ) + ".png")
290        emy_name = EMY_NAME[typ] + " LV" + str(lev)
291        emy_lifemax = 60 * (typ + 1) + (lev - 1) * 10
292        emy_life = emy_lifemax
293        emy_str = int(emy_lifemax / 8)
294        emy_x = 440 - imgEnemy.get_width() / 2
295        emy_y = 560 - imgEnemy.get_height()
296
297    def draw_bar(bg, x, y, w, h, val, ma):  # 적 체력 표시 게이지
298        pygame.draw.rect(bg, WHITE, [x - 2, y - 2, w + 4, h + 4])
299        pygame.draw.rect(bg, BLACK, [x, y, w, h])
300        if val > 0:
301            pygame.draw.rect(bg, (0, 128, 255), [x, y, w * val / ma, h])
302
303    def draw_battle(bg, fnt):  # 전투 화면 표시
304        global emy_blink, dmg_eff
305        bx = 0
306        by = 0
307        if dmg_eff > 0:
308            dmg_eff = dmg_eff - 1
309            bx = random.randint(-20, 20)
310            by = random.randint(-10, 10)
311        bg.blit(imgBtlBG, [bx, by])
312        if emy_life > 0 and emy_blink % 2 == 0:
313            bg.blit(imgEnemy, [emy_x, emy_y + emy_step])
314        draw_bar(bg, 340, 580, 200, 10, emy_life, emy_lifemax)
315        if emy_blink > 0:
316            emy_blink = emy_blink - 1
317        for i in range(10):  # 전투 메시지 표시
318            draw_text(bg, message[i], 600, 100 + i * 50, fnt, WHITE)
```

```
319        draw_para(bg, fnt)  # 주인공 능력 표시
320
321   def battle_command(bg, fnt, key):  # 커맨드 입력 및 표시
322        global btl_cmd
323        ent = False
324        if key[K_a]:  # A 키
325            btl_cmd = 0
326            ent = True
327        if key[K_p]:  # P 키
328            btl_cmd = 1
329            ent = True
330        if key[K_b]:  # B 키
331            btl_cmd = 2
332            ent = True
333        if key[K_r]:  # R 키
334            btl_cmd = 3
335            ent = True
336        if key[K_UP] and btl_cmd > 0:  # ↑ 키
337            btl_cmd -= 1
338        if key[K_DOWN] and btl_cmd < 3:  # ↓ 키
339            btl_cmd += 1
340        if key[K_SPACE] or key[K_RETURN]:
341            ent = True
342        for i in range(4):
343            c = WHITE
344            if btl_cmd == i: c = BLINK[tmr % 6]
345            draw_text(bg, COMMAND[i], 20, 360 + i * 60, fnt, c)
346        return ent
347
348   # 전투 메시지 표시 처리
349   message = [""] * 10
350   def init_message():
351        for i in range(10):
352            message[i] = ""
353
354   def set_message(msg):
355        for i in range(10):
356            if message[i] == "":
357                message[i] = msg
358                return
359        for i in range(9):
360            message[i] = message[i + 1]
361        message[9] = msg
362
363   def main():  # 메인 처리
364        global speed, idx, tmr, floor, fl_max, welcome
365        global pl_a, pl_lifemax, pl_life, pl_str, food, potion, blazegem
```

```
366      global emy_life, emy_step, emy_blink, dmg_eff
367      dmg = 0
368      lif_p = 0
369      str_p = 0
370
371      pygame.init()
372      pygame.display.set_caption("One hour Dungeon")
373      screen = pygame.display.set_mode((880, 720))
374      clock = pygame.time.Clock()
375      font = pygame.font.Font(None, 40)
376      fontS = pygame.font.Font(None, 30)
377
378      se = [  # 효과음 및 징글
379          pygame.mixer.Sound("sound/ohd_se_attack.ogg"),
380          pygame.mixer.Sound("sound/ohd_se_blaze.ogg"),
381          pygame.mixer.Sound("sound/ohd_se_potion.ogg"),
382          pygame.mixer.Sound("sound/ohd_jin_gameover.ogg"),
383          pygame.mixer.Sound("sound/ohd_jin_levup.ogg"),
384          pygame.mixer.Sound("sound/ohd_jin_win.ogg")
385      ]
386
387      while True:
388          for event in pygame.event.get():
389              if event.type == QUIT:
390                  pygame.quit()
391                  sys.exit()
392              if event.type == KEYDOWN:
393                  if event.key == K_s:
394                      speed = speed + 1
395                      if speed == 4:
396                          speed = 1
397
398          tmr = tmr + 1
399          key = pygame.key.get_pressed()
400
401          if idx == 0:  # 타이틀 화면
402              if tmr == 1:
403                  pygame.mixer.music.load("sound/ohd_bgm_title.ogg")
404                  pygame.mixer.music.play(-1)
405              screen.fill(BLACK)
406              screen.blit(imgTitle, [40, 60])
407              if fl_max >= 2:
408                  draw_text(screen, "You reached floor {}.".format(fl_max), 300, 460, font, CYAN)
409              draw_text(screen, "Press space key", 320, 560, font, BLINK[tmr % 6])
410              if key[K_SPACE] == 1:
411                  make_dungeon()
412                  put_event()
```

```
413                    floor = 1
414                    welcome = 15
415                    pl_lifemax = 300
416                    pl_life = pl_lifemax
417                    pl_str = 100
418                    food = 300
419                    potion = 0
420                    blazegem = 0
421                    idx = 1
422                    pygame.mixer.music.load("sound/ohd_bgm_field.ogg")
423                    pygame.mixer.music.play(-1)
424
425            elif idx == 1:  # 플레이어 이동
426                move_player(key)
427                draw_dungeon(screen, fontS)
428                draw_text(screen, "floor {} ({},{})".format(floor, pl_x, pl_y), 60, 40, fontS, WHITE)
429                if welcome > 0:
430                    welcome = welcome - 1
431                    draw_text(screen, "Welcome to floor {}.".format(floor), 300, 180, font, CYAN)
432
433            elif idx == 2:  # 화면 전환
434                draw_dungeon(screen, fontS)
435                if 1 <= tmr and tmr <= 5:
436                    h = 80 * tmr
437                    pygame.draw.rect(screen, BLACK, [0, 0, 880, h])
438                    pygame.draw.rect(screen, BLACK, [0, 720 - h, 880, h])
439                if tmr == 5:
440                    floor = floor + 1
441                    if floor > fl_max:
442                        fl_max = floor
443                    welcome = 15
444                    make_dungeon()
445                    put_event()
446                if 6 <= tmr and tmr <= 9:
447                    h = 80 * (10 - tmr)
448                    pygame.draw.rect(screen, BLACK, [0, 0, 880, h])
449                    pygame.draw.rect(screen, BLACK, [0, 720 - h, 880, h])
450                if tmr == 10:
451                    idx = 1
452
453            elif idx == 3:  # 아이템 입수 혹은 함정
454                draw_dungeon(screen, fontS)
455                screen.blit(imgItem[treasure], [320, 220])
456                draw_text(screen, TRE_NAME[treasure], 380, 240, font, WHITE)
457                if tmr == 10:
458                    idx = 1
459
```

```
460     elif idx == 9:  # 게임 오버
461         if tmr <= 30:
462             PL_TURN = [2, 4, 0, 6]
463             pl_a = PL_TURN[tmr % 4]
464             if tmr == 30: pl_a = 8  # 쓰러진 그림
465             draw_dungeon(screen, fontS)
466         elif tmr == 31:
467             se[3].play()
468             draw_text(screen, "You died.", 360, 240, font, RED)
469             draw_text(screen, "Game over.", 360, 380, font, RED)
470         elif tmr == 100:
471             idx = 0
472             tmr = 0
473
474     elif idx == 10:  # 전투 시작
475         if tmr == 1:
476             pygame.mixer.music.load("sound/ohd_bgm_battle.ogg")
477             pygame.mixer.music.play(-1)
478             init_battle()
479             init_message()
480         elif tmr <= 4:
481             bx = (4 - tmr) * 220
482             by = 0
483             screen.blit(imgBtlBG, [bx, by])
484             draw_text(screen, "Encounter!", 350, 200, font, WHITE)
485         elif tmr <= 16:
486             draw_battle(screen, fontS)
487             draw_text(screen, emy_name + " appear!", 300, 200, font, WHITE)
488         else:
489             idx = 11
490             tmr = 0
491
492     elif idx == 11:  # 플레이어 턴(입력 대기)
493         draw_battle(screen, fontS)
494         if tmr == 1: set_message("Your turn.")
495         if battle_command(screen, font, key) == True:
496             if btl_cmd == 0:
497                 idx = 12
498                 tmr = 0
499             if btl_cmd == 1 and potion > 0:
500                 idx = 20
501                 tmr = 0
502             if btl_cmd == 2 and blazegem > 0:
503                 idx = 21
504                 tmr = 0
505             if btl_cmd == 3:
506                 idx = 14
507                 tmr = 0
```

```
508
509     elif idx == 12:   # 플레이어 공격
510         draw_battle(screen, fontS)
511         if tmr == 1:
512             set_message("You attack!")
513             se[0].play()
514             dmg = pl_str + random.randint(0, 9)
515         if 2 <= tmr and tmr <= 4:
516             screen.blit(imgEffect[0], [700 - tmr * 120, -100 + tmr * 120])
517         if tmr == 5:
518             emy_blink = 5
519             set_message(str(dmg) + "pts of damage!")
520         if tmr == 11:
521             emy_life = emy_life - dmg
522             if emy_life <= 0:
523                 emy_life = 0
524                 idx = 16
525                 tmr = 0
526         if tmr == 16:
527             idx = 13
528             tmr = 0
529
530     elif idx == 13:   # 적 턴, 적 공격
531         draw_battle(screen, fontS)
532         if tmr == 1:
533             set_message("Enemy turn.")
534         if tmr == 5:
535             set_message(emy_name + " attack!")
536             se[0].play()
537             emy_step = 30
538         if tmr == 9:
539             dmg = emy_str + random.randint(0, 9)
540             set_message(str(dmg) + "pts of damage!")
541             dmg_eff = 5
542             emy_step = 0
543         if tmr == 15:
544             pl_life = pl_life - dmg
545             if pl_life < 0:
546                 pl_life = 0
547                 idx = 15
548                 tmr = 0
549         if tmr == 20:
550             idx = 11
551             tmr = 0
552
553     elif idx == 14:   # 후퇴 가능한가?
554         draw_battle(screen, fontS)
```

```
555                    if tmr == 1: set_message("...")
556                    if tmr == 2: set_message("......")
557                    if tmr == 3: set_message(".........")
558                    if tmr == 4: set_message("...........")
559                    if tmr == 5:
560                        if random.randint(0, 99) < 60:
561                            idx = 22
562                        else:
563                            set_message("You failed to flee.")
564                    if tmr == 10:
565                        idx = 13
566                        tmr = 0
567
568                elif idx == 15:  # 패배
569                    draw_battle(screen, fontS)
570                    if tmr == 1:
571                        pygame.mixer.music.stop()
572                        set_message("You lose.")
573                    if tmr == 11:
574                        idx = 9
575                        tmr = 29
576
577                elif idx == 16:  # 승리
578                    draw_battle(screen, fontS)
579                    if tmr == 1:
580                        set_message("You win!")
581                        pygame.mixer.music.stop()
582                        se[5].play()
583                    if tmr == 28:
584                        idx = 22
585                        if random.randint(0, emy_lifemax) > random.randint(0, pl_lifemax):
586                            idx = 17
587                            tmr = 0
588
589                elif idx == 17:  # 레벨 업
590                    draw_battle(screen, fontS)
591                    if tmr == 1:
592                        set_message("Level up!")
593                        se[4].play()
594                        lif_p = random.randint(10, 20)
595                        str_p = random.randint(5, 10)
596                    if tmr == 21:
597                        set_message("Max life + " + str(lif_p))
598                        pl_lifemax = pl_lifemax + lif_p
599                    if tmr == 26:
600                        set_message("Str + " + str(str_p))
601                        pl_str = pl_str + str_p
```

```
                    if tmr == 50:
603                     idx = 22
604
605         elif idx == 20:  # Potion
606             draw_battle(screen, fontS)
607             if tmr == 1:
608                 set_message("Potion!")
609                 se[2].play()
610             if tmr == 6:
611                 pl_life = pl_lifemax
612                 potion = potion - 1
613             if tmr == 11:
614                 idx = 13
615                 tmr = 0
616
617         elif idx == 21:  # Blaze gem
618             draw_battle(screen, fontS)
619             img_rz = pygame.transform.rotozoom(imgEffect[1], 30 * tmr, (12 - tmr) / 8)
620             X = 440 - img_rz.get_width() / 2
621             Y = 360 - img_rz.get_height() / 2
622             screen.blit(img_rz, [X, Y])
623             if tmr == 1:
624                 set_message("Blaze gem!")
625                 se[1].play()
626             if tmr == 6:
627                 blazegem = blazegem - 1
628             if tmr == 11:
629                 dmg = 1000
630                 idx = 12
631                 tmr = 4
632
633         elif idx == 22:  # 전투 종료
634             pygame.mixer.music.load("sound/ohd_bgm_field.ogg")
635             pygame.mixer.music.play(-1)
636             idx = 1
637
638         draw_text(screen, "[S]peed " + str(speed), 740, 40, fontS, WHITE)
639
640         pygame.display.update()
641         clock.tick(4 + 2 * speed)
642
643 if __name__ == '__main__':
644     main()
```

프로그램의 길이가 상당히 길기 때문에 한 번 보는 것만으로 내용을 이해하기는 어려울 것입니다. 다음 Lesson 12-4에서 프로그램을 세부적으로 확인하면서 조금씩 이해하도록 합니다.

이 게임의 뼈대가 되는 던전 자동 생성, 던전 내 이동, 턴 방식 전투 처리는 11장에서 복습할 수 있어요.

프로그램 설명

One hour Dungeon 프로그램에서 사용한 변수, 인덱스, 함수에 관해 설명합니다.

》》》 One hour Dungeon 변수

변수의 명칭과 그 역할은 다음과 같습니다.

❶ 이미지 로딩 관리 변수(※ 전역 변수로 선언)

```
imgTitle = pygame.image.load("img/title.png")
```

위와 같이 'img***'라는 변수명을 사용합니다.

❷ 데이터 저장 변수(※ 전역 변수로 선언)

변수명	역할
Speed	게임 전체 속도(프레임 레이트) 관리
idx, tmr	게임 진행 관리
floor max welcome	현재 층 수 도달한 층 수(최대값) 'Welcome to floor *.' 메시지 표시 시간
pl_x, pl_y, pl_d, pl_a	주인공의 던전 내 위치, 방향, 애니메이션 패턴
pl_lifemax, pl_life, pl_str	주인공의 생명 최대값, 생명, 공력력
Food	식량
potion, blazegem	입수한 Potion, Blaze gem 수
treasure	보물 상자를 열거나, 누에고치에 닿았을 때 출현하는 것
emy_name, emy_lifemax, emy_life, emy_str	적 이름, 생명 최대값, 생명, 공격력
emy_x, emy_y	적 이미지 전투 화면 내 표시 좌표
emy_step, emy_blink	적 표시 연출 수행 관리 변수. emp_step은 이미지 앞뒤 움직임, emy_ blink는 이미지 깜빡임 관리
dmg_eff	플레이어가 충격을 받았을 때 화면을 흔들기 위한 변수
btl_cmd	전투에서 사용하는 커맨드 값 대입

❸ 이동 화면용 리스트(※ 전역 변수로 선언)

변수명	역할
Maze	자동 생성하는 미로 데이터 대입
Dungeon	미로에서 생성하는 던전 데이터 대입

❹ 전투 화면용 리스트(※ 전역 변수로 선언)

변수명	역할
Message	전투 중 메시지 대입

❺ 기타 변수(※ main() 함수 내 지역 변수로 선언)

변수명	역할
dmg	공격 시 데미지 값 계산
lif_p, str_p	주인공 성장 시 생명 최대값과 공격력 증가량

❻ 징글과 효과음 로딩 리스트(※ main() 함수 내 지역 변수로 선언)

```
se = [
    pygame.mixer.Sound("snd/ohd_se_attack.ogg")
    :
]
```

⟩⟩⟩ One hour Dungeon 인덱스

이 프로그램에서는 인덱스를 idx라는 변수명으로 사용합니다. 다음 값으로 처리를 구분합니다.

표 12-4-1 **idx 처리**

idx 값	처리 대상	처리 내용
0	타이틀 화면	■ 타이틀 BGM 재생, 타이틀 로고 표시 ■ 도달한 최대 층 수 표시 ■ 스페이스 키를 누르면 던전을 자동 생성하고 게임에서 사용하는 변수들에 초기값을 대입한 뒤, 화면 이동 BGM을 출력하고 이동 화면(idx 1)으로 이동

표 12-4-1 idx 처리(계속)

idx 값	처리 대상	처리 내용
1	플레이어 이동	■ 방향 키로 주인공 이동 ■ 보물 상자 혹은 누에고치에 닿았는지 판정 ■ 계단에 닿으면 idx 2로 이동 ■ 아이템 혹은 함정에 닿으면 idx 3로 이동 ■ 전투를 시작하면 idx 10으로 이동 ■ 생명이 0이 되면 idx 9으로 이동
2	화면 전환	■ 다음 층으로 이동하는 연출 ■ 던전 생성 함수를 실행하고 다시 idx 1으로 이동
3	아이템 입수 혹은 함정	■ 보물 상자를 연 결과를 표시하고 다시 idx 1으로 이동
9	게임 오버	■ 주인공이 쓰러진 상태 표시 ■ 일정 시간 후, 타이틀 화면(idx 0)으로 이동
10	전투 시작	■ 전투 시작 준비 및 화면 연출을 수행하고, 플레이어 턴(idx 11)으로 이동
11	플레이어 턴	■ 커맨드 입력 대기, 입력이 있으면 커맨드에 따른 처리(idx 12, 20, 21, 14)로 이동
12	플레이어 공격	■ 플레이어가 적을 공격하는 처리 ■ 적 생명 감소, 쓰러지면 전투 승리(idx 16)로 이동 ■ 적 생명이 남으면 적 턴(idx 13)으로 이동
13	적 턴, 적 공격	■ 적이 주인공을 공격하는 처리 ■ 주인공 생명 감소, 쓰러지면 전투 패배(idx 15)로 이동 ■ 주인공 생명이 남으면 플레이어 턴(idx 11)으로 이동
14	후퇴 가능한가?	■ 후퇴 가능 여부를 무작위로 판정 ■ 후퇴가 가능하면 이동 화면(idx 1)으로 복귀, 후퇴가 불가능하면 적 턴(idx 13)으로 이동
15	전투 패배	■ 패배 메시지 표시 후 게임 오버(idx 9)로 이동
16	전투 승리	■ 승리 메시지 표시 ■ 일정 확률로 레벨 업(idx 17)으로 이동 ■ 레벨 업하지 않는 경우 전투 종료(idx 22)로 이동
17	레벨 업	■ 주인공 능력치를 증가시킨 뒤 전투 종료(idx 22)로 이동
20	Potion 사용	■ 생명을 회복하고 적 턴(idx 13)으로 이동
21	Blaze gem 사용	■ 화면 연출 수행, 데미지 계산 변수값 변경, idx 12로 이동(적에게 데미지를 주는 처리는 idx 12에서 수행함)
22	전투 종료	■ 이동 화면 BGM 재생, idx 1으로 이동

>>> One hour Dungeon 함수

11장에서 학습한 함수를 포함해 모든 함수를 모았습니다.

표 12-4-2 **함수 리스트**

	함수	함수 내용
❶	make_dungeon()	던전 자동 생성
❷	draw_dungeon(bg, fnt)	던전 표시
❸	put_event()	길에 이벤트(계단, 보물 상자, 누에고치) 배치 주인공 위치 결정
❹	move_player(key)	주인공 이동
❺	draw_text(bg, txt, x, y, fnt, col)	그림자 포함한 문자 표시
❻	draw_para(bg, fnt)	주인공 능력치 표시
❼	init_battle()	전투 시작 준비(적 이미지 로딩 등)
❽	draw_bar(bg, x, y, w, h, val, ma)	적 체력 표시 게이지
❾	draw_battle(bg, fnt)	전투 화면 표시
❿	battle_command(bg, fnt, key)	커맨드 입력 및 표시
⓫	init_message()	전투 메시지 리스트 초기화(비우기)
⓬	set_message(msg)	전투 메시지 설정
⓭	main()	메인 처리

>>> 처리 세부 내용

그렇다면 어려운 처리 부분을 좀 더 자세히 살펴봅니다.

❶ 계단 배치: put_event() 함수 172~180번 행

while True 무한 반복을 통해 던전 내 무작위 위치에 계단을 배치하고, 계단이 배치되면 break로 반복에서 빠져나옵니다. 배치할 때 계단의 주변을 길로 만듭니다. 외길 통로에 계단이 놓이게 되면 계단 건너편으로 갈 수 없게 되는(외길인 경우 계단을 내려오게 됨) 상황을 피하기 위해서입니다.

```
while True:
    x = random.randint(3, DUNGEON_W - 4)
    y = random.randint(3, DUNGEON_H - 4)
    if (dungeon[y][x] == 0):
        for ry in range(-1, 2):   # 계단 주변을 길로 만듦
            for rx in range(-1, 2):
                dungeon[y + ry][x + rx] = 0
        dungeon[y][x] = 3
        break
```

❷ 계산식으로 적 능력치 결정: init_battle() 함수 285~293번 행

다음 규칙에 따라 typ 변수에 적 종류, lev 변수에 적 레벨을 대입합니다.

- typ = 0부터 현재 층 사이의 난수. 10층 이상인 경우에는 0~9 사이의 난수(10종류의 적)
- lev = 1부터 현재 층 사이의 난수

```
typ = random.randint(0, floor)
if floor >= 10:
    typ = random.randint(0, 9)
lev = random.randint(1, floor)
imgEnemy = pygame.image.load("image/enemy" + str(typ) + ".png")
emy_name = EMY_NAME[typ] + " LV" + str(lev)
emy_lifemax = 60 * (typ + 1) + (lev - 1) * 10
emy_life = emy_lifemax
emy_str = int(emy_lifemax / 8)
```

적의 생명 값을 '60 * (typ + 1) + (lev - 1) * 10'으로 계산해서 구합니다. 적에는 레벨을 설정하고 같은 종류의 적이라도 레벨이 높을수록 생명이 많아지도록 계산합니다. 또한, 적의 공격력은 생명의 1/8로 지정합니다. 이를 통해 단계가 진행될수록 강한 적이 나타납니다.

❸ 명령어 선택: battle_command() 함수 321~346번 행

이 함수는 키 입력을 받고 커맨드 표시 작업을 동시에 수행합니다.

```
def battle_command(bg, fnt, key):   # 커맨드 입력 및 표시
    global btl_cmd
    ent = False
    if key[K_a]:  # A 키
        btl_cmd = 0
        ent = True
```

```
    if key[K_p]:  # P 키
        btl_cmd = 1
        ent = True
    if key[K_b]:  # B 키
        btl_cmd = 2
        ent = True
    if key[K_r]:  # R 키
        btl_cmd = 3
        ent = True
    if key[K_UP] and btl_cmd > 0:  # ↑ 키
        btl_cmd -= 1
    if key[K_DOWN] and btl_cmd < 3:  # ↓ 키
        btl_cmd += 1
    if key[K_SPACE] or key[K_RETURN]:
        ent = True
    for i in range(4):
        c = WHITE
        if btl_cmd == i: c = BLINK[tmr % 6]
        draw_text(bg, COMMAND[i], 20, 360 + i * 60, fnt, c)
    return ent
```

이 함수는 return 명령으로 ent라는 변수값을 반환합니다. ent의 초기 값은 False로 선언했습니다. 누른 키를 판정하고 명령 번호를 btl_cmd에 대입합니다. Ⓐ Ⓟ Ⓑ Ⓡ 키나 Space 키 혹은 Enter 키를 누른 경우에는 ent에 True를 대입합니다. 결과적으로 main() 함수 안에서 입력한 커맨드 입력 처리(495번 행)로 명령 선택 여부를 판정할 수 있습니다(즉, 이 함수를 호출했을 때 True가 반환되면 커맨드를 결정했다는 의미가 됩니다).

❹ 레벨 업: main() 함수 585번 행

One hour Dungeon에는 경험치라는 파라미터가 존재합니다. 전투에서 승리하면 일정한 확률로 레벨 업을 하며, 수명의 최대값과 공격력이 증가합니다. 레벨 업 여부는 쓰러뜨린 적의 수명 최대값을 사용해 만드는 난수와 주인공의 수명 최대값을 사용해 만드는 난수의 대소 관계에 따라 결정합니다. 이를 다음 코드로 수행합니다.

```
    if random.randint(0, emy_lifemax) > random.randint(0, pl_lifemax):
```

조건식에 따르면 플레이어(주인공)의 입장에서 볼 때 강한 적일수록(적의 수명 최대값이 클수록) 레벨 업 확률이 높아집니다. 거꾸로 주인공보다 약한 적을 쓰러뜨린다 해도 레벨 업 할 수 있는 확률은 낮습니다. 예를 들어, 간단히 1/5 확률로 레벨 업 하도록 한다면 '강한 적을

물리쳤음에도 레벨 업 하기 어렵다는 좋지 않은 인상을 사용자에게 줄 우려가 있습니다.

이 코드에서 구현한 것과 같이 적의 강함과 주인공의 강함을 비교해 레벨 업 확률을 결정하면 사용자가 납득할 수 있는 캐릭터 성장 구조를 만들 수 있습니다.

❺ 게임 진행 속도 조절 기능: 392~396번 행 및 641번 행

Pygame 이벤트 처리에서 ⓢ 키를 눌렀는지를 확인해 게임 속도를 관리하는 변수 speed 값을 1~3 범위에서 변경합니다.

```
if event.type == KEYDOWN:
    if event.key == K_s:
        speed = speed + 1
        if speed == 4:
            speed = 1
```

프레임 레이트를 지정하는 clock.tick()의 인수를 '4 + 2 * speed'로 전달해 speed 값에 따라 게임 속도를 변경합니다.

```
clock.tick(4 + 2 * speed)
```

초기(speed 값 1) 프레임 레이트는 6입니다. 게임에 익숙해지면 속도를 높여 보다 쾌적하게 플레이할 수 있습니다.

그 밖에 소소한 부분들을 설명합니다.

❻ 문자 연출 색

문자를 반짝이는 연출을 할 때 사용하는 색은 11번 행과 같이 리스트에 튜플 값으로 입력해서 정의합니다.

```
BLINK = [(224, 255, 255), (192, 240, 255), (128, 224, 255), (64, 192, 255),
(128, 224, 255), (192, 240, 255)]
```

❼ 던전의 벽

던전의 벽에는 wall.png와 wall2.png 2개 이미지를 사용해 입체감을 표현합니다. 위아래로 벽이 연속되는 부분은 wall2.png를 겹쳐서 표현합니다(draw_dungeon() 함수 160~163번 행).

❽ 던전 분위기

이동 신에서 화면의 네 모서리를 어둡게 해서 던전 분위기를 냅니다. draw_dungeon() 함수에서 던전 배경을 그린 뒤, 166번 행에서 암흑 이미지(dark.png)를 겹쳐서 구현합니다.

❾ 후퇴 성공 확률

One hour Dungeon에서의 전투는 누에고치에 닿았을 때 일어나므로 적과 싸울지 여부는 플레이어의 판단에 달려 있습니다. 그렇기 때문에 적에게서 후퇴할 수 있는 확률(560번 행)을 낮게 설정합니다. 또한, 4장 칼럼에서 설명했던 후퇴 상황 처리 트릭은 로그라이크 게임에서 긴장감을 떨어뜨리기 때문에 포함하지 않도록 합니다.

❿ 공격 시 연출

화염석으로 적을 공격하는 연출은 10장 238페이지에서 설명한 이미지 확대/축소 및 회전 명령(619번 행)으로 수행합니다.

 One hour Dungeon, 20층 도착했어요!

 저는 3시간 동안 플레이해서 50층을 막 돌파했어요.
One hour가 아니라 Three hours네요.

 네? 선생님... 너무해요.

⟩⟩⟩ One hour Dungeon 업그레이드

누군가가 만든 프로그램을 업그레이드하는 것 또한 훌륭한 프로그래밍 학습이 됩니다. One hour Dungeon 프로그램을 업그레이드해 봅니다.

❙ 예: 이미지 교체하기

프로그램에 직접 손을 대기 전에 이미지를 교체하는 것부터 시작해 보는 것도 좋습니다. 여러분이 좋아하는 이미지를 사용하면 학습 의욕도 높아질 것입니다.

예: 보물 상자와 누에고치 배치 숫자, 적 세기 변경하기

프로그램 업그레이드는 예를 들어 보물 상자와 누에고치의 배치 숫자를 바꾸는 것과 같은 간단한 것부터 시작하면 보다 이해하기 쉽습니다. 다음과 같이 반복 횟수나 choice() 명령 값을 바꾸기만 하면 됩니다.

- 182번 행 range() 함수의 인수값을 변경하면 보물 상자와 누에고치 배치 수를 바꿀 수 있습니다.
- 186번 행 random.choice() 함수의 인수값을 변경하면 보물 상자와 누에고치가 배치 되는 확률을 바꿀 수 있습니다.
- 201번 행 random.choice() 함수의 인수값을 변경하면 보물 상자의 내용물(Potion, Blaze gem, 함정) 비율을 변경할 수 있습니다.

또한, 적의 세기(능력치)를 변경하려면 init_battle() 함수의 생명과 공격력 계산식을 변경해 봅니다.

게임 자체 업그레이드

게임 자체를 업그레이드하고자 하는 경우 어떻게 하는 것이 좋을지 생각해 봅니다.

예를 들어, 함정 길이나 통과할 수 있는 벽을 추가하고 싶은 경우를 가정해 봅니다. 던전 데이터는 dungeon이라는 리스트에 들어 있고 그 값이 0이면 길, 1이면 보석 상자, 2이면 누에고치, 3이면 계단, 9면 벽입니다. 값 4를 함정 길로 정의하고 그곳을 밟는다면 데미지를 입거나 다른 장소로 이동하는 처리를 하도록 입력하면, 새로운 함정을 추가할 수 있습니다. 통과할 수 있는 벽은 값 8로 관리할 수 있습니다.

One hour Dungeon은 데이터 저장 기능을 제공하지 않습니다. 저장(save), 불러오기(load) 기능을 추가할 수 있다면 대단히 멋질 것입니다. 데이터를 저장하기 위해서는 파일 입출력에 관해 알아야 하므로 다음 칼럼에서 파일을 다루는 방법을 설명합니다.

COLUMN

파이썬에서의 파일 처리

파일 입출력 처리를 통해 소프트웨어 데이터를 저장하고 불러올 수 있습니다. 이 칼럼에서는 파이썬에서 파일을 읽고 쓰는 방법에 관해 설명합니다.

• 파일에 문자열을 쓰는 프로그램

파일에 문자열을 쓰는 프로그램을 확인합니다. 다음 프로그램을 입력하고 파일 이름을 붙여 저장한 뒤 실행해 봅니다.

리스트 **column12_file_write.py**

```
1  file = open("test.txt", 'w')          파일을 쓰기 모드(w)로 열기
2  for i in range(10):                    반복. i는 0부터 9까지 1씩 증가
3      file.write("line " + str(i) + "\n")    문자열을 파일에 씀
4  file.close()                           파일 닫기
```

이 프로그램을 실행하면 프로그램이 위치한 폴더에 test.txt라는 파일이 생성됩니다. test.txt를 열면 다음과 같은 문자열이 쓰여 있습니다.

```
line 0
line 1
line 2
line 3
line 4
line 5
line 6
line 7
line 8
line 9
```

• 파일 내용을 읽는 프로그램

다음으로 파일에서 문자열을 읽는 프로그램을 확인합니다. test2.txt라는 파일을 만들고 파일에 임의의 문자열을 입력합니다. 여러 행의 문자열을 읽는 프로그램이므로 2행 이상의 내용을 넣습니다.

test2.txt 내용 예시

파이썬으로
만드는
게임 강좌

다음 프로그램을 입력하고 파일 이름을 붙여 저장한 뒤 실행해 봅니다.

리스트 column12_file_read.py

```
1  file = open("test2.txt", 'r')          파일을 읽기 모드(r)로 열기
2  rl = file.readlines()                  변수 rl에 파일 내 문자열을 모두 로딩
3  file.close()                           파일 닫기
4  for i in rl:                           반복. 1행씩 처리
5      print(i.rstrip("\n"))              줄 바꿈 코드 삭제 후 출력
```

이 프로그램을 실행하면 test2.txt에 입력된 내용을 읽어 셀 윈도우에 출력합니다.

2번 행 readlines()는 파일 전체를 로딩하는 명령입니다. rl에 파일 내용이 로딩되며, 그 값은 다음과 같습니다.

```
['파이썬으로\n', '만드는\n', '게임 개발\n']
```

\n은 줄 바꿈 코드입니다. 4번 행에서 반복해 1행씩 출력할 때 'i.rstrip("\n")' 명령으로 줄 바꿈 코드를 삭제합니다. 5번 행을 'print(i)'로만 입력해서 테스트하기 바랍니다. 그러면 줄 바꿈 코드가 포함되어 출력되기 때문에 불필요한 줄 바꿈이 출력됩니다.

쓰기, 읽기 프로그램 모두 'file.close()' 명령으로 연 파일을 닫았습니다. 파일을 닫지 않으면 파일을 사용할 수 없는 경우도 있으므로 연 파일은 반드시 닫도록 합니다.

• **문자열 ⇔ 숫자 변환**

파일에 쓰여 있는 데이터는 문자열입니다. 예를 들어, 문자열로 저장한 생명 값을 읽을 때 그대로 읽으면 숫자로 다룰 수 없습니다. 문자열에서 숫자로 변환할 경우에는 int() 명령 혹은 float() 명령을 사용합니다.

문자열을 숫자로 변환하는 프로그램을 확인합니다. 다음 프로그램을 입력하고 파일 이름을 붙여 저장한 뒤 실행해 봅니다.

리스트 **column12_int.py**

```
1   num1 = "1000"                num1에 문자열 1000 대입
2   print(num1 + num1)           문자열을 + 연결해서 출력
3   num2 = int(num1)             num2에 num1을 숫자(정수값)로 변환 후 대입
4   print(num2 + num2)           숫자를 +로 더한 값을 출력
```

이 프로그램을 실행하면 2번 행 print() 명령에서는 100010000이 출력되고 4번 행 print() 명령에서는 20000이 출력됩니다.

```
10001000
2000
>>>
```

그림 12-A

문자열을 소수로 변환하는 경우에는 int() 대신 float() 명령을 사용합니다. 숫자에서 문자열로 변환하는 경우에는 str() 명령을 사용합니다.

이번 칼럼에서는 다음에 관해 학습했어요.

- 파일에 문자열 쓰기
- 파일에서 문자열 읽기
- 문자열과 숫자 변환

이 내용을 알고 있으면 게임에서 사용하는 변수 값을 파일에 저장하고 불러오는 처리를 할 수 있어요.

프로그램 작성 방법에는 절차지향 프로그래
밍(Sequential Programming, SP)과 객체지향
프로그래밍(Object-Oriented Programming,
OOP)이라는 두 가지 방법이 있어요. 여러분
이 이 책에서 학습한 프로그램은 절차지향
프로그래밍 방식으로 작성되어 있어요. 절차
지향 프로그래밍으로 게임을 개발할 수 있음
을 알 것이라고 생각하지만, 대규모 프로그램
을 효과적으로 작성하기 위해서는 객체지향
프로그래밍에 관한 지식이 많은 도움이 돼
요. 이 책의 마지막 장에서는 객체지향 프로
그래밍에 관해 설명할게요.

Chapter

13

객체지향 프로그래밍

POINT

먼저 읽어볼 사항

객체지향 프로그래밍은 파이썬에서 표준 지원합니다. 이 장에서는 특별한 모듈을 사용하지 않고 표준 모듈만을 사용합니다. 10~12장에서 학습한 Pygame은 객체지향 프로그램을 위해 필요한 모듈은 아닌 점을 먼저 알려 드립니다.

파이썬, C/C++에서 파생한 C 계열 언어, 자바, JavaScript 등 소프트웨어 개발에서 널리 사용되는 프로그래밍 언어들은 대부분 객체지향 프로그래밍을 지원합니다. 먼저 객체지향이란 어떤 것인지 설명합니다.

>>> 객체지향 프로그래밍

객체지향 프로그래밍(Object-Oriented Programming, OOP)이란 여러 객체가 연관된 형태로 시스템 전체를 움직이는 사고방식입니다. 객체지향 프로그래밍에서는 **데이터**(변수로 취급하는 숫자 값이나 문자열 등)와 **기능**(함수로 정의한 처리)을 하나로 모은 **클래스(class)**라는 대상을 정의하고 그 클래스에서 **객체(object)**를 생성합니다. 그리고 여러 객체가 데이터를 주고받으면서 협력해 처리를 진행하는 것처럼 프로그래밍합니다.

또한, 객체를 **인스턴스(instance)**라고 부르기도 합니다. 인스턴스는 클래스로부터 만든 **실체**라는 의미입니다.

>>> 클래스와 객체

클래스와 객체에 관해 조금 더 자세히 설명합니다. 객체지향 프로그래밍에서는 클래스로부터 생성한 객체(인스턴스)가 처리를 수행하도록 프로그래밍합니다. 클래스가 기계 설계도에 해당한다면, 객체는 그 설계도를 사용해 만들어낸 실제로 일을 수행하는 기계에 해당합니다.

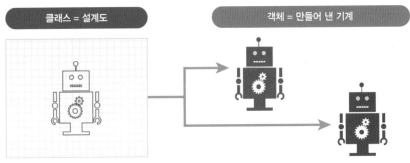

그림 13-1-1 **클래스와 객체의 관계**

또는 게임 소프트에 이 개념을 대입하면 다음과 같이 생각해 볼 수도 있습니다. 클래스는 캐릭터를 만들어내는 틀에 해당하며, 객체가 실제로 만들어진 캐릭터에 해당합니다.

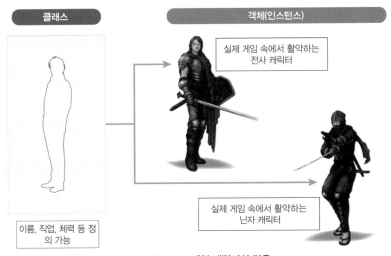

그림 13-1-2 **게임 캐릭터의 경우**

말로 설명하는 것으로는 객체지향 프로그래밍에 관한 이미지를 그려 내기 어려울 수 있습니다. 다음 Lesson 13-2부터 클래스를 정의하고 객체를 만드는 프로그램을 확인하면서 객체지향 프로그래밍을 학습합니다.

이 책은 게임 개발에 관한 책이므로 **캐릭터를 만드는 클래스를 예로 들어 객체지향 프로그래밍을 설명**하겠습니다.

〉〉〉 왜 객체지향인가?

프로그래밍 학습에 들어가기 전에 객체지향 프로그래밍이 인기를 누리는 이유를 설명하고자 합니다.

앞에서 언급했듯 프로그램을 작성하는 방식은 **절차지향 프로그래밍**과 **객체지향 프로그래밍**으로 구분합니다. 프로그램의 규모가 커지면 절차지향 프로그래밍보다 객체지향 프로그래밍으로 작성하는 편이 처리 내용이나 흐름을 알기 쉽습니다. 알기 쉽다는 것은 프로그램의 유지 보수나 개선이 쉽다는 말입니다. 바로 이것이 객체지향 프로그래밍의 인기가 높아진 큰 이유입니다.

객체지향 프로그래밍은 대규모 소프트웨어 개발에 적합합니다. 취미 레벨의 프로그램이라면 객체지향 프로그래밍을 필수로 적용하지 않아도 좋겠지만, 전업 게임 프로그래머를 목표로 하는 분들이라면 객체지향에 관해 반드시 학습해 두길 바랍니다.

물론, 객체지향이라는 용어를 처음 접하는 분들이나, '어디선가 들어 본 적이 있는 것 같은데?'라는 생각을 가진 분들도 있을 것입니다. 그도 그럴 듯이, 일상 생활에서는 객체지향이라는 말을 사용하지 않습니다.

이 책 이외에도 프로그래밍을 학습한 적이 있는 독자 중에는 객체지향이라는 용어는 알고 있지만, 정확하게 이해하지 못한 분들도 있을 것입니다. 확실히 객체지향은 프로그래밍 학습 중에서도 난이도가 높은 편에 속하지만, 이 장에서 짧은 샘플 프로그램으로 객체지향의 기초를 설명할 것이므로 가벼운 마음으로 읽어 나가길 바랍니다.

클래스와 객체

파이썬에서 클래스를 정의하는 방법을 설명합니다. 그리고 정의한 클래스로부터 객체를 만들고 그 동작을 확인합니다.

>>> 클래스 작성 방법

클래스를 정의하는 기본 서식은 다음과 같습니다.

서식: 클래스 정의

```
class 클래스 명:
    def __init__(self):
        self.변수명 = 초깃값
```

파이썬에서는 'class 클래스 명'으로 클래스를 선언합니다. 그리고 'def __init__(self)'로 이 클래스로부터 만든 객체에서 사용할 변수를 입력합니다. 이 변수를 **속성(property)**이라고 부릅니다. 속성에 관해서는 341페이지에서 다시 설명합니다.

def__init__(self)는 **생성자(constructor)**라는 특수한 함수로 클래스 안에는 단 한 번만 입력합니다. 생성자에 입력한 처리는 클래스에서 객체를 생성할 때 한 번만 실행됩니다. 생성자는 클래스에 반드시 존재할 필요는 없으며, 생성자 없이도 클래스를 정의할 수 있습니다.

파이썬에서는 클래스 안에 입력한 생성자나 함수의 인수에 **self**를 넣어야 합니다. 이 self 는 객체 생성 시 그 객체 자신을 의미합니다.

> 처음에는 self의 의미가 어려울 수도 있지만, 현재는 '이런 방식으로 입력한다' 정도로 생각해도 괜찮아요.

>>> 클래스 정의 및 객체 생성

4단계로 나누어 클래스와 객체를 확인합니다. '게임 캐릭터 만들기'라는 프로그램입니다.

1단계는 클래스 정의입니다. 클래스 명은 GameCharacter입니다. 클래스 명의 첫 글자는 대문자로 쓰는 것을 권장하므로 G는 대문자로 씁니다. 생성자에는 self 이외에 2개의 인수인 job(직업)과 life(수명)를 추가했습니다. 다음 프로그램을 입력하고 파일 이름을 붙여 저장한 뒤 실행해 봅니다.

리스트 **list1302_1.py**

```
1  class GameCharacter:                        클래스 선언
2      def __init__(self, job, life):          생성자
3          self.job = job                       job 속성에 인수값 대입
4          self.life = life                     life 속성이 인수값 대입
```

이 프로그램을 실행해도 아무런 동작을 하지 않습니다. 프로그램을 실행해 아무런 동작도 하지 않음을 확인합니다. **클래스를 정의하는 것만으로는 어떠한 처리도 수행되지 않습니다.**

2단계는 클래스로부터 객체를 생성합니다. 다음 프로그램을 입력하고 파일 이름을 붙여 저장한 뒤 실행해 봅니다.

리스트 **list1302_2.py**

```
1  class GameCharacter:                        클래스 선언
2      def __init__(self, job, life):          생성자
3          self.job = job                       job 속성에 인수값 대입
4          self.life = life                     life 속성이 인수값 대입
5
6  warrior = GameCharacter("전사", 100)         warrior 객체 생성
7  print(warrior.job)                           warrior 객체의 job 속성값 출력
8  print(warrior.life)                          warrior 객체의 life 속성값 출력
```

이 프로그램을 실행하면 IDLE의 셸 윈도우에 '전사'와 '100'이 출력됩니다.

```
전사
100
>>>
```

그림 13-2-1 list1302_2.py 실행 결과

게임 세계에서 활약하는 전사(객체)를 마법 가루 통과 같은 캐릭터의 껍데기가 되는 것(클래스)으로부터 만들어 낸다는 것을 상상하면 알기 쉬울 것 같습니다만, 어떻습니까? 1~4번 행에서 캐릭터의 껍데기를 정의하고 6번 행 warrior가 그 껍데기에서 만들어 낸 실체인 전사가 됩니다.

이 프로그램에서는 warrior라는 변수가 객체가 됩니다. 객체는 다음과 같이 생성합니다.

서식: 객체 생성

```
객체 변수 = 클래스 명()
```

생성자에 self 이외의 인수를 전달하는 경우

```
객체 변수 = 클래스 명(인수)
```

list1302_02.py에서 정의한 클래스에서는 생성자에 self 이외에 2개의 인수를 입력하고 3~4번 행과 같이 인수로 넘겨 받은 값을 **self.변수**에 대입합니다. 여기서 사용하는 변수를 **속성**이라고 부르며, 객체 내에 데이터를 저장하기 위해 사용합니다. 속성은 7~8번 행과 같이 **객체변수.속성**으로 입력해 데이터 값을 참조하거나, 새로운 데이터를 대입합니다.

클래스를 정의하는 것만으로는 아무런 동작도 하지 않지만, 클래스에서 객체(인스턴스)를 만들고 그 객체에 속성값(예제에서는 job과 life)을 설정할 수 있습니다. **3단계에서는 속성값 출력을 객체에서 스스로 수행**하도록 합니다. 다음 프로그램을 입력하고 파일 이름을 붙여 저장한 뒤 실행해 봅니다.

리스트 **list1302_3.py**

```
1  class GameCharacter:                          클래스 선언
2      def __init__(self, job, life):              생성자
3          self.job = job                              job 속성에 인수값 대입
4          self.life = life                            life 속성이 인수값 대입
5
6      def info(self):                             속성값 출력 함수(메서드)
7          print(self.job)                             job 속성값 출력
8          print(self.life)                            life 속성값 출력
9
10 warrior = GameCharacter("전사", 100)           warrior 객체 생성
11 warrior.info()                                 warrior 객체의 info() 메서드 실행
```

이 프로그램을 실행하면 이전 프로그램과 동일하게 셸 윈도우에 '전사'와 '100'이 출력됩니다. 실행 화면은 생략합니다.

이 프로그램의 동작은 이전 프로그램과 동일하지만, 11번 행 warrior.info()로 job과 life의 값을 출력합니다. info()는 6~8번 행에서 클래스 안에 입력한 함수입니다. 클래스 안에 정의한 함수를 **메서드(method)**라고 부릅니다. 메서드는 11번 행과 같이 **객체변수.메서드**를 호출해 실행할 수 있습니다. 객체지향 프로그래밍에서는 이와 같이 객체의 기능을 메서드로 정의합니다.

객체지향 프로그래밍은 '객체에 일을 시킨다'고 생각하면 이해하기 쉬울 거예요. 전사 객체 warrior에게 info() 명령을 실행시킨다는 것을 떠올려 보면 좋을 거예요.

4단계에서는 클래스로부터 여러 객체를 생성합니다. 다음 프로그램을 입력하고 파일 이름을 붙여 저장한 뒤 실행해 봅니다.

리스트 **list1302_4.py**

```
1   class GameCharacter:                             클래스 선언
2       def __init__(self, job, life):               생성자
3           self.job = job                               job 속성에 인수값 대입
4           self.life = life                             life 속성이 인수값 대입
5
6       def info(self):                              속성값 출력 함수(메서드)
7           print(self.job)                              job 속성값 출력
8           print(self.life)                             life 속성값 출력
9
10  human1 = GameCharacter("전사", 120)             human1 객체 생성
11  human1.info()                                   human1 객체의 info() 메서드 실행
12
13  human2 = GameCharacter("마법사", 80)            human2 객체 생성
14  human2.info()                                   human2 객체의 info() 메서드 실행
```

이 프로그램을 실행하면 2개 객체의 job과 life 값을 출력합니다. 10번 행 human1이 전사 객체, 13번 행 human2가 마법사 객체입니다.

```
전사
120
마법사
80
>>> |
```

그림 13-2-2 list1302_4.py 실행 결과

여기에서는 human1, human2라는 변수 2개를 사용해서 객체를 만들었어요. 여러 객체를 만들 때에는 리스트를 사용하면 편리해요.

13-3 tkinter를 사용한 객체지향

tkinter로 윈도우를 표시하고 이미지를 사용하면서 객체지향 프로그램의 동작을 확인합니다. 눈으로 볼 수 있는 형태로 객체를 확인함으로써 클래스나 객체에 관한 지식과 이해를 높일 수 있습니다.

⟫⟫⟫ tkinter 사용하기

Lesson 13-2에서는 셸 윈도우에 문자를 출력해서 객체를 확인했지만, 이번에는 tkinter를 이용해 윈도우를 표시하고 클래스와 객체를 확인합니다. 다음 이미지를 사용하므로 깃헙 페이지에서 이미지를 다운로드하고, 예제 코드와 같은 폴더에 넣으면 됩니다.

다음 프로그램을 입력하고 파일 이름을 붙여 저장한 뒤 실행해 봅니다.

swordsman.png

리스트 list1303_1.py

```
1   import tkinter                                              tkinter 모듈 임포트
2   FNT = ("Times New Roman", 30)                               폰트 정의 변수
3
4   class GameCharacter:                                        클래스 정의
5       def __init__(self, job, life, imgfile):                생성자
6           self.job = job                                         job 속성에 인수값 대입
7           self.life = life                                       life 속성에 인수값 대입
8           self.img = tkinter.PhotoImage(file=imgfile)            img 속성에 이미지 로딩
9
10      def draw(self):                                        이미지 및 정보 표시 메서드
11          canvas.create_image(200, 280, image=self.img)         이미지 표시
12          canvas.create_text(300, 400, text=self.job,           문자열 표시(job 속성값)
    font=FNT, fill="red")
13          canvas.create_text(300, 480, text=self.life,          문자열 표시(life 속성값)
    font=FNT, fill="blue")
14
15  root = tkinter.Tk()                                        윈도우 객체 생성
16  root.title("tkinter를 사용한 객체지향 프로그래밍")             타이틀 지정
17  canvas = tkinter.Canvas(root, width=400, height=560,       캔버스 컴포넌트 생성
    bg="white")
```

```
18  canvas.pack()                                              캔버스 배치
19
20  character = GameCharacter("검사", 200, "swordsman.png")      캐릭터 객체 생성
21  character.draw()                                           생성한 객체의 draw() 메서드 실행
22
23  root.mainloop()                                            윈도우 표시
```

이 프로그램을 실행하면 다음과 같은 검사 이미지와 정보가 표시됩니다.

주의해서 보아야 할 부분은 생성자에 입력한 8번 행 처리입니다.

```
self.img = tkinter.PhotoImage(file=
imagefile)
```

생성자 인수로 이미지 파일명을 입력해 self.img에 이미지를 로딩합니다. **속성에는 수치나 문자열뿐만 아니라 이미지 데이터도 취급**할 수 있습니다.

10~13번 행에 입력한 draw() 메서드를 21번 행에서 실행해서 캔버스에 이미지를 표시하는 부분과 비교해서 확인합니다.

그림 13-3-1 list1303_1.py 실행 결과

속성으로 이미지를 다루는 것이 이 프로그램의 포인트예요.
20번 행에서 만든 character 객체는 직업명(job), 수명 값(life), 그리고 이미지라는 데이터를 가지고 있어요.

>>> 여러 객체 생성

ninja.png

이번에는 리스트를 사용해 여러 객체를 만듭니다. swordsman. png와 함께 추가로 이미지를 사용하므로 깃헙 페이지에서 다운로 드한 뒤 예제 코드와 같은 폴더에 넣어 주십시오.

다음 프로그램을 입력하고 파일 이름을 붙여 저장한 뒤 실행해 봅니다.

리스트 **list1303_2.py**

```
1  import tkinter                                              tkinter 모듈 임포트
2  FNT = ("Times New Roman", 30)                               폰트 정의 변수
3
4  class GameCharacter:                                        클래스 정의
5      def __init__(self, job, life, imgfile):                 생성자
6          self.job = job                                      job 속성에 인수값 대입
7          self.life = life                                    life 속성이 인수값 대입
8          self.img = tkinter.PhotoImage(file=imgfile)         img 속성에 이미지 로딩
9
10     def draw(self, x, y):                                   이미지 및 정보 표시 메서드
11         canvas.create_image(x + 200, y + 280, image=self.   이미지 표시
   img)
12         canvas.create_text(x + 300, y + 400, text=self.job, 문자열 표시(job 속성값)
   font=FNT, fill="red")
13         canvas.create_text(x + 300, y + 480, text=self.     문자열 표시(life 속성값)
   life, font=FNT, fill="blue")
14
15 root = tkinter.Tk()                                         윈도우 객체 생성
16 root.title("tkinter를 사용한 객체지향 프로그래밍")              타이틀 지정
17 canvas = tkinter.Canvas(root, width=800, height=560,        캔버스 컴포넌트 생성
   bg="white")
18 canvas.pack()                                               캔버스 배치
19
20 character = [                                               리스트로 객체 생성
21     GameCharacter("검사", 200, "swordsman.png"),             검사 객체
22     GameCharacter("닌자", 160, "ninja.png")                  닌자 객체
23 ]
24 character[0].draw(0, 0)                                     검사 객체의 draw() 메서드 실행
25 character[1].draw(400, 0)                                   닌자 객체의 draw() 메서드 실행
26
27 root.mainloop()                                             윈도우 표시
```

이 프로그램을 실행하면 검사와 닌자가 표시됩니다.

기본적인 처리는 앞의 list13
03_1.py와 동일하지만, 이번
프로그램에서는 draw() 메서
드에 draw(self, x, y)라는 2개
의 인수를 추가해서 이미지
와 문자열 표시 위치를 지정
할 수 있도록 했습니다.

20~23번 행과 같이 두 개의
객체를 리스트로 준비합니다.
24~25번 행에서 각 객체의
draw() 메서드를 시행합니다.

그림 13-3-2 list1303_2.py 실행 결과

>>> 기능을 정의해 대전하기

클래스에 정의하는 메서드의 목적은 객체가 기능을 갖도록 하기 위한 것입니다. list1303
_1.py와 list1303_2.py 두 프로그램은 클래스에 draw()라는 메서드를 정의했습니다. 객체지
향 프로그래밍 게임을 개발한다면 다음을 준비합니다.

- 캐릭터의 이동 기능을 가진 메서드
- 캐릭터의 생명 계산 수행 메서드

이들 기능에 필요한 변수(속성)가 있는 경우에는 생성자에 해당 변수들을 추가합니다.

객체의 기능을 학습하기 위해 앞에서 작성한 list1303_2.py에 상대 캐릭터와 대전하는 메
서드를 추가해 게임에 가깝게 동작하도록 프로그램을 개선합니다. 이 프로그램에서는 이
전 프로그램에서 사용하던 직업명을 입력하는 변수 'job'을 캐릭터로 이름을 입력하는 변
수 'name'으로 변경했습니다.

다음 프로그램을 입력하고 파일 이름을 붙여 저장한 뒤 실행해 봅니다.

```
1    import tkinter                                      tkinter 모듈 임포트
2    import time                                         time 모듈 임포트
3    FNT = ("Times New Roman", 24)                       폰트 정의 변수
4
5    class GameCharacter:                                클래스 정의
6        def __init__(self, name, life, x, y, imgfile,     생성자
     tagname):
7            self.name = name                              name 속성에 인수값 대입
8            self.life = life                              life 속성에 인수값 대입
9            self.lmax = life                              lmax 속성에 인수값 대입
10           self.x = x                                    x 속성에 인수값 대입
11           self.y = y                                    y 속성에 인수값 대입
12           self.img = tkinter.PhotoImage(file=imgfile)   img 속성에 이미지 로딩
13           self.tagname = tagname                        tagname 속성에 인수값 대입
14
15       def draw(self):                                 이미지 및 정보 표시 메서드
16           x = self.x                                    x 속성에 표시 위치(X 좌표) 대입
17           y = self.y                                    y 속성에 표시 위치(Y 좌표) 대입
18           canvas.create_image(x, y, image=self.img,     이미지 표시
     tag=self.tagname)
19           canvas.create_text(x, y + 120, text=self.name,   문자열 표시(name 속성값)
     font=FNT, fill="red", tag=self.tagname)
20           canvas.create_text(x, y + 200, text="life{}/   문자열 표시(life, lmax 속성값)
     {}".format(self.life, self.lmax), font=FNT,
     fill="lime", tag=self.tagname)
21
22       def attack(self):                              공격 처리 수행 메서드
23           di = 1                                        이미지 이동 방향
24           if self.x >= 400:                             오른쪽 캐릭터인 경우
25               di = -1                                      이동 방향: 왼쪽 설정
26           for i in range(5):  # 공격 동작(옆으로 움직임)       반복
27               canvas.coords(self.tagname, self.x + i *        cords() 명령: 표시 위치 변경
     10 * di, self.y)
28               canvas.update()                              캔버스 업데이트
29               time.sleep(0.1)                              0.1초 대기
30           canvas.coords(self.tagname, self.x, self.y)   이미지 원위치
31
32       def damage(self):                              데미지 시 처리 수행 메서드
33           for i in range(5):  # 데미지(화면 깜빡임)           반복
34               self.draw()                                  캐릭터 표시 메서드 실행
35               canvas.update()                              캔버스 업데이트
36               time.sleep(0.1)                              0.1초 대기
37               canvas.delete(self.tagname)                  화면 삭제(우선 지움)
```

```
38              canvas.update()                            캔버스 업데이트
39              time.sleep(0.1)                            0.1초 대기
40          self.life = self.life - 30                     life 30 감소
41          if self.life > 0:                              life가 0보다 크면
42              self.draw()                                캐릭터 표시
43          else:                                          그렇지 않으면
44              print(self.name + "는 쓰러졌다... ")        메시지 셀 윈도우 출력
45
46  def click_left():                                      왼쪽 버튼 클릭 처리 함수
47      character[0].attack()                              검사의 공격 처리 메서드 실행
48      character[1].damage()                              닌자의 데미지 처리 메서드 실행
49
50  def click_right():                                     오른쪽 버튼 클릭 처리 함수
51      character[1].attack()                              닌자의 공격 처리 메서드 실행
52      character[0].damage()                              검사의 데미지 처리 메서드 실행
53
54  root = tkinter.Tk()                                    윈도우 객체 생성
55  root.title("객체지향을 활용한 전투")                       타이틀 화면 지정
    canvas = tkinter.Canvas(root, width=800, height=600,   캔버스 컴포넌트 생성
56  bg="white")
57  canvas.pack()                                          캔버스 배치
58
    btn_left = tkinter.Button(text="공격 →", command=click_ 왼쪽 버튼 생성
59  left)
60  btn_left.place(x=160, y=560)                           왼쪽 버튼 배치
    btn_right = tkinter.Button(text="← 공격", command=click_ 오른쪽 버튼 생성
61  right)
62  btn_right.place(x=560, y=560)                          오른쪽 버튼 배치
63
64  character = [                                          리스트로 객체 생성
        GameCharacter("태양의 검사 「가이아」", 200, 200, 280,  검사 객체
65  "swordsman.png", "LC"),
        GameCharacter("어둠의 닌자 「한조」", 160, 600, 280,    닌자 객체
66  "ninja.png", "RC")
67  ]
68  character[0].draw()                                    검사 객체의 draw() 메서드 실행
69  character[1].draw()                                    닌자 객체의 draw() 메서드 실행
70
71  root.mainloop()                                        윈도우 표시
```

이 프로그램을 실행하면 검사와 닌자의 발에 공격 버튼이 표시되며, 이를 클릭하면 상대
를 공격합니다. life가 0 이하가 되면 이미지가 사라지고 셀 윈도우에 'OO는 쓰러졌다…'는
메시지가 출력됩니다.

그림 13-3-3 list1303_3.py 실행 결과

GameCharacter 클래스에 정의한 생성자와 메서드 처리에 관해 설명합니다.

표 13-3-1 **GameCharacter 클래스 생성자 및 메서드**

행	생성자/메서드	처리
6~13번 행	생성자 __init__()	캐릭터 이름, 수명, 표시 위치, 이미지 파일명, 태그 명을 인수로 받아 변수(혹성)에 대입
15~20번 행	draw() 메서드	캐릭터 이미지, 이름 및 수명 표시
22~30번 행	attack() 메서드	이미지를 좌우로 이동시켜 상대를 공격하는 연출 수행
32~44번 행	damage() 메서드	이미지를 깜빡여 데미지를 받은 연출 수행. 수명값을 감소시킨 뒤 수명이 남아 있으면 이미지를 다시 표시하고, 수명이 0 이하가 된 경우에는 셸 윈도우에 패배 메시지 출력

59번 행의 버튼을 만드는 부분에서 검사의 발 아래 위치한 버튼을 클릭하면 click_left() 함수를 호출하도록 했습니다. 이 함수는 47~48번 행과 같이 검사 객체가 공격하는 메서드, 닌자 객체가 데미지를 받는 메서드를 실행합니다. 닌자의 발 아래 위치한 버튼 역시 마찬가지로 클릭하면 닌자가 공격하는 메서드와 검사가 데미지를 받는 메서드를 실행합니다.

이미지 표시 연출에서는 일정 시간 동안 처리를 멈추기 위해 **time.sleep()** 명령을 사용합니다(29, 36, 39번 행). 이 명령을 사용하기 위해서는 **time 모듈**을 임포트해야 합니다. 그후 sleep()의 인수로 초(sec)를 입력해 원하는 시간 동안 처리를 중지합니다.

검사와 닌자 이미지를 이동하거나 깜빡이는 처리를 하기 위해 태그 명을 사용합니다. 리스트로 객체를 생성할 때 65~66번 행과 같이 태그 명을 인수로 전달(검사 이미지는 LC, 닌자 이미지는 RC)하고 객체 속성에 그 태그 명을 저장합니다.

이 프로그램을 업그레이드하면 본격적으로 게임을 만들 수 있어요. 객체지향 프로그래밍을 학습하고 싶은 분은 게임 제작에 도전하면 보다 높은 지식을 얻을 수 있을 거예요.

13-4 객체지향 프로그래밍 심화

Lesson 13-1부터 13-3까지는 객체지향 프로그래밍 기초 지식에 관해 설명했습니다. 객체지향 프로그래밍을 보다 깊게 학습하고 싶은 분들을 위해 클래스 상속과 오버라이드 (override)에 관해 더 설명합니다.

>>> 클래스 상속

객체지향 프로그래밍에서는 특정한 클래스를 기반으로 새로운 기능을 추가해서 새로운 클래스를 만들 수 있습니다. 이를 클래스 **상속**이라고 부릅니다.

롤플레잉 게임을 예로 들어 클래스 상속에 관해 설명합니다. 먼저 캐릭터 이름과 수명을 다루기 위한 기본 클래스를 준비합니다. 이 클래스를 C라고 부르겠습니다. 클래스 C를 기반으로 파티 멤버를 만들기 위한 P라는 클래스, 적 몬스터를 만들기 위한 M 클래스를 준비합니다.

파티 멤버는 무기와 방어구를 준비하므로 클래스 P에는 장비를 관리하는 weapon, armor라는 변수를 추가합니다. 몬스터는 게임에서 자주 사용되는 6요소인 불, 바람, 땅, 물, 어둠, 빛 중 하나의 속성을 가지므로 클래스 M에는 어떤 요소에 속하는지 관리하는 변수인 element를 추가합니다. 이를 그림으로 표시하면 다음과 같습니다.

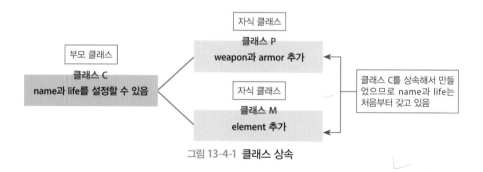

그림 13-4-1 **클래스 상속**

상속의 베이스가 되는 클래스를 부모 클래스 혹은 수퍼 클래스(superclass)라고 부릅니다. 부모 클래스를 상속해서 만든 클래스를 자식 클래스 혹은 서브 클래스(subclass)라고 부릅니다. 이와 같이 어떤 클래스를 바탕으로 새로운 클래스를 만드는 것이 상속의 개념입니다.

파이썬에서는 다음 형식으로 부모 클래스를 상속한 자식 클래스를 만들 수 있습니다.

서식: 자식 클래스 생성

```
class 자식 클래스 명(부모 클래스 명):
    자식 클래스 정의 내용
```

>>> 오버라이드

자식 클래스에서는 부모 클래스의 생성자나 메서드를 덮어써서 그 기능을 보다 세세하게 만들 수 있습니다. 생성자나 메서드를 덮어쓰는 것을 **오버라이드**라고 부릅니다.

상속과 오버라이드를 프로그램으로 확인합니다. 프로그램 내용은 롤플레잉 게임을 가정해 일반인(마을 사람들)을 만드는 클래스를 정의합니다. 그리고 모험을 나서는 전사를 만들기 위한 클래스는 일반인 클래스를 상속해서 정의합니다. 일반인 클래스가 부모 클래스, 전사 클래스가 자식 클래스가 됩니다. 전사 클래스에서는 생성자와 메서드를 오버라이드해서 보다 세세한 기능을 구현합니다.

이미지는 사용하지 않습니다. 다음 프로그램을 입력하고 파일 이름을 붙여 저장한 뒤 실행해 봅니다.

리스트 list1304_1.py

```
1   class Human:
2       def __init__(self, name, life):
3           self.name = name
4           self.life = life
5
6       def info(self):
7           print(self.name)
8           print(self.life)
9
10
11  class Soldier(Human):
12      def __init__(self, name, life, weapon):
13          super().__init__(name, life)
14          self.weapon = weapon
15
16      def info(self):
17          print("내 이름은 " + self.name)
```

Human 클래스 정의(부모 클래스)
　생성자
　　name 속성에 인수값 대입
　　life 속성에 인수값 대입

속성값 출력 메서드
　name 속성값 출력
　life 속성값 출력

Human 클래스 상속, Soldier 클래스 정의
　생성자
　　부모 클래스 생성자 실행
　　weapon 속성에 인수값 대입

info() 메서드 오버라이드
　문자열과 name 속성값 출력

```
18        print("내 체력은 {}".format(self.life))        문자열과 life 속성값 출력
19
20    def talk(self):                                    Soldier 클래스의 새 메서드 정의
21        print(self.weapon + "을(를) 장비하고, 모험을              대사 출력
시작합니다.")
22
23
24 man = Human("톰(일반인)", 50)                           일반인 객체 생성
25 man.info()                                            일반인 객체의 info() 메서드 실행
26 print("----------")                                  출력 구분("──────")
27 prince = Soldier("알렉스(왕자)", 200, "빛의 검")          기사 객체 생성
28 prince.info()                                         기사 객체의 info() 메서드 실행
29 prince.talk()                                         기사 객체의 talk() 메서드 실행
```

이 프로그램을 실행하면 다음과 같이 출력됩니다.

```
톰(일반인)
50
----------
내 이름은 알렉스(왕자)
내 체력은 200
빛의 검을(를) 장비하고, 모험을 시작합니다.
>>> |
```

그림 13-4-2 list1304_1.py 실행 결과

11~21번 행에 입력한 Soldier 클래스는 1~8번 행 Human 클래스를 상속해서 만든 클래스입니다. Soldier 클래스에서는 생성자를 def __init__(self, name, life, weapon)이라고 입력해서 오버라이드하고 무기 이름을 인수로 전달했습니다. 또한, name과 life 값을 대입하기 위해 13번 행과 같이 super().__init__(name, life)로 부모 클래스의 생성자를 실행합니다. super()는 '수퍼 클래스(부모 클래스)의'라는 의미입니다.

Soldier 클래스에서는 info() 메서드도 오버라이드하고 있으며, 24번 행에서 만든 '톰' 객체에서 info() 메서드를 실행한 결과와 27번 행에서 만든 알렉스 객체에서 info() 메서드를 실행한 결과가 다릅니다. 알렉스의 info() 메서드는 '내 이름은 O', '내 체력은 O'이라고 출력하는 기능을 갖도록 오버라이드했습니다.

또한, Soldier 클래스에는 talk() 메서드를 추가했습니다. 부모 클래스를 상속해서 만든 자식 클래스에서는 이와 같이 기능을 구체화하는 것이 일반적입니다.

이상 상속과 오버라이드에 관해 학습했습니다. 어려운 내용이기에 곧바로 이해되지 않더라도 괜찮습니다. 객체지향 프로그래밍은 하루아침에 익힐 수 있는 것이 아니므로 꾸준히 학습을 진행하면 될 것입니다.

객체지향 프로그래밍을 이해하게 되면 Pygame을 사용한 게임 프로그램을 객체지향으로 쓸 수도 있어요.

COLUMN

필자에게도 어려웠던 객체지향 프로그래밍

필자(이하 저)가 프로그래밍을 배우기 시작한 것은 1980년대, 세상에 아직 객체지향 프로그램이 알려지지 않았을 때였습니다. 당시 학생이었던 제가 읽은 컴퓨터 관련 서적에는 기억하는 한 객체 지향에 관한 이야기는 없었다고 생각합니다. 단지 저는 취미(게임) 위주의 컴퓨터 잡지만 읽었으므로 비즈니스를 다루는 컴퓨터 잡지나 도서에는 객체지향에 관한 이야기들이 나왔을지도 모르겠습니다. 어느 쪽이었든 당시는 아직 객체지향이 필수인 시대는 아니었습니다.

1990년대가 되어 컴퓨터의 급속한 진보와 인터넷 보급에 따라, 대규모 소프트웨어 개발이 많이 이루어집니다. 그런 개발 현장에서는 여러 프로그래머가 공동 작업을 합니다만, 객체지향으로 프로그래밍을 하면 고도의 프로그램이라도 작업을 나누어서 쉽게 만들 수 있습니다. 또한, 객체지향 프로그래밍 언어에는 소프트웨어 오류의 발생을 억제할 수 있는 구조가 포함되어 있습니다. 그런 이유로 90년대 이후 자바와 같이 객체지향을 전제로 설계된 프로그래밍 언어들이 보급되었습니다.

객체지향 프로그래밍을 어렵다고 느끼는 분들도 많을 것입니다. 객체지향을 학습하기 시작했을 때 저 역시 그 개념이 어렵고 '아무래도 이미지가 그려지지 않아…'라며 매일 고민했습니다. 어느 날, '지금까지 내가 만든 순차 프로그램을 객체지향으로 바꾸기 위해서는 어떻게 프로그래밍해야 할까?'라고 생각하게 되었고 바로 그것이 객체지향을 이해하는 돌파구가 되었습니다. 순차 프로그램 일부를 객체지향 방식으로 바꾸면서 객체지향 프로그래밍을 이해하게 되었습니다.

프로그래밍 입문자 혹은 취미로 프로그래밍을 하는 분들은 객체지향을 이해하기 위해 많은 고민을 할 필요가 없습니다. 순차 프로그래밍으로도 게임을 만들 수 있기 때문에 이 장의 내용은 전체적인 그림만 이해해도 충분합니다.

장래 게임 프로그래머로서 활약하고 싶은 분은, 어느 정도 프로그래밍 입력이 몸에 익었다면 반드시 객체지향 프로그래밍에도 도전해 보기 바랍니다. 이 장의 샘플 프로그램을 개선하는 것부터 시작해 보면 좋을 것입니다. 샘플 프로그램을 추가해 보는 것도 객체지향 프로그래밍을 이해하는 방법의 하나가 될 것입니다. 상속이나 오버라이드는 어려운 개념이므로 금방 이해되지 않더라도 괜찮습니다. 프로그래밍 학습을 계속하게 되면 오리지널 게임을 만들 수 있게 될 것이고, 결국 객체지향 프로그래밍도 이해할 수 있게 될 것입니다.

여러분은 많은 내용을 배웠어요. 분명 오리지널
게임을 만들 수 있을 거예요. 힘내세요!

여러분, 실전편에서 또 만나요.
지금까지 수고 많으셨어요!

이 책에서 배운 내용을 활용하면 오리지널 게임을 만들 수 있습니다. 부록에서는 파이썬 연구 동아리 활동을 통해 세 가지 프로그램을 소개합니다. 각 프로그램은 깃헙 페이지에서 다운로드할 수 있습니다.

특별부록

지산 고등학교
파이썬 연구 동아리

Profile

고문 김영우

수학 교사로 학교 교육 과정에 프로그래밍이 포함되고 고등학교에 파이썬 연구 동아리가 생겨서 고문을 맡았다. 대학교 시절에 파이썬을 배울 기회가 있어 이후 취미로 파이썬을 사용해 오고 있다.

Profile

이성호

2학년. '프로그래밍을 배워 두면 시험은 물론 취직에도 도움이 된다'는 말에 동아리에 가입했다. 게임을 좋아하기에 오리지널 게임을 만들 수 있는 실력을 갖추길 원한다.

Profile

김나미

1학년. 컴퓨터 프로그램은 영어로 된 명령어들로 만든다는 말에 '프로그래밍을 하면 영어를 잘 하게 되는 걸까?'라는 생각으로 들어왔다. 영어 회화 동아리에 가입하는 것도 생각해 봤지만, 미지의 세계를 좋아해 파이썬 연구 동아리를 선택한 호기심이 왕성한 소녀다.

Appendix

게임을 만들자!

지산 고등학교는 지방에 있는 가상의 명문 고
등학교입니다.

대학 시절에 파이썬을 배운 적이 있는 김영우
교사가 고문이 되어 파이썬 연구 동아리를 만
들었습니다.

동아리 인원은 아직 2명.

그럼에도 게임을 만들고 싶다는 성호의 열의
가 너무나 대단하기에 매일 스터디가 열리고
있습니다.

교과서는 당연히 이 책, 《파이썬으로 배우는 게임 개발 입문편》입니다.

파이썬 기초에서 시작해 매우 간단한 게임에서 본격적인 RPG까지 만들면서 1개월 동안
책을 읽었습니다.

여기저기 모르는 부분도 있었지만, 책 한 권을 끝까지
읽은 것만으로도 꽤 자신이 생기지 않았을까요?

네. 덕분에 혼자서도 오리지널 게임을 만들 수 있을 것
같은 기분이 들었습니다. 슬슬 게임을 만들어 볼까요?

저는 영어 단어 공부를 할 수 있는
소프트웨어가 있으면 좋겠습니다.

좋아요. 그럼 먼저 《파이썬으로 배우는 게임 개발 입문편》에서 배운 미로 찾기 프로그램을 베이스로, 미로를 한 번에 칠하기 게임으로 발전시켜 보도록 하죠.

네. 그런데 오리지널 게임이 아닌데요?

그 전에 학습한 내용을 업그레이드하면 좀 더 이해하기 쉬우니까요. 첫 번째 게임은 한 번에 미로 칠하기 게임으로 여러 스테이지를 즐길 수 있도록 만들어 보는 거예요. 그 뒤에 영어 단어 학습 소프트를 만들고 마지막으로 오리지널 게임을 만드는 건 어떨까요?

알겠습니다!

한 번에 미로 칠하기 게임

>>> 규칙

화면 전체를 칠해서 클리어하는 게임입니다. 스테이지는 총 5개로 구성됩니다.

>>> 조작 방법

- 방향키로 크레용을 이동합니다.
- 왼쪽 Shift 키 혹은 G 키를 누르면 게임이 다시 시작됩니다.

리스트 **maze_game.py**

```
1   import tkinter
2   import tkinter.messagebox
3
4   idx = 0
5   tmr = 0
```

```
6    stage = 1
7    ix = 0
8    iy = 0
9    key = 0
10
11   def key_down(e):
12       global key
13       key = e.keysym
14
15   def key_up(e):
16       global key
17       key = 0
18
19   maze = [[], [], [], [], [], [], [], []]
20
21   def stage_data():
22       global ix, iy
23       global maze  # 리스트 전체를 변경하는 경우 전역 변수 선언 필요
24       if stage == 1:
25           ix = 1
26           iy = 1
27           # 0: 길, 1: 칠해진 통로, 9: 벽
28           maze = [
29               [9, 9, 9, 9, 9, 9, 9, 9, 9, 9],
30               [9, 0, 9, 0, 0, 0, 9, 0, 0, 9],
31               [9, 0, 9, 0, 9, 0, 9, 0, 0, 9],
32               [9, 0, 9, 0, 9, 0, 9, 0, 9, 9],
33               [9, 0, 9, 0, 9, 0, 9, 0, 0, 9],
34               [9, 0, 9, 0, 9, 0, 9, 9, 0, 9],
35               [9, 0, 0, 0, 9, 0, 0, 0, 0, 9],
36               [9, 9, 9, 9, 9, 9, 9, 9, 9, 9]
37           ]
38       if stage == 2:
39           ix = 8
40           iy = 6
41           maze = [
42               [9, 9, 9, 9, 9, 9, 9, 9, 9, 9],
43               [9, 0, 0, 0, 0, 0, 0, 0, 0, 9],
44               [9, 0, 0, 0, 0, 0, 0, 9, 0, 9],
45               [9, 0, 0, 9, 9, 0, 0, 9, 0, 9],
46               [9, 0, 0, 9, 9, 0, 0, 9, 0, 9],
47               [9, 9, 9, 9, 9, 0, 0, 9, 0, 9],
48               [9, 9, 9, 9, 9, 0, 0, 0, 0, 9],
49               [9, 9, 9, 9, 9, 9, 9, 9, 9, 9]
50           ]
51       if stage == 3:
52           ix = 3
```

```
53        iy = 3
54        maze = [
55            [9, 9, 9, 9, 9, 9, 9, 9, 9, 9, 9],
56            [9, 9, 9, 0, 0, 0, 0, 0, 9, 9, 9],
57            [9, 9, 0, 0, 0, 0, 0, 0, 0, 9, 9],
58            [9, 0, 0, 0, 0, 0, 0, 0, 0, 0, 9],
59            [9, 0, 9, 0, 0, 0, 0, 0, 0, 0, 9],
60            [9, 0, 0, 0, 0, 0, 0, 0, 0, 9, 9],
61            [9, 9, 0, 0, 0, 0, 0, 0, 9, 9, 9],
62            [9, 9, 9, 9, 9, 9, 9, 9, 9, 9, 9]
63        ]
64    if stage == 4:
65        ix = 4
66        iy = 3
67        maze = [
68            [9, 9, 9, 9, 9, 9, 9, 9, 9, 9, 9],
69            [9, 0, 0, 0, 0, 0, 0, 0, 0, 0, 9],
70            [9, 0, 0, 0, 9, 0, 0, 0, 0, 0, 9],
71            [9, 0, 0, 0, 0, 0, 0, 0, 0, 0, 9],
72            [9, 0, 0, 9, 0, 0, 0, 9, 0, 0, 9],
73            [9, 0, 0, 0, 0, 0, 0, 0, 0, 0],
74            [9, 0, 0, 0, 0, 0, 0, 0, 0, 0, 9],
75            [9, 9, 9, 9, 9, 9, 9, 9, 9, 9, 9]
76        ]
77    if stage == 5:
78        ix = 1
79        iy = 6
80        maze = [
81            [9, 9, 9, 9, 9, 9, 9, 9, 9, 9, 9],
82            [9, 0, 0, 0, 0, 0, 0, 0, 0, 0, 9],
83            [9, 0, 9, 0, 0, 0, 0, 0, 0, 0, 9],
84            [9, 0, 0, 0, 0, 0, 9, 9, 0, 0, 9],
85            [9, 0, 0, 0, 0, 9, 9, 9, 0, 0, 9],
86            [9, 0, 0, 9, 0, 0, 0, 0, 0, 0, 9],
87            [9, 0, 0, 0, 0, 0, 0, 0, 0, 0, 9],
88            [9, 9, 9, 9, 9, 9, 9, 9, 9, 9, 9]
89        ]
90    maze[iy][ix] = 1
91
92 def draw_bg():
93    for y in range(8):
94        for x in range(10):
95            gx = 80 * x
96            gy = 80 * y
97            if maze[y][x] == 0:
98                cvs.create_rectangle(gx, gy, gx + 80, gy + 80, fill="white", width=0,
   tag="BG")
```

```
99          if maze[y][x] == 9:
100             cvs.create_image(gx + 40, gy + 40, image=wall, tag="BG")
101     cvs.create_text(120, 40, text = "STAGE " + str(stage), fill="white", font=("Times New
        Roman", 30, "bold"), tag="BG")
102     gx = 80 * ix
103     gy = 80 * iy
104     cvs.create_rectangle(gx, gy, gx + 80, gy + 80, fill="pink", width=0, tag="BG")
105     cvs.create_image(gx + 60, gy + 20, image=pen, tag="PEN")
106
107 def erase_bg():
108     cvs.delete("BG")
109     cvs.delete("PEN")
110
111 def move_pen():
112     global idx, tmr, ix, iy, key
113     bx = ix
114     by = iy
115     if key == "Left" and maze[iy][ix - 1] == 0:
116         ix = ix - 1
117     if key == "Right" and maze[iy][ix + 1] == 0:
118         ix = ix + 1
119     if key == "Up" and maze[iy - 1][ix] == 0:
120         iy = iy - 1
121     if key == "Down" and maze[iy + 1][ix] == 0:
122         iy = iy + 1
123     if ix != bx or iy != by:
124         maze[iy][ix] = 2
125         gx = 80 * ix
126         gy = 80 * iy
127         cvs.create_rectangle(gx, gy, gx + 80, gy + 80, fill="pink", width=0, tag="BG")
128         cvs.delete("PEN")
129         cvs.create_image(gx + 60, gy + 20, image=pen, tag="PEN")
130
131     if key == "g" or key == "G" or key == "Shift_L":
132         key = 0
133         ret = tkinter.messagebox.askyesno("포기", "다시 하겠습니까?")
134         # root.focus_force()  # 맥 사용자를 위해
135         if ret == True:
136             stage_data()
137             erase_bg()
138             draw_bg()
139
140 def count_tile():
141     cnt = 0
142     for y in range(8):
143         for x in range(10):
144             if maze[y][x] == 0:
```

```
145             cnt = cnt + 1
146     return cnt
147
148 def game_main():
149     global idx, tmr, stage
150     if idx == 0:  # 초기화
151         stage_data()
152         draw_bg()
153         idx = 1
154     if idx == 1:  # 펜 이동과 클리어 판정
155         move_pen()
156         if count_tile() == 0:
157             txt = "STAGE CLEAR"
158             if stage == 5:
159                 txt = "ALL STAGE CLEAR!"
160             cvs.create_text(400, 320, text=txt, fill="white", font=("Times New Roman",
    40, "bold"), tag = "BG")
161             idx = 2
162             tmr = 0
163     if idx == 2:  # 스테이지 클리어
164         tmr = tmr + 1
165         if tmr == 30:
166             if stage < 5:
167                 stage = stage + 1
168                 stage_data()
169                 erase_bg()
170                 draw_bg()
171                 idx = 1
172     root.after(200, game_main)
173
174 root = tkinter.Tk()
175 root.title("한 번에 미로 칠하기 게임")
176 root.resizable(False, False)
177 root.bind("<KeyPress>", key_down)
178 root.bind("<KeyRelease>", key_up)
179 cvs = tkinter.Canvas(root, width=800, height=640)
180 cvs.pack()
181 pen = tkinter.PhotoImage(file="pen.png")
182 wall = tkinter.PhotoImage(file="wall.png")
183 game_main()
184 root.mainloop()
```

>>> 한 번에 미로 칠하기 게임(maze_game.py) 설명

이 프로그램은 8장의 미로 칠하기 프로그램을 개선한 것입니다.

stage_data() 함수 안에서 5개 스테이지의 미로 데이터를 정의합니다. stage_data()에서는 스테이지를 관리하는 stage라는 변수 값에 따라, 각 스테이지의 미로 형태를 2차원 리스트 maze에 설정합니다.

게임 메인 처리를 수행하는 game_main() 함수에서는 인덱스 값이 1일 때는 펜을 움직여 미로를 칠했는지를 판정하고, 인덱스 값이 2일 때는 스테이지 클리어 처리를 수행합니다. 인덱스 사용법이 어렵게 느껴진다면 9장 Lesson 9-9의 내용을 복습하도록 합니다.

이 프로그램은 스테이지 5에서 종료되지만, stage_data() 함수에 미로 데이터를 추가하고 157번 행과 165번 행의 if 조건식 값을 바꾸면 스테이지 수를 늘릴 수 있습니다.

>>> 변수 및 함수의 용도와 기능

변수명	용도
idx, tmr	게임 진행을 관리하는 인덱스와 타이머
stage	스테이지 번호
ix, iy	크레용 위치
key	누른 키 값
maze	미로 데이터 저장 리스트

함수명	기능
key_down(e)	키를 눌렀을 때의 동작
key_up(e)	키를 눌렀다 뗐을 때의 동작
stage_data()	각 스테이지 데이터를 설정
draw_bg()	화면 그림
erage_bg()	화면 지움
move_pen()	크레용 움직임
count_tile()	칠해지지 않은 칸 수 세기
game_main()	메인 처리 수행

머리 쓰는 게임은 많이 해본 일이 없지만,
이거 간단하고 재미있네요.

간단해 보였는데 꽤 어려운
스테이지도 있네요.

리스트로 정의한 미로 데이터를 바꾸면 다양한 미로로 변
경할 수 있어요. 스테이지 수도 늘릴 수 있고요. 오리지널
미로를 추가해 보는 것도 좋을 것 같은데요. 그럼 다음 게
임인 영어 단어 학습 소프트를 만들어 볼까요?

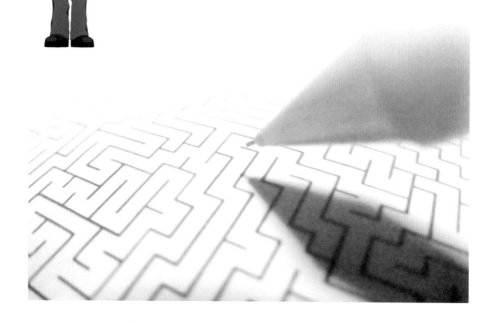

2 영어 단어 학습 소프트

>>> 조작 방법

- 화면에 표시된 영어 단어를 키보드로 입력하고 Enter 키를 누릅니다.
- 잘못된 입력은 Delete 키나 BackSpace 키를 눌러 지웁니다.

리스트 **study_works.py**

```python
1   import tkinter
2
3   FNT1 = ("Times New Roman", 12)
4   FNT2 = ("Times New Roman", 24)
5
6   WORDS = [
7       "apple", "사과",
8       "book", "책",
9       "cat", "고양이",
10      "dog", "개",
11      "egg", "계란",
12      "fire", "불",
13      "gold", "금색",
14      "head", "머리",
15      "ice", "얼음",
16      "juice", "주스",
17      "king", "왕",
18      "lemon", "레몬",
19      "mother", "엄마",
20      "notebook", "공책",
21      "orange", "오렌지",
22      "pen", "펜",
23      "queen", "여왕",
```

```
24        "room", "방",
25        "sport", "운동",
26        "time", "시간",
27        "user", "사용자",
28        "vet", "수의사",
29        "window", "창",
30        "xanadu", "무릉도원",
31        "yellow", "노랑",
32        "zoo", "동물원"
33    ]
34    MAX = int(len(WORDS) / 2)
35    score = 0
36    word_num = 0
37    yourword = ""
38    koff = False  # 1 문자씩 입력하기 위한 플래그
39
40    def key_down(e):
41        global score, word_num, yourword, koff
42        if koff == True:
43            koff = False
44            kcode = e.keycode
45            ksym = e.keysym
46            if 65 <= kcode and kcode <= 90:  # 영대문자
47                yourword = yourword + chr(kcode + 32)
48            if 97 <= kcode and kcode <= 122:  # 영소문자
49                yourword = yourword + chr(kcode)
50            if ksym == "Delete" or ksym == "BackSpace":
51                yourword = yourword[:-1]  # 맨 끝 한 문자 삭제
52            input_label["text"] = yourword
53            if ksym == "Return":
54                if input_label["text"] == english_label["text"]:
55                    score = score + 1
56                    set_label()
57
58    def key_up(e):
59        global koff
60        koff = True
61
62    def set_label():
63        global word_num, yourword
64        score_label["text"] = score
65        english_label["text"] = WORDS[word_num * 2]
66        korean_label["text"] = WORDS[word_num * 2 + 1]
67        input_label["text"] = ""
68        word_num = (word_num + 1) % MAX
69        yourword = ""
70
```

```
71  root = tkinter.Tk()
72  root.title("영어 학습 애플리케이션")
73  root.geometry("400x200")
74  root.resizable(False, False)
75  root.bind("<KeyPress>", key_down)
76  root.bind("<KeyRelease>", key_up)
77  root["bg"] = "#DEF"
78
79  score_label = tkinter.Label(font=FNT1, bg="#DEF", fg="#4C0")
80  score_label.pack()
81  english_label = tkinter.Label(font=FNT2, bg="#DEF")
82  english_label.pack()
83  korean_label = tkinter.Label(font=FNT1, bg="#DEF", fg="#444")
84  korean_label.pack()
85  input_label = tkinter.Label(font=FNT2, bg="#DEF")
86  input_label.pack()
87  howto_label = tkinter.Label(text="영어 단어를 입력하고 [Enter] 키를 누릅니다.\n 입력을 수정할
    때는 [Delete] 혹은 [BackSpace]", font=FNT1, bg="#FFF", fg="#ABC")
88  howto_label.pack()
89
90  set_label()
91  root.mainloop()
```

⟫⟫⟫ 영어 단어 학습 소프트웨어(study_words.py) 설명

이 프로그램은 이 책에서 학습한 블록 낙하 퍼즐과 RPG와 같은 실시간 처리를 수행하지는 않습니다. 사용자가 키를 눌렀을 때와 같이 소프트웨어가 실행된 상태에서 무언가 동작을 했을 때 처리를 수행하는 이벤트 드리븐 형식의 소프트입니다. 이벤트 드리븐 형식 소프트웨어를 만드는 방법은 7장(제비뽑기)과 8장(진단 게임)에서 학습했습니다.

프로그램의 포인트는 key_down(e)이라는 함수입니다. 이 함수에서는 키를 눌렀을 때 라벨에 알파벳을 추가합니다. 한 문자씩 입력을 받기 위해 koff라는 변수를 사용합니다. koff의 값은 키를 누르면 False, 키를 눌렀다 떼면 True가 되며, if koff == True라는 조건식을 만족하면(즉, 일단 키를 뗐다가 다시 키를 눌렀을 때) 입력을 받습니다.

key_down() 함수에서는 Delete 키나 BackSpace 키로 문자를 삭제할 수 있습니다. 파이썬에서는 51번 행과 같이 변수 = 변수[:-1]이라고 입력하면 해당 변수에 들어 있는 문자열의 가장 마지막 한 문자를 삭제할 수 있습니다. 그리고 Enter 키를 눌렀을 때는 입력한 문자열이 영어 단어와 일치하는지 판정합니다.

⟫⟫⟫ 변수 및 함수의 용도와 기능

변수명	용도
WORDS	영어 단어와 한국어 의미 정의
MAX	정의한 영어 단어의 수로 len() 함수는 리스트 엘리먼트 수 반환
score	정답이면 1 더함
word_num	몇 번째 영어 단어를 입력하고 있는가?
yourword	사용자가 입력 중인 단어
koff	키를 눌렀다 뗐을 때 켜지는 플래그로 알파벳을 한 문자씩 입력하기 위해 사용

함수명	기능
key_down(e)	키를 눌렀을 때 동작
key_up(e)	키를 눌렀다 뗐을 때 동작
set_label()	라벨에 단어 표시

이 프로그램은 간단하게 영어 단어를 늘릴 수 있어요. WORDS라는 리스트에 필요한 단어를 추가하기만 하면 돼요. 우선 중학생 수준의 영어 단어를 넣어 두었지만, 여러분의 수준에 맞춰서 단어를 바꿔 넣어 보도록 해요.

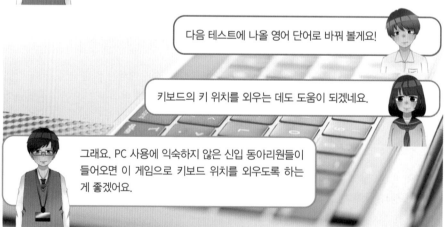

다음 테스트에 나올 영어 단어로 바꿔 볼게요!

키보드의 키 위치를 외우는 데도 도움이 되겠네요.

그래요. PC 사용에 익숙하지 않은 신입 동아리원들이 들어오면 이 게임으로 키보드 위치를 외우도록 하는 게 좋겠어요.

선생님, 다음은 드디어 오리지널 게임을 만드는 건가요?

그래요, 그렇게 해요.

어떤 게임인가요?

난 액션 게임을 좋아하는데, 그런 거라면 좋겠어요.

1980년대 후반에 히트 친 '블록 격파'라는 게임이 있지요. 액션 게임은 아니지만, 반사신경이 얼마나 좋은지 알아보는 타입의 게임이니, 성호는 재미있을 거예요.

알고 있어요! 블록 격파! 아빠가 PC로 하시는 걸 봤어요. 아빠가 어렸을 적에 재미있게 하셨던 게임이에요.

그렇군요. 그럼 나미가 만든 게임을 아버지께 선물하면 굉장히 좋아하실 것 같은데요.

반사신경이라면 제가 또 빠질 수 없죠.
선생님, 빨리 만드는 방법을 알려 주세요!

>>> 규칙

- 바로 공을 튕겨 화면 위쪽의 블록을 격파합니다. 모든 블록을 격파하면 스테이지 클리어입니다.
- 블록은 10점, 바로 공을 튕기면 1점(바의 좌우 모서리로 공을 튕긴 경우는 2점)을 얻습니다.

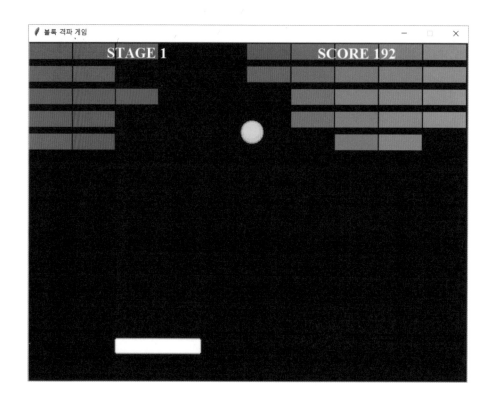

>>> 조작 방법

키보드 방향 키로 막대를 좌우로 이동합니다.

- **공략 힌트**

  바의 모서리로 공을 튕기면 공이 날아가는 각도가 바뀝니다.

```
1   import tkinter
2   import random
3
4   FNT = ("Times New Roman", 20, "bold")
5
6   key = ""
7   keyoff = False
8   idx = 0
9   tmr = 0
10  stage = 0
11  score = 0
12  bar_x = 0
13  bar_y = 540
14  ball_x = 0
15  ball_y = 0
16  ball_xp = 0
17  ball_yp = 0
18  is_clr = True
19
20  block = []
21  for i in range(5):
22      block.append([1] * 10)
23  for i in range(10):
24      block.append([0] * 10)
25
26  def key_down(e):
27      global key
28      key = e.keysym
29
30  def key_up(e):
31      global keyoff
32      keyoff = True
33
34  def draw_block():
35      global is_clr
36      is_clr = True
37      cvs.delete("BG")
38      for y in range(15):
39          for x in range(10):
40              gx = x * 80
41              gy = y * 40
42              if block[y][x] == 1:
43                  cvs.create_rectangle(gx + 1, gy + 4, gx + 79, gy + 32, fill=block_
color(x, y), width=0, tag="BG")
44                  is_clr = False
45      cvs.create_text(200, 20, text="STAGE " + str(stage), fill="white", font=FNT,
tag="BG")
```

```
46      cvs.create_text(600, 20, text="SCORE " + str(score), fill="white", font=FNT,
    tag="BG")
47
48  def block_color(x, y):  # format() 명령으로 16진수 값 변환 가능
49      col = "#{0:x}{1:x}{2:x}".format(15 - x - int(y / 3), x + 1, y * 3 + 3)
50      return col
51
52  def draw_bar():
53      cvs.delete("BAR")
54      cvs.create_rectangle(bar_x - 80, bar_y - 12, bar_x + 80, bar_y + 12, fill="silver",
    width=0, tag="BAR")
55      cvs.create_rectangle(bar_x - 78, bar_y - 14, bar_x + 78, bar_y + 14, fill="silver",
    width=0, tag="BAR")
56      cvs.create_rectangle(bar_x - 78, bar_y - 12, bar_x + 78, bar_y + 12, fill="white",
    width=0, tag="BAR")
57
58  def move_bar():
59      global bar_x
60      if key == "Left" and bar_x > 80:
61          bar_x = bar_x - 40
62      if key == "Right" and bar_x < 720:
63          bar_x = bar_x + 40
64
65  def draw_ball():
66      cvs.delete("BALL")
67      cvs.create_oval(ball_x - 20, ball_y - 20, ball_x + 20, ball_y + 20, fill="gold",
    outline="orange", width=2, tag="BALL")
68      cvs.create_oval(ball_x - 16, ball_y - 16, ball_x + 12, ball_y + 12, fill="yellow",
    width=0, tag="BALL")
69
70  def move_ball():
71      global idx, tmr, score, ball_x, ball_y, ball_xp, ball_yp
72      ball_x = ball_x + ball_xp
73      if ball_x < 20:
74          ball_x = 20
75          ball_xp = -ball_xp
76      if ball_x > 780:
77          ball_x = 780
78          ball_xp = -ball_xp
79      x = int(ball_x / 80)
80      y = int(ball_y / 40)
81      if block[y][x] == 1:
82          block[y][x] = 0
83          ball_xp = -ball_xp
84          score = score + 10
85
86      ball_y = ball_y + ball_yp
```

```
87    if ball_y >= 600:
88        idx = 2
89        tmr = 0
90        return
91    if ball_y < 20:
92        ball_y = 20
93        ball_yp = -ball_yp
94    x = int(ball_x / 80)
95    y = int(ball_y / 40)
96    if block[y][x] == 1:
97        block[y][x] = 0
98        ball_yp = -ball_yp
99        score = score + 10
100
101    if bar_y - 40 <= ball_y and ball_y <= bar_y:
102        if bar_x - 80 <= ball_x and ball_x <= bar_x + 80:
103            ball_yp = -10
104            score = score + 1
105        elif bar_x - 100 <= ball_x and ball_x <= bar_x - 80:
106            ball_yp = -10
107            ball_xp = random.randint(-20, -10)
108            score = score + 2
109        elif bar_x + 80 <= ball_x and ball_x <= bar_x + 100:
110            ball_yp = -10
111            ball_xp = random.randint(10, 20)
112            score = score + 2
113
114 def main_proc():
115    global key, keyoff
116    global idx, tmr, stage, score
117    global bar_x, ball_x, ball_y, ball_xp, ball_yp
118    if idx == 0:
119        tmr = tmr + 1
120        if tmr == 1:
121            stage = 1
122            score = 0
123        if tmr == 2:
124            ball_x = 160
125            ball_y = 240
126            ball_xp = 10
127            ball_yp = 10
128            bar_x = 400
129            draw_block()
130            draw_ball()
131            draw_bar()
132            cvs.create_text(400, 300, text="START", fill="cyan", font=FNT, tag="TXT")
133        if tmr == 30:
```

```
134             cvs.delete("TXT")
135             idx = 1
136     elif idx == 1:
137         move_ball()
138         move_bar()
139         draw_block()
140         draw_ball()
141         draw_bar()
142         if is_clr == True:
143             idx = 3
144             tmr = 0
145     elif idx == 2:
146         tmr = tmr + 1
147         if tmr == 1:
148             cvs.create_text(400, 260, text="GAME OVER", fill="red", font=FNT,
    tag="TXT")
149         if tmr == 15:
150             cvs.create_text(300, 340, text="[R]eplay", fill="cyan", font=FNT,
    tag="TXT")
151             cvs.create_text(500, 340, text="[N]ew game", fill="yellow", font=FNT,
    tag="TXT")
152         if key == "r":
153             cvs.delete("TXT")
154             idx = 0
155             tmr = 1
156         if key == "n":
157             cvs.delete("TXT")
158             for y in range(5):
159                 for x in range(10):
160                     block[y][x] = 1
161             idx = 0
162             tmr = 0
163     elif idx == 3:
164         tmr = tmr + 1
165         if tmr == 1:
166             cvs.create_text(400, 260, text="STAGE CLEAR", fill="lime", font=FNT,
    tag="TXT")
167         if tmr == 15:
168             cvs.create_text(400, 340, text="NEXT [SPACE]", fill="cyan", font=FNT,
    tag="TXT")
169         if key == "space":
170             cvs.delete("TXT")
171             for y in range(5):
172                 for x in range(10):
173                     block[y][x] = 1
174             idx = 0
175             tmr = 1
```

```
176                 stage = stage + 1
177
178         if keyoff == True:
179             keyoff = False
180             if key != "":
181                 key = ""
182
183         root.after(50, main_proc)
184
185  root = tkinter.Tk()
186  root.title("블록 격파 게임")
187  root.resizable(False, False)
188  root.bind("<Key>", key_down)
189  root.bind("<KeyRelease>", key_up)
190  cvs = tkinter.Canvas(root, width=800, height=600, bg="black")
191  cvs.pack()
192  main_proc()
193  root.mainloop()
```

>>> '블록 격파' block_game.py 설명

블록 격파 게임은 after() 명령을 사용해 실시간 처리를 수행하는 프로그램으로 다음 처리를 포함하고 있습니다.

- 블록, 바, 공을 tkinter 캔버스에 도형을 그리는 명령으로 표시(6장 프로그램)
- 리스트로 블록 관리, 키 입력으로 바 이동(8장)
- 인덱스와 타이머로 게임 진행 관리(9장)

위 내용들은 본격적인 게임을 만들기 위해 꼭 필요한 기법들이므로 여전히 이해가 되지 않는 분들은 이 책으로 복습하기 바랍니다.

이 프로그램에서는 Pygame은 사용하지 않습니다. 이 책의 블록 낙하 퍼즐에서도 확인할 수 있듯, 파이썬 표준 모듈인 tkinter로 실시간으로 화면이 변화하는 액션 요소를 가진 게임을 만들 수 있습니다. 가볍게 게임을 만드는 경우에는 tkinter, 고도의 기술을 가진 게임을 만드는 경우에는 Pygame을 사용하는 것으로 구분하면 좋을 것입니다.

>>> 변수, 함수, 인덱스 설명

변수명	용도
key, keyoff	키 입력
idx, tmr	게임 진행을 관리하는 인덱스와 타이머
stage	스테이지 수
score	점수
bar_x, bar_y	바의 좌표
ball_x, ball_y	공의 좌표
ball_xp, ball_yp	공의 이동량
is_clr	클리어하면 True 블록을 표시할 때 False로 설정함으로써 블록이 남아있는지 확인함
block	블록 관리 리스트

함수명	기능
key_down(e)	키를 눌렀을 때 동작
key_up(e)	키를 눌렀다 뗐을 때 동작
draw_block()	블록 그림
block_color()	블록 위치를 사용해 16진수 색 값 생성 `col = "#{0:x}{1:x}{2:x}".format(15-x-int(y/3), x+1, y*3+3)` 16진수로 변환해 대입
draw_bar()	바 그림
move_bar()	바 움직임
draw_ball()	공 그림
move_ball()	공 움직임 블록을 파괴하는 처리와 바로 튕겨내는 처리 수행
main_proc()	메인 처리 수행

인덱스	내용
0	게임 시작
1	게임 플레이 중
2	게임 오버
3	스테이지 클리어

앗! 놓쳤다!

 9 스테이지 돌파!

 선배님, 잘 하시네요.

 내가 잘하는 분야거든.

재미있게 하는 것 같네요.

 선생님, 이 프로그램 갖고 가서 아빠한테 드릴래요. 아빠가 밤새도록 하실 것 같아요.

아버지께서 적당히 하시도록 하세요.

10 스테이지 돌파!

··· 이렇게 지산 고등학교 파이썬 연구 동아리 활동은 게임 만들기에서 시작했습니다.

파이썬 기초에서 시작해 '블록 격파 게임'까지 만들게 되다니, 굉장하지 않습니까? 독자 여러분들도 꼭 이 게임들을 즐겨 보기 바랍니다. 또한, 파이썬 연구 동아리원들처럼 이 책에서 학습한 내용을 살려, 프로그램 업그레이드나 오리지널 게임 제작에도 도전해 보기 바랍니다.

POINT

프로그램은 깃헙 페이지에서 다운로드할 수 있습니다

파이썬 연구 동아리에서 만든 세 개의 프로그램은 깃헙 페이지에서 다운로드할 수 있습니다. 이 프로그램은 'py_samples' ➡ 'Appendix' 폴더 안에 들어 있습니다.

독자 여러분, 마지막까지 읽어 주셔서 정말 감사합니다.

제 꿈은 컴퓨터 관련 입문서를 쓰는 것이었고 또 다른 꿈은 게임 개발 관련 책을 쓰는 것이었습니다. 소테크의 이마무라 씨에게 도움을 받아 자바스크립트, 자바 입문서, 그리고 이번에 파이썬을 활용한 게임 개발서를 집필하게 되었습니다. 꿈을 실현하게 해주신 이마무라 씨에게 정말 깊이 감사드립니다. 제가 게임 개발서를 쓰고 싶다고 말씀드렸던 것을 기억했다가, 갑자기 "게임 개발서 기획, 통과되었어요"라고 연락하셨던 날은 너무 기뻐서 잠을 잘 수 없었습니다. 책을 읽는 분들이 정말로 게임을 만들 수 있을 정도가 되도록 설명하는 책을 쓰자고 단단히 마음먹었습니다.

게임 개발을 경험하지 못한 분들이라도 이해할 수 있는 내용으로 만들기 위해, 아직 프로그래밍 입문자인 분들이 지쳐서 그만두지 않도록, 프로그래밍을 한 번도 해본 적이 없는 아내에게 집필 중인 원고를 읽도록 했고, 실제로 프로그램을 입력해 보면서 이해하기 어려운 부분은 없는지 확인했습니다. 제게 힘을 보태 준 아내에게 마음속 깊이 감사를 전합니다.

이 책은 게임 아이디어 도출 ➡ 프로그래밍을 통한 동작 확인 ➡ 시행착오를 통해 독자에게 쉽게 이해시키기라는 과정을 반복하면서 집필하였습니다. 다양한 고민이 있었지만, 게임 크리에이터인 저에게 집필 과정은 너무나도 즐거웠습니다. 여러분도 즐기면서 읽어 주시면 감사하겠습니다.

그럼 저의 게임 개발 이력을 간단히 소개하면서 게임을 개발하는 데 도움이 될 만한 이야기를 시작하겠습니다. 저는 대학 졸업 후 남코(Namco)에 입사했습니다. 그리고 게임 센터에 놓여 있는 프라이즈 머신(Prize Machine, 뽑기 기계)이나 일렉트로니컬 머신(Electronical Machine, 기계식 게임기) 등 업소용 게임기를 만드는 부서로 배치되었습니다. 그리고 기획자로 게임 크리에이터의 길을 걷기 시작했습니다. 기계공학과 출신이기에 기계식 게임기를 만드는 부서로 배치된 것 같습니다. 마음속엔 가정용 게임 소프트웨어 기획자를 하고 싶었기에 처음에는 약간의 불만을 가지고 시작했지만, 사내에서 열린 기획 컴피티션에 제출한 아이디어가 채용되어 제품화가 결정되자 일이 재미있어졌습니다. 기획을 통과하기 위해 '열 번 찍어 안 넘어가는 나무 없다' 전법으로 몇 번이고 아이디어를 제출했기 때문에 회사 상사분들도 아이디어를 읽는 것 자체가 큰일이었으리라고 생각합니다.

상당한 시간이 흘러 기계식 게임기를 개발하는 부서에서 일했던 것이 게임 크리에이터로서 뼈대를 만드는 계기가 되었음을 깨달았습니다. 기계식 게임기는 복잡하게 만들지 않기 때문에 신제품을 기획할 때는 게임의 근본적인 재미를 고민하게 됩니다. 이미지나 소리, 이펙트 등 분위기로 속일 수 있는 것이 아니라서, 근본적으로 재미없는 기획은 사내 프레젠테이션에서 정신없이 두들겨 맞았습니다. 저는 업소용 게임기를 개발한 뒤, 가정용 소프트웨어나 휴대폰용 애플리케이션을 만들게 되었지만, 어떤 게임에도 기획을 할 때는 반드시 근본적인 재미를 고려합니다. 남코 재직 중에 기른 이 사고방식 때문에 그 후 다양한 기획 프레젠테이션에서 '이런 부분이 재미있습니다'라고 확실히 설명할 수 있게 되었습니다. 이런 점이 기획 선발 확률을 높이는 것으로 이어졌다고 생각합니다. 신입사원 시절, '일하기에는 다른 부서가 좋았을 텐데'라고 생각한 것이 얼마나 얕은 생각이었는지 모릅니다.

이런 경험에서 게임 크리에이터를 목표로 하는 학생들에게 '게임의 근본적인 재미가 무엇인지 고려해야 한다'고 조언하고자 합니다. 전문 크리에이터를 목표로 하는 분이라면 사람에게 보여줄 기획서를 쓰거나 게임 프로그램을 만들 때 자신이 가진 아이디어의 어느 부분이 재미있는지를 말로 설명할 수 있도록 해야 합니다. 한편, 취미로 게임을 만들 때는 어려운 부분은 생각하지 말고 좋아하는 것을 만들면 됩니다. 저도 취미로 게임을 만들거나 알고리즘 연구를 하고 있지만, 그럴 때는 무엇보다 단지 좋아서 프로그래밍하고 있습니다. '좋아하면 잘하게 된다'는 말대로, 좋아하는 일을 계속하는 사이에 내공 또한 높아져 갈 것입니다.

마지막까지 읽어 주셔서 다시 한번 감사드립니다. 이 책이 여러분에게 도움이 되길 바라며 펜을 놓습니다.

__ **히로세 츠요시**